GELUK LIGT IN JEZELF

Voor Cécile

Van harte

Vandromme

2.04.'94

GELUK LIGT IN JEZELF

Ideeën
voor gelukkiger leven
voor jezelf en anderen

JORIS VANDROMME

lannoo

Dankbaar opgedragen
aan mijn vrouw Cécile
omdat leven veel meer is
dan een boek schrijven.

Omslagontwerp Cis Verhamme en Studio Lannoo
D/1994/45/53 - ISBN 90 209 2297 1 - NUGI 822

Inhoud

Even voorstellen...

De auteur is geboren in 1923 en gehuwd in 1949. Tot voor kort was hij leraar aan de Vrije Technische Scholen te Kortrijk. Zijn gezin telt zes kinderen: drie jongens en drie meisjes. Die gaan intussen hun eigen weg. De laatste huwde enkele jaren geleden.

Al van op jonge leeftijd keek Joris Vandromme uit naar een praktische levenshouding, die mensen zo gelukkig mogelijk zou maken en dichter bij mekaar kon brengen. Zo begon hij in de jaren vijftig met conferenties over 'Positief denken en handelen' voor de leden van talrijke verenigingen.
Bij de verloofdenbegeleiding, in de periode van 1960 tot 1985, was zijn onderwerp de 'Man-Vrouwrelatie'. Daarnaast stelde hij een uitgebreide cursus over 'Zelfrealisatie en communicatie' samen. Deze liep in de periode van 1970 tot 1990 en telt meer dan 500 oud-cursisten.

Een aantal boeken van de hand van Joris Vandromme:
In 1977 verscheen bij uitgeverij Lannoo (Tielt) *Bouwstenen voor je geluk*. Met de negende druk in 1991 bereikte deze uitgave een oplage van 26.000 exemplaren.

Hij stelde de jaarthema-brochure over 'Gelukkiger leven vanuit het gezin', voor de Vlaamse Gezinsgroepen, op en bouwde die uit tot een stevig boek: *Thuis, echt thuis* (Lannoo, Tielt 1983).

Momenteel geeft hij onder meer cursussen over 'Bewust positief leven' en conferenties over 'De kunst om gelukkig te zijn'. Ieder jaar leidt hij nog steeds een herbronningsweekend: 'Vita Nova'.

Het nieuwe boek *Geluk ligt in jezelf* ontstond op een veeleer ongewone wijze. Op bezinningsweekends en studiedagen nam men zijn conferenties op en tikte die uit. Bij het verwerken ervan probeerde de auteur – vooral bij de vele anekdotes – de levendigheid van het 'gesproken woord' zoveel mogelijk te behouden.

De uitgever
15 januari 1994

Voorwoord

Als je de mensen gadeslaat, vind je er weinig die er losjes en ontspannen bij lopen. Niet een op de tien gezichten is vrij van kommer en zorg. Er is zoveel ontevredenheid bij jong en oud, en echt gelukkige mensen zijn veeleer zeldzaam.

Over 'gelukkig-zijn' heb ik heel wat gelezen, maar uit eigen ervaring en vooral uit de mededeelzaamheid van mijn cursisten heb ik geleerd wat mensen gelukkig... en nog veel meer wat hen niet gelukkig maakt. Ik koester een groot geloof in de kwaliteiten die in ieder mens schuilen, in de mogelijkheden die hijzelf kan aanboren. Diep in mezelf ervaar ik een sterke drang om de verworven inzichten naar anderen door te spelen. Want ik vind het zo jammer dat de meeste mensen minder gelukkig zijn dan in hun situatie mogelijk is.

Dit boek is geschreven vanuit een oprecht verlangen om mensen te helpen *bewuster en positiever te leven*. Het is de bedoeling dat je meer zou geloven in de kracht van je eigen geest en dat je de levensproblemen beter kunt aanpakken en tot een goed einde brengen. Al dikwijls mocht ik vaststellen hoe bruikbare suggesties mensen op weg konden zetten om hun pijnlijke levenservaringen te boven te komen en hun doel te bereiken.

Er zijn mensen die met de jaren spontaan gelukkiger worden. Even vanzelf raken nog meer mensen geleidelijk in de knoei met het leven, met zichzelf, met hun werk en met elkaar. Omdat ieder mensenhart hunkert naar *gelukkig-zijn,* is het goed daarover na te denken en er iets aan te doen. Want sommige van onze spontane reacties zijn gelukbevorderend, andere daarentegen zijn helaas gelukverminderend.

Dit is nu wat dit boek je wil aanbieden:
– Bruikbare ideeën voor gelukkiger leven, voor jezelf en anderen.
– Tips om je negatieve automatismen te onderkennen en ze om te buigen tot positieve gelukkigmakende gewoonten.

Joris Vandromme

A. Gelukkig-zijn: onze opdracht

A1. Het beste dat wij elkaar te bieden hebben

In de zomer van 1952, op de laatste dag van het schooljaar, kwam Anneke Veltman thuis en haalde fier haar rapport boven. Moeder wist dat haar 11-jarig dochtertje het op school moeilijk had en daarom kwam ze wat bezorgd Anneke tegemoet. Zodra ze echter haar kind in de ogen keek, zag ze dat alles goed verlopen was en stralend begroette ze Anneke met haar mildste glimlach.

'Nu, veertig jaar later,' zegt Anne, 'zie ik nog die blije blik in moeders ogen. Wat kon ze toch content zijn, als ik gelukkig was! Natuurlijk slaagde moeder er niet altijd in om haar pijn, zorgen, verdriet, overlast van werk enzovoort te overstijgen. Ik weet nog hoe ik me dan stilletjes terugtrok.'

Heb jij ook dergelijke herinneringen aan goeie momenten van vroeger? Kun je dankbaar terugdenken aan de keren dat vader en moeder content waren en jou met hun glimlach verwelkomden? Een stukje paradijservaring! Nee, er bestaat voor kinderen geen mooier geschenk dan een blije moeder, een tevreden vader, gelukkige ouders. Geen speelgoed kan daarmee concurreren.

In het rustoord Sint-Jan te Damme werd onlangs de verjaardag van Ermenie Acoe gevierd. Ze was 106 geworden! Het geheim van haar hoge ouderdom? 'Elken dag content zijn, menere...' fluisterde de gevierde.

Ik vind dat mensen elkaar niets beters kunnen presenteren dan gewoon de aanblik van hun eigen content- en gelukkig-zijn. We komen graag bij contente mensen en het kost ons moeite hen te bezoeken die treurig en verdrietig zijn. Van de *vreugde* en de *blijheid* gaat een enorme aantrekkingskracht uit.

In dit boek *Geluk ligt in jezelf* hebben wij het voortdurend over de vaardigheid om bewust positief te leven, over die kunst om gelukkig te zijn. Nu denk je wellicht: 'Jij hebt makkelijk praten. In mijn situatie, met wat ik beleef, is geen geluk meer mogelijk!'

Ik kan dit begrijpen en weet ook dat je nooit ten volle kunt beseffen wat het is als je het niet zelf hebt meegemaakt.
Soms schudt het leven een mens echt dooreen: je verliest je partner, je kind wordt van je weggerukt, ziekte of ongeval keert je leven helemaal om, je ervaart teleurstelling om de mislukking, bitterheid om de verdachtmaking, machteloosheid bij de aftakeling. Je bent als verdoofd, ontoegankelijk, doelloos en zonder hoop.

Daarenboven kun je meestal aan de feiten zelf maar weinig veranderen. Mijn ervaring leert dat je wél iets kunt doen aan *de manier waarop je ertegenaan kijkt*. Ik heb meerdere mensen uit de ergste situaties zien opstaan. Mensen zoals jij die – soms na een langdurig verwerkingsproces – weer echt gelukkig zijn geworden.

Zonder jouw verdriet, leed, pijn en zorgen te minimaliseren en met veel respect voor jouw persoonlijk aanvoelen, vraag ik je je bij het lezen open en ontvankelijk op te stellen. Misschien is de wonde momenteel nog te vers. Probeer zelf geen verweer op te bouwen en sluit je niet af. De kleine zaadjes van geluk die langs dit boek over jou uitgestrooid worden, kunnen dan kiemen en wortel schieten.

A2. Zenders van gedachten- en gevoelsgolven

Mensen zijn als radiozenders: ze sturen gedachten- en gevoelsgolven uit. Rondom gelukkige mensen is er een speciale sfeer, een gevoelskring, een stemmingsveld. Het is net alsof gelukkige mensen warme deugddoende golven uitstralen. Hun medemensen – en vooral hun kinderen – bloeien er helemaal door open.
En ken je ook mensen die vooral koude golven uitzenden? Alles bevriest in hun omgeving. Ze verwijderen, stoten af en sluiten uit.

Het is duidelijk dat een mens niet kan geven wat hijzelf niet heeft. Als jezelf niet gelukkig bent, kun je onmogelijk geluksgolven naar je dierbaren uitstralen. Dan kun je van je thuis geen warm nest maken, dan missen je gezinsleden je gezellige warmte. In het gelukkig gezin, met een contente vader en moeder, krijgen de kinderen de beste groeikansen tot een harmonische menswording.

Natuurlijk geldt dit evenzeer voor de school. Een blije leraar en een opgewekte lerares maken het voor de leerlingen niet alleen aangenaam, ze scheppen ook de beste voorwaarden voor hun evenwichtige ontwikkeling.

En wat dacht je van hen die in een ziekenhuis werken? Het is voor elk medisch instituut een zegen over personeelsleden te beschikken, die hun zieken aandacht en genegenheid schenken en hen echt kunnen bemoedigen, omdat zijzelf gelukkig zijn.
Jan de Hartog noemt zijn ervaring in een ziekenhuis in Amerika een teken van hoop. Iedereen die met patiënten in contact komt, tekent er een briefje met de belofte elke zieke zo te benaderen alsof het een persoonlijke vriend was.

Blije en contente mensen zijn overal broodnodig: bij de kinderen, de zieken, de bejaarden en behoeftigen, maar ook bij de buren, de collega's op het werk, in de winkel, op het sportveld... De wereld schreeuwt om mensen die voor elkaar echt *zon* kunnen zijn en die kunnen *droomdenken* in plaats van *doemdenken.* Middens van positief denken hebben we nodig, oasen van vreugde, cenakels van nieuwe hoop.

A3. Goeie verstaanders

Het is de moeite waard zich even rustig te bezinnen over die wellicht meest verwaarloosde, menselijke opdracht: *gelukkig-zijn*. Het is mijn vurige wens dat mijn boodschap bij jou mag overkomen, zoals ik ze echt bedoel. Dit is inderdaad niet altijd zo.

Ik denk hier aan professor Karl Hartmann. Hij wilde op een heel didactische manier een aantal drinkebroers van de schadelijke invloed van alcohol overtuigen.
Hij plaatste een glas water en een glas zuivere alcohol op tafel. Toen nam hij uit een doosje een regenworm en liet die in het water zakken. 'Zie je, mijne heren, water is onschadelijk: de regenworm blijft springlevend!'
Daarna dompelde hij de pier in de alcohol. Het was vreselijk om aan te zien: de alcohol tastte de worm aan en vrat die op. 'Kijk, mijne heren, wat alcohol doet!'
Jeroom, op de achterste rij, was er echt van onder de indruk. Hij gaf zijn vriend Maurits een duwtje en zei: 'Heb je 't nu gezien, makker? Als we geen alcohol meer drinken, krijgen we allemaal wormen!'

Bij een uiteenzetting hoort ieder veelal datgene wat in zijn kraam past. We zijn zelden goeie verstaanders als het onszelf betreft. We kunnen zo vreselijk doof en blind voor onze eigen negatieve kanten zijn! Toch kan het aandachtig luisteren naar anderen heel wat tot het kennen van onszelf bijdragen.

Over zelfkennis en vooral zelfaanvaarding loopt de weg naar zelfverbetering. Wie open en ontvankelijk staat ten opzichte van de hier gebrachte boodschap, zal zeker heel wat praktische wenken vinden om zich voortaan goed te voelen en gelukkiger te leven. Maar om de zon in huis te halen moet je eerst de luiken openen.

A4. Gelukkig-zijn is onze opdracht

Wij ontvingen het leven, dat formidabele leven met al zijn mogelijkheden, helemaal gratis via onze ouders van de Schepper. Het is een geschenk, een gave, maar terzelfder tijd ook een ernstige opgave.
Ik ben er diep van overtuigd dat het onze persoonlijke opdracht is ons unieke wezen te ontdekken en scheppend te realiseren om aldus – samen met die anderen rondom ons – een stukje geluk te beleven.

De grote Duitse filosoof Immanuel Kant (1724-1804) drukte het zo uit: 'Het is niet zozeer Gods wil dat we gelukkig *zijn*, maar dat we onszelf gelukkig *maken*.'
Daarvoor kregen we niet alleen voldoende talenten, wij mogen ook in alle omstandigheden rekenen op Gods genade en kracht om het inderdaad waar te maken.

Valt het je ook op dat de meeste mensen – in hun eigen specifieke situatie – helemaal *niet zo gelukkig zijn als ze zouden kunnen zijn*? Nu wil ik met dit boek aantonen *hoe je daar zelf heel veel aan kunt doen*. En dat je op elke leeftijd kunt zeggen: *'Het is nog niet te laat.'*

A5. Gelukkig-zijn is ons uiteindelijk doel

Al wat op onze planeet leeft, wil instinctief van dat leven iets goeds maken, zelfs de planten en de dieren. Als je bij het lopen door een bietenveld een jonge plant vertrapt, probeert ze, met de levenskracht die er inzit, toch het beste van haar bietenleven te maken. Enkele dagen nadien heeft ze zich helemaal hersteld. Als je drie weken later zou gaan kijken, kun je haar gewoon niet meer van de andere onderscheiden.

Een vos raakt met zijn poot vast in een klem. Laat hij zich gaan? Legt hij er zich bij neer dat hij verloren is? Geen sprake van! Hij bijt nog liever die poot af en probeert op drie poten van zijn vosseleven iets goeds te maken.

Ook de mens tracht zijn leven uit te bouwen tot een meesterwerk, tot het beste dat hij kan. Hij wil op het eind van zijn dagen kunnen zeggen: 'Ik voel me tevreden, het is goed geweest!'
Gelukkig-zijn is immers zijn levensdoel. Het is ook de diepste hunkering van ieder mensenhart. Heb je ooit iemand gehoord die zei: 'Voor mij hoeft al dat geluk niet. Ik wil best enkele maanden ruilen met iemand die erg ongelukkig is'?

Het mateloze verlangen om gelukkig te zijn – heel intens en altijd – is ons heel diep ingeplant. Al ervaren we dagelijks dat 'volmaakt' geluk niet van deze wereld is, toch is iedere mens geboren om gelukkig te worden. Het zou een blamage zijn voor onze Schepper te denken dat jij – of wie dan ook – hier op onze planeet rondloopt om ongelukkig te zijn, om te mislukken in je persoonlijke levensopdracht. Nee, we zijn hier op de wereld voor vreugde, liefde, gezondheid, ontplooiing, arbeid, vrede en geluk. We zijn gemaakt om overeen te komen, niet om ruzie te maken. Daar kan zelfs ons lichaam niet tegen.

Het verschil met planten en dieren – die instinctief een succesvol leven nastreven en niet anders kunnen – ligt hierin dat wij vrije denkende wezens zijn. Dit betekent dat wij zowel positief (constructief) als negatief (destructief) kunnen denken.

Nu beseffen de meeste onder ons wel voldoende dat alleen positief, creatief en liefdevol denken iemand helpt gelukkiger te leven. Helaas, vaak onbewust door de sleur van de gewoonte en vooral bij tegenslagen vervalt een mens makkelijk in een negatieve gedachtengang. Dit voert hem steeds verder bergafwaarts naar de onvrede.

A6. Gelukkig-zijn, wat is dat?

Vanzelfsprekend zijn geluksbelevingen sterk persoonlijk gekleurde ervaringen. Toch geef ik volgende algemene definitie:

> *Gelukkig-zijn is:*
> *die grondige inwendige tevredenheid*
> *dat diepe innerlijk 'contentement'*
> *die harmonie in je diepste zelf.*

Vier belangrijke aspecten van dit gelukkig-zijn komen aan bod:

1. Je goed voelen in het leven en dankbaar ingaan op de vele dagelijkse gelukskansen. Ontvankelijk worden, attent zijn en vaardig in het genieten.
2. Je goed voelen in je huid. Vreugde beleven aan het ontdekken, ontplooien en gebruiken van je mogelijkheden. Ervaren dat groeien echt leven is.
3. Je goed voelen op je levensweg, plezier beleven aan je taak en aan je dagelijkse bezigheden, je doel bereiken ondanks weerstanden en tegenslag, fier mogen zijn op het resultaat.
4. Je goed voelen bij de mensen rondom jou en zeker bij je dierbaren, een klimaat scheppen van erkenning en wederzijdse bevestiging, tot diepe ontmoeting komen met de medemens.

A7. De vier fasen in elk vormingsproces

Het volstaat natuurlijk niet de informatie in dit boek eenmaal gelezen te hebben om voor de rest van je dagen gelukkig te zijn. Professor Fred De Block onderscheidt vier fasen in ieder leer- of vormingsproces. Wij onthouden dit makkelijk met een mnemotechnisch middel: WITI, namelijk: *W*eten, *I*nzien, *T*oepassen, *I*ntegreren.

Het eerste is ***weten***. Je hoort het iemand zeggen. Je leest het ergens of je neemt er op een andere manier kennis van. Zo lees je bijvoorbeeld in een boek: 'Het is belangrijk altijd positief te denken.' Ziezo, nu heb je weet van deze bewering.

Het tweede is ***inzien***. Veel ingrijpender is die 'Aha-Erlebnis'. Je frank valt. Je ziet opeens klaar en duidelijk de verbanden: 'Ha, zó is dat!' Het is als het ware kennis die in diepere lagen doordringt. Indien bijvoorbeeld in je naaste omgeving iemand veel positiever gaat denken en je merkt duidelijk het gunstig effect op zijn of haar leven, dan krijgt dat oorspronkelijk 'weten' bij jou een diepere dimensie, namelijk 'inzien'.

Het derde is ***toepassen***. Het komt eropaan in het leven consequent te handelen naar wat wij weten en inzien. Trouwens, alleen kennis en inzicht die gebruikt worden, zijn voor ons nuttig en blijven ons ook bij. Maar de mens is een zeer complex wezen en vaak handelt hij helemaal niet naar wat hij weet en inziet. Als je bijvoorbeeld tandpijn hebt, ga je beter direct naar de tandarts. Iedereen weet dat en ziet dat ook in. Toch lopen er mensen maandenlang rond met pijn.

'Weten en inzien' is niet zo moeilijk. Je kunt er tien op tien mee halen. Maar het in het leven toepassen vraagt bewuste aandacht en karakter. En daar kun je makkelijk een steek laten vallen. Zelfs op school examineert men de studenten niet alleen naar hun kennis en inzicht. Men kijkt ook na of zij het geleerde kunnen toepassen.

Het vierde is ***integreren***. Zaken die wij honderden, ja duizenden keren hebben toegepast, worden op den duur een onbewuste gewoonte. We hoeven er niet speciaal meer aan te denken. Ze behoren tot onze spontane reacties. We hebben ze in onze persoonlijkheid geïntegreerd. Dit is onder meer het geval met de vele beleefdheidsvormen die we in onze kinderjaren aanleerden. Hoelang duurt het niet vooraleer een kind spontaan 'dank-u-wel' zegt, als hij of zij iets aangeboden krijgt?

Ben je er ook van overtuigd dat een attitude van vriendelijkheid, welwillendheid en positiviteit goud waard is? Wij weten het, we zien het in, we hebben het enkele keren met succes toegepast. Maar een onbewuste gewoonte, nee... zover zijn we nog niet. Toch is het van het grootste belang datgene wat wij weten en inzien, zo lang en zo veel toe te passen totdat het een stuk van onszelf geworden is: een tweede natuur. Zodra het geïntegreerd en herleid is tot een spontane reactie, vraagt het een minimum aan aandacht en energie.

A8. De macht van de gewoonte

Wij denken makkelijk dat wij altijd uit inzicht en overtuiging handelen. Maar de meeste van onze woorden en gedragingen zijn gewoon aangeleerde automatismen. En gelukkig maar. Wat zou het leven lastig zijn als we voor alles wat wij meemaken, ons steeds dienden af te vragen: 'Hoe moet ik nu reageren? Wat kan ik hier zeggen?' Er liggen goddank heel wat woorden en reacties, klaar-voor-gebruik, in die supercomputer van onze hersenen opgeslagen.

Je bent bijvoorbeeld gewoon 'pardon' te zeggen, als je onverhoeds tegen iemand aanbotst. Je neemt je voor van nu af over te schakelen op 'sorry'. De volgende dag, bij het winkelen, hinder je toevallig iemand. 'Ho, pardon!' zeg je. En dan 'Euh, sorry!' Maar dat 'sorry' komt een stuk later dan je automatische 'pardon'. Het zal je heel wat oefening vragen je even spontaan te uiten met 'sorry' als je dat nu doet met 'pardon'. En probeer nadien maar om weer om te wisselen.

Gelukkig beschikken wij over veel positieve automatismen, die aangenaam bij anderen overkomen, een goeie sfeer scheppen en onszelf vooruithelpen.

Enkel heel volmaakte mensen hebben geen negatieve gewoonten die anderen afstoten, de sfeer bederven en henzelf benadelen. We zijn ons meestal niet bewust van onze eigen negatieve gedragspatronen. Door de reacties van anderen nauwlettend te observeren, kunnen we er geleidelijk achterkomen welke onze meest hinderlijke gewoonten zijn.

A9. Niemand het gezicht doen verliezen

Zuster Martha was heel bekwaam en actief, doch weinig geliefd bij haar medezusters. Ze was daar verdrietig om, maar ze wist niet wat te doen om hier iets aan te verhelpen. Tot zij gewaarwerd dat haar voortdurende, goed bedoelde opmerkingen eigenlijk kwetsend overkwamen. Zonder het zelf te beseffen, had zij al die tijd herhaaldelijk haar medezusters voor schut gezet en aldus hun eigenwaarde ondergraven. Zodra ze dit inzag, deed ze meteen haar uiterste best om hier verandering in te brengen. Ze heeft er vele maanden over gedaan en nóg dient zij voortdurend ervoor op te passen niet in haar oude gewoonte terug te vallen.

Pastoor Wostijn zaliger daarentegen was voor zijn parochianen altijd enorm bemoedigend. Telkens als hij bij jong of oud iets positiefs hoorde, zei hij altijd met hart en ziel: 'Proficiat! Proficiat!' Het was bij hem zo'n automatisme geworden dat het soms wel tienmaal per dag over zijn lippen kwam.
Op een dag kwam een vrouw melden dat haar moeder gestorven was. Vol medeleven zei de pastoor: 'O, profi...' en de rest kon hij nog net onderdrukken. Zijn automatisme werkte zo sterk dat hij bijna proficiat had gezegd in een situatie waar het helemaal niet paste.

A10. Het rode lichtje

Marcel, een oud-cursist, probeert al jaren een positief, liefdevol mens te worden. Toen ik hem een tijd geleden ontmoette, zei hij mij: 'Zou je geloven dat ik er mezelf nog af en toe op betrap negatief te denken of te doen? Maar één ding heb ik vóór op vroeger: telkens als ik op de negatieve toer ben, is het net alsof er in mijn hoofd een rood lampje begint te branden. Jammer genoeg flitst dat rode lichtje nog dikwijls te laat aan.'

Tweeduizend jaar geleden zei Sint-Paulus: 'Waarom toch doe ik de dingen die ik níét wil en wat ik wél wil, doe ik niet!'
Ik meen dat we – tenminste op dat stuk – heden nog niet veel verder staan dan toen. We beloven onszelf dat we positiever zullen denken over het leven, over onszelf, over ons werk en over de mensen. Maar... de weg naar de hel is geplaveid met goede voornemens. We passen het wellicht enkele malen toe en een volgende keer is het alweer verkeerd. Toch is blijven oefenen de enige manier om het geïntegreerd te krijgen.

Misschien probeer je ook al lange tijd positief en liefdevol te denken en te handelen. Waarschijnlijk brandt jouw rode lichtje ook veelal te laat. Maar troost je: als je blijft volharden, komt er een dag dat je lampje spontaan op tijd aanflitst, net voor je negatieve dingen gaat zeggen, net voor je liefdeloze dingen gaat doen. Dan ben je waar je wezen moet, al is volmaaktheid niet van deze wereld.

A11. Je kunt er zelf heel wat aan doen!

We hebben geluk dat onze gedragingen in grote mate aangeleerd zijn. Menselijke eigenschappen als zodanig worden immers niet overgeërfd, alleen maar de aanleg ertoe. We hoeven dus niet te vlug te beweren: 'Ik ben nu eenmaal zó!'

We kunnen goede gewoonten aankweken en slechte gedragingen afleren. Ik vind het zo hoopgevend dat wij kunnen léren tactvol te zijn, open te spreken en onze gevoelens beter te verwoorden. Vooral ook dat wij kunnen áfleren te kwetsen, te reclameren of te zeuren.

Marc en Hilde, een echtpaar uit een voorgaande cursus, waren met een dergelijke gedragsverandering bezig. In de herfstvakantie trokken ze – samen met hun kinderen: Bertje van 11 jaar en Mietje van 9 jaar – met hun caravan naar een camping.
Op een van die rustige avonden zegt Bertje plots: 'Pa, ik weet welke lessen jullie 's avonds volgen.'
'Zo ventje, weet jij iets van onze cursus?'
'Ja, hé Mietje?' en hij betrok er zijn zusje bij. 'Jullie leren het daar: blij te zijn, goed overeen te komen en niet meer zoveel te reclameren op ons.'
Kinderen zijn goede psychologen. Bertje en Mietje hadden de positieve gedragsverandering bij hun ouders dadelijk opgemerkt.

Als mensen in een groep aan relatieverbetering werken, inspireren ze elkaar in hoge mate. Alleen al door er samen over te spreken, denken ze voortdurend aan mogelijke toepassingen.

Jaren geleden, op een zaterdagse verloofdencursus, drukte ik de jonge mensen danig op het hart dat onverwachte kleine attenties als vitamines zijn. Ze houden de liefde levendig. Op de terugweg naar huis stapte ikzelf een bloemenwinkel binnen en kocht voor mijn vrouw een ruiker bloemen.
Anne, mijn oudste dochter, had het door. Toen ik enkele weken later weer met bloemen thuiskwam, zei ze: 'O, vake, kom je weer van een verloofdencursus?'

EVEN OPFRISSEN A.

- Er gaat een enorme aantrekkingskracht uit van gelukkige mensen.
- Ze sturen warme geluksgolven uit die hun medemensen doen openbloeien.
- Het is onze opdracht zelf gelukkige mensen te worden.
- De mogelijkheden, die we gratis ontvingen, dienen we optimaal te benutten.
- Het volstaat niet om enkel de geluksprincipes te kennen en in te zien.
- Het komt eropaan ze telkens opnieuw toe te passen en in ons leven te integreren.
- We kunnen oude negatieve gewoonten afleren en nieuwe positieve aanleren.

B. Waarin geluk niet ligt

B1. Geluk ligt niet in zaken buiten onszelf

Viel het je reeds op dat het niet de *dingen buiten onszelf* zijn die ons gelukkig maken? Zo is het niet 'de bloem zelf' met haar geuren en kleuren (of 'de muziekweergave' met haar ritme en melodie) die iemand gelukkig maakt. De mens die er ontvankelijk voor is, bij wie de zaken weerklank vinden in zijn hart, die zal er vreugde aan beleven. Een ander zal er onverschillig bij blijven terwijl een derde er zich wellicht aan zal ergeren.

Geluk zit in de mens die respons op de dingen geeft. Met zijn *ontvankelijkheid* voor goedheid, waarheid en schoonheid haalt hij er het genot, het gemak, de vreugde en de ontroering uit.

We kunnen zeggen: brood heeft een bepaalde voedingswaarde, maar het 'lekker vinden' zit niet in het brood, maar in de persoon die ervan eet. De ene vindt het heerlijk, de ander zo en zo en weer een ander lust het helemaal niet.
Zo is het ook gesteld met de vele dingen die mensen nastreven: *niet in die dingen zelf ligt het geluk.*

Ik denk hier aan meer rijkdom en bezit, langdurig nietsdoen, grotere kennis en geleerdheid, een hogere maatschappelijke positie, een mooi lichaam of gezicht, het commerciële ontspanningsleven, meer comfort en genotmiddelen, een uitgebreide kring van kennissen en relaties, ja zelfs een goede gezondheid.

Onder de mensen die niets van dit alles hebben, is een groot aantal gelukkig. Zij die deze dingen wél hebben, zijn daarom niet *noodzakelijkerwijs en automatisch* gelukkig. Dit betekent niet dat al die zaken geen waarde hebben. Ze kunnen ons het leven flink wat makkelijker maken. Maar het zijn *geen voorwaarden* tot geluk.

B2. Geluk ligt niet in meer rijkdom en bezit

Heb je al opgemerkt dat mensen die heel veel bezitten, niet noodzakelijkerwijs gelukkiger zijn dan zij die veel minder hebben? Er zijn gelukkigen onder de armen en ongelukkigen onder de rijken. Wie veel heeft, draagt immers grote verantwoordelijkheid en kent tevens flink wat zorgen. Velen worden bang dat ze hun bezit gaan verliezen, dat het in waarde zal verminderen, dat het gestolen of erg beschadigd zal worden.

Daniël had als tweede verblijf een 'hoevetje' aan zee. Tijdens een stormnacht schrok hij wakker. Hij hoorde de loeiende wind en werd ongerust. Hij schoot zijn kleren aan en reed vliegensvlug naar de kust, zijn hoofd vol angstige vragen. En dit op een morgen waarop je heerlijk kon uitslapen. Als je veel hebt, dan moet je voor veel zorgen. Mensen kunnen slaaf worden van hun eigendommen. Pas klaar met het onderhoud van de ene woning zijn ze alweer bezig met het opknappen van hun tweede verblijf. Het kan van het goede te veel worden.

Eugenie, 86 jaar, had niet alleen een eigen huis en inkomsten uit aandelen. Ze verhuurde daarbij nog zeven huizen, die een halve eeuw geleden gebouwd waren. Ze had daar behoorlijk veel zorgen mee. Geregeld belde zij de loodgieter, de elektricien, de timmerman... op. Die beloofden wel haar huurders uit de problemen te helpen, maar toch stuurden ze vaak hun kat. Ze zou zoveel rustiger leven zonder al die bezittingen.

Toen ze zich daarover beklaagde, zei ik: 'Is het niet veel makkelijker als je afstand doet van die huizen? Je hebt twee zonen en een dochter. Schenk hun elk een huis en dan blijven er nog vier over. Kijk eens uit naar jonge gezinnen die intens naar een eigen huisje verlangen, maar het voorlopig niet kunnen betalen. Geef hun de kans van hun leven en doe het van harte. Je eigen zorgen vallen ermee weg. Je weet toch dat je die huizen niet naar de eeuwigheid kunt meenemen!'

Ging Eugenie op dit voorstel in? Nee, ze deed het niet. Wellicht haalde zij haar gevoel van belangrijkheid juist uit het bezit van die huizen. Een jaar en drie maanden later stierf ze. Tot op haar sterfbed bleef ze zich krampachtig aan dat overbodige vasthouden.

Wat een geweldige opgave is het voor een mens geleidelijk te leren loslaten! Afstand doen, leren afstaan: het behoort ook tot het leven.

Paul en Laura, mensen uit onze vroegere buurt, werkten hard en waren tevreden in hun jonge gezin. Toen werd de carrière van Paul plots heel succesrijk, en meer en meer vertoefde hij in zeer luxueuze milieus. Hij permitteerde zich af en toe een slippertje en de relatie met zijn vrouw bekoelde.

Na dertig jaar, tijdens een wandeling aan zee, zagen we Laura terug. Met tranen in de ogen deed zij haar verhaal: 'Waar is de tijd dat wij in jullie straat woonden. Nee, we hadden het toen niet makkelijk, maar we kwamen rond en we waren gelukkig. Nu verdient Paul geld met hopen, maar het is hem naar het hoofd gestegen. Hij is nog zelden thuis en we hebben geen echt contact meer. Nu besef ik dat een weelderig bestaan ook niet alles is.'
Het zijn inderdaad sterke benen die de weelde kunnen dragen, vooral als die benen nog jong zijn.

B3. Geluk ligt niet in 'niets te doen hebben'

Mensen met drukke activiteiten kunnen intens verlangen naar een periode van zalig nietsdoen. En waarlijk: een vakantietijd van enkele weken – of zelfs een paar maanden – kan enorm deugddoend zijn. Maar mensen die verplicht op non-actief zijn gesteld, beseffen pas hoe oervervelend nietsdoen kan zijn.
Een man op brugpensioen vertelde me: 'Meneer, 't zijn lange dagen hoor! 't Is triestig als men naar middelen moet gaan zoeken om de tijd te doden.'

Nee, gelukkig-zijn ligt niet in een eeuwigdurende vakantie. Ik ken meer gelukkigen onder de mensen die actief en bedrijvig zijn dan onder degenen die absoluut niets meer te doen hebben. Er ligt een bron van grote tevredenheid en diepe vreugde in het volbrengen van een activiteit waaraan men met hart en ziel zijn beste krachten geeft.

B4. Geluk ligt niet in kennis en geleerdheid

Wat wordt er heden ten dage al niet gestudeerd! Nooit volgden zoveel volwassenen allerlei lessen en cursussen, zowel op weekavonden als op zaterdag. Ze willen meer kennen, meer kunnen, meer weten. Het is verbazend waartoe mensen allemaal bereid zijn om een nieuwe vaardigheid of een hoger diploma te verwerven.
Het vraagt karakter, en het bereiken van een goed resultaat zal hun wellicht ook een flinke voldoening geven. Het is immers een vorm van zelfrealisatie die, zoals elk gevoel van groei, een mens gelukkig maakt.
Maar, wanneer na die waardevolle ontwikkeling eenmaal het diploma is behaald en de bijpassende functie wordt bekleed, dan blijkt er geen direct verband meer te bestaan tussen veel weten, kennen en kunnen en het zich goed en gelukkig voelen.

Bij het afstuderen van Bart, onze oudste, woonden wij de universitaire proclamatie bij. Vooraan stonden de rector en een indrukwekkende rij professoren. Ik gaf mijn vrouw een duwtje en zei: 'Kijk eens goed naar die heren vooraan.'
'Ja,' zei ze, 'wat scheelt eraan?'
'Met wie van hen zou je nu graag getrouwd zijn?'
Ze glimlachte en overliep de rij. 'Met geen van allen.'
'Waarom niet?'
'Ze kijken allemaal zo sip en zien er weinig vriendelijk uit.'

Dit was natuurlijk maar een momentopname. Misschien waren de professoren bij het jaareinde ook wat vermoeid, maar hadden ze op andere momenten echt wel meer geluksgevoelens.
Toch heb ik niet de indruk dat de geleerdste mensen met de hoogste diploma's het gelukkigst zijn op deze wereld. En ken je ook mensen die helemaal niet gestudeerd hebben en toch blij en tevreden door het leven gaan?
Ik dacht eraan toen ik een eenvoudige tuinder bezig zag. Met veel toewijding verzorgde hij zijn planten en bloemen en de diepe tevredenheid was van zijn gelaat af te lezen.

B5. Geluk ligt niet in een hogere positie

Overal in de wereld merk je strijd om de macht. Soms werkt men met de ellebogen om promotie te maken: in het bedrijfsleven, in de politiek of in het verenigingsleven. Zelfs het gezin ontsnapt niet altijd aan de machtsstrijd tussen man en vrouw, tussen ouders en kinderen en bij de kinderen onderling.
Hoezeer men ook naar een hogere positie streeft, promotie maakt niet automatisch gelukkiger.

Rik is een oud-leerling mecanicien en een bijzonder goed vakman. In een klein bedrijf stond hij vele jaren aan de machines. De zaak breidde uit en na zestien jaar werkten er meer dan twintig mensen. Rik promoveerde tot atelierchef. Na een jaar zat hij met een maagzweer.

'Je piekert te veel,' zei de dokter.
'Ik weet het,' antwoordde Rik, 'maar jullie hebben mooi praten. Toen ik met mijn ijzer te doen had, kon ik daar tot op het honderdste van een millimeter nauwkeurig mee doen wat ik wilde. Maar nu, met mijn mensen... Doe ik goed voor de ene, dan is 't verkeerd voor de andere. Ik kan er 's nachts niet van slapen. 't Is om gek van te worden.'

Heb je al gemerkt dat de machtigsten van deze aarde daarom nog niet de gelukkigsten zijn? Hoge bomen vangen veel wind en het kan heel kil en eenzaam zijn aan de top.

Directeur Antoine is al vele jaren een man met grote macht en verantwoordelijkheid. Maar juist die verantwoordelijkheid begint hem de laatste jaren heel zwaar te wegen. 's Avonds kan hij de zorgen niet meer van zich afzetten. Al vele maanden neemt hij zware slaappillen. Soms zou hij willen ruilen met een van zijn ondergeschikten, die rustig en blij hun werk verrichten, tevreden over onze aardbol rondlopen en helemaal geen slaapmiddelen nodig hebben.

Bij het afscheid van een cursus had Gerda, een toffe cursiste, voor mij en al de deelnemers een speciale pantoffel meegebracht. Op de zool langsbinnen hing een briefje: 'Dit is een bijzondere pantoffel. Vooraleer je 's avonds slapen gaat, duw je er al je problemen en zorgen in zonder er één te vergeten. Zet deze pantoffel dan onder je bed en slaap heerlijk uit. 's Morgens neem je fris je pantoffel en haalt er je zorgen en problemen uit. Die los je één voor één op.'
Wel, als je ook al eens durft piekeren voor je inslaapt, denk dan aan de pantoffel van Gerda.

Of zoals een moeder laat op de avond bad: 'Onze Lieve Heer, ik ben moe. Ik heb nu geen tijd meer voor mijn zorgen. Wil Jij er vannacht over waken, want ik moet nu slapen. Morgen neem ik ze dan weer over. Goedenacht!'

B6. Geluk ligt niet in meer comfort en genotmiddelen

Het verlangen naar materieel comfort, ontspanning en allerlei genietingen zit ons ingebakken en een zekere mate van bevrediging is nodig om ons goed te voelen. Wie het essentiële hiervan mist, kan moeilijk content zijn. Toch brengt het steeds maar toegeven aan het verlangen naar meer luxe en genotmiddelen niet dat zo zeer begeerde geluk met zich.

Misschien denk je nu: wat lees ik hier? Zullen we niet gelukkig zijn als ze volgende week onze nieuwe stereo-installatie brengen? Je ziet jezelf al zitten, genietend van je lievelingsmuziek. Natuurlijk zul je heel tevreden zijn. De dag erop ook nog. En de volgende week nog een beetje. Maar na verloop van tijd ben je zo vertrouwd met die stereo dat het voor jou de gewoonste zaak van de wereld is geworden.
Een mens is een raar wezen. Hij kan intens naar iets verlangen. En opeens heeft hij het en hij is er blij mee. Maar die tevredenheid is helaas van relatief korte duur.
Je bent bijvoorbeeld dolcontent met je verjaardagscadeau. Je staat ermee in je handen. Uiteindelijk moet je het ergens zetten, leggen of hangen. En kort daarop groeit weer een nieuw verlangen dat om vervulling roept.

Wellicht verlangde je ooit heel intens naar de dag dat je je nieuwe huis zou betrekken en je telde de dagen af. De spanning was om te snijden. Dan verhuisde je. Een fantastische dag! Maar hij ging onherroepelijk voorbij. En 's anderendaags ontstonden weer nieuwe verlangens...
Een mens heeft het zo nodig nog te kunnen verlangen; het houdt hem jong.

Als kind verlangde ik, samen met mijn drie zussen, naar zes december, de dag van Sinterklaas. Al wekenlang keken wij met popelend hart naar die topdag uit. Toen we wat rumoerig waren, waarschuwde moeder: 'Als je niet heel vlug naar bed gaat en stil bent, zal hij niet komen!'
Toen dachten wij: natuurlijk komt hij. Wat weten ouders daarvan? Vorig jaar kwam hij immers ook en toen waren we nog veel stouter!
Wat wij geloofden gebeurde: snoep en speelgoed bracht hij. 's Morgens aten we onze snoep op. Dat kon toen nog! 's Namiddags speelden we met ons speelgoed. En het werd avond en... de spanning was eruit.
Ik hoor mijn oudste zus Rachel nog zeggen: 'Ah weet je, hij is nu gekomen. Wat zullen we nu eens verlangen?' En opeens had zij het gevonden: ''t Is bijna Kerstmis en Nieuwjaar.' We hadden weer een nieuw perspectief om naar te verlangen.

Wensen en dromen hoeven niet te snel gerealiseerd te worden. Er zit een grote vreugde in het langzaam, stap voor stap, bereiken van de diepste verlangens. Stel dat ik met mijn toverstokje ervoor kan zorgen dat al je materiële wensen en verlangens opeens vervuld zijn: dat meubeltje voor je woonkamer, die gordijnen, dat schilderijtje, die droogkast, die stofzuiger, de renovatie van je keuken of je badkamer... Alles staat of hangt daar, zomaar direct. Er is niets meer dat je nog kunt verlangen. Het ís er gewoon allemaal.
Zodra je van je verrassing bekomen bent, kun je wel opspringen van vreugde. En ook morgen ben je nog heel blij, en overmorgen... Maar je raakt dit 'alles hebben' toch heel vlug gewoon. Je wordt geblaseerd. Het is vreselijk: niets meer te wensen hebben en toch niet gelukkig zijn. Zelfs je vriendin kan jou niet meer blij maken met een geschenkje voor je verjaardag. Je hebt immers alles!

Weet je dat je levensmoe kunt worden door een oververzadiging van weelde en genot? Niet alleen filmsterren maken in een dergelijke toestand een einde aan hun leven. Nee, je hoeft nooit jaloers te zijn op mensen die zich onmiddellijk alle mogelijke weelde, comfort, ontspanning en genotmiddelen kunnen veroorloven.

B7. Geluk ligt niet in meer kennissen en relaties

Er zijn mensen die in drie weken geen levende ziel ontmoeten en toch niet vereenzaamd zijn. Ze voelen zich zo verbonden met een heleboel dierbaren en bekenden met wie ze in gedachten af en toe bezig zijn.
Anderen hoeven maar een uurtje alleen te zijn of ze voelen zich totaal eenzaam en verlaten. Sommigen voelen zich vereenzaamd en alleen in een bomvolle zaal, op een stampvolle bus of op een grote receptie. Ze zijn niet gelukkig omdat ze geen contact met de medemens krijgen, hoe graag ze het ook zouden willen. Allerlei remmingen en omstandigheden bemoeilijken die ontmoeting.

Al uren liep Carl – met de handen in de zakken – lusteloos tussen de honderden feestvierende mensen op de Ezelkermis in Kuurne. Een vriend zag hoe hij daar eenzaam tussen de uitgelaten vierders slenterde. Hij riep hem zijn huis binnen, ontkurkte een fles wijn en praatte geïnteresseerd en meevoelend met hem. Ongelooflijk hoe Carl openbloeide en zich helemaal niet meer verlaten voelde...

Maar niet enkel alleenstaanden voelen zich soms vereenzaamd. Ook in het huwelijk zijn er veel 'eenzame samenspelers', zoals Piet Nys hen in zijn boeken beschrijft. Gewoon samen-zijn met gezin en familie, met kennissen, vrienden en relaties is dus niet voldoende om gelukkig te zijn. Men moet met hen tot een open contact, tot een echte ontmoeting komen om zich goed te voelen.

B8. Geluk ligt niet in een goede gezondheid

Denk niet dat ik – op mijn zeventigste jaar – de gezondheid onderschat. Het is een geweldig belangrijke waarde. Als we gezond zijn, wat kunnen we dan allemaal niet doen? Maar misschien heb je al opgemerkt dat heel wat gezonde mensen toch niet zo 'gelukkig' zijn.
En ken je ook langdurig zieken, slachtoffers van kinderverlamming, mensen in een rolstoel, die goed weten dat ze nooit meer op eigen benen zullen lopen, maar die toch tot een diepe tevredenheid komen?

Een twaalftal jaren geleden vroeg men mijn medewerking aan een Westvlaamse ziekendag. Veel mensen hadden zich uitgesloofd om zoveel mogelijk langdurig zieken, in rolstoelen of ligbedden, naar het hotel aan de kust te brengen. Ik mocht daar twee korte conferenties geven en tijdens de pauze probeerde ik met een aantal onder hen nader kennis te maken. Er heerste daar een sfeer van vreugde en zachte vrolijkheid, die mij geweldig trof. Ik verbaasde mij erover nergens geklaag of gezeur te horen. De mensen genoten er van allerlei kleine zaken: van een straaltje zon dat door het raam binnenviel, van het bloempje op de tafel, van de achtergrondmuziek, van hun kopje koffie, maar vooral van elkaars gezellige aanwezigheid.

Zou het geheim van deze blije zieken niet zijn dat ze op een bepaald moment in hun leven die zware handicap echt aanvaard hebben? Wellicht dachten ze toen: wel ja, we zitten nu in deze situatie, we zijn beperkt in onze bewegingen en kunnen niet meer vrij rondlopen, maar we léven: we kunnen denken en voelen, we hebben lieve mensen rondom ons. Waarom zouden we – voor de tijd dat we hier nog zijn – niet proberen er het beste van te maken?
Een geweldige levenshouding: in elke situatie proberen er het beste van te maken!

Bij vele van deze zieken zag ik wat Phil Bosmans de vier kenmerken van een gelukkig mens noemt:
1. Eenvoudig-zijn en niet steeds willen opvallen.
2. Genieten van simpele dingen.
3. Kunnen relativeren.
4. Een sterke zin voor humor bezitten.
En dat hebben of kunnen lang niet alle gezonden.

Neem een interview af van een vitale en gezonde veertiger. Negen kansen op de tien krijg je als antwoord: ''t Zal toch niet lang duren zeker, want ik moet nog iets hier en ik moet nog naar daar!'
Vele gezonden werken zo hard en zoveel dat ze nooit de tijd nemen om rustig te genieten van de dingen waarvoor ze zich zo inspannen. Er gaat zoveel aan hen voorbij!

Enkele jaren terug werd een goede kennis uit onze vriendenkring met een hartinfarct in het ziekenhuis opgenomen. Pas na meerdere weken behandeling mocht hij naar huis terug. Hij volgde een streng dieet en geleidelijk aan wandelde hij weer. Er was geen sprake van dat hij zijn vroegere werk weer zou opnemen.
Maanden later – toen we bij hem thuis waren – vertelde hij me iets dat nog altijd blijft nazinderen. 'Ik heb zo het gevoel,' zei hij, 'dat ziek-zijn een mens kansen geeft die je nooit krijgt als je gezond blijft.'
Ik vroeg hem wat hij daarmee bedoelde.
'Wel kijk,' zei hij, 'neem nu dit boek', en hij wees mij een lijvig werk dat hij bijna geheel had gelezen. 'Je kunt je niet voorstellen hoeveel deugd ik daaraan beleef! Denk je dat ik dit zonder hartinfarct had kunnen lezen? Zeker niet. Wat had ik het toch altijd vreselijk druk! Ik besef nu welke vreugde er zit in allerlei kleinigheden. Ik zie nu dingen in mijn omgeving die mij vroeger nooit waren opgevallen. Het is precies alsof ik nu pas echt bewust begin te leven.'

Mijn buurman Lucien heeft een grote zaak opgebouwd. Op vierenvijftig jarige leeftijd was hij genoodzaakt het hele bedrijf aan zijn kinderen over te laten. Getroffen door een hartkwaal moest hij het voortaan wat rustiger aan doen. Voldoende hersteld, nam hij de draad weer op van toen hij vijftien jaar was. Hij begon te schilderen: landschappen, koeien, bloemen, bergen, vergezichten, portretten enzovoort. Alles samen meer dan 450 tableaus... en dat in de herfst van zijn leven. Daarnaast werkte hij met hart en ziel aan een paar boeken met verhalen uit zijn jeugd: levensechte geschiedenissen die de tijd van toen weer oproepen.

Lucien getuigt: 'Zonder die geweldige schok in mijn leven zou ik er nooit toe gekomen zijn om tijdig over te schakelen naar schilderen en schrijven. Ik mag de Heer danken voor deze zware tegenslag. Zoveel jaren later is dit in mijn ogen een echte meevaller geworden.'

Als mensen een flinke klap van het leven krijgen – een groot verdriet door een partner die wegvalt, door het verlies van een kind, een levenswerk dat kapotgaat, een lichamelijke handicap – dan verandert bijna plotseling hun waardeschaal. Dingen die men eerst zo hoog aansloeg, zijn niet langer belangrijk. Het is precies alsof sommige mensen eerst een ernstige 'schudding' moeten krijgen, voordat ze weer oog hebben voor de echt waardevolle dingen van het leven.
Indien een levensgolf ons omverwerpt, dan is het wijs om eens goed bij zichzelf na te gaan: welke les wil het leven mij nu leren?

EVEN OPFRISSEN B.

- Dingen buiten onszelf brengen niet automatisch geluk.
- Geluk zit in de mens, die respons op de dingen geeft.
- Er zijn gelukkige mensen die niets hebben van wat anderen zo fel nastreven.
- Het wegvallen van sommige zaken geeft een mens soms nieuwe kansen.
- Bij zware tegenslag wijzigt zich de waardeschaal en bekijkt men alles met andere ogen.

C. *De macht van onze gedachten*

C1. *Je gedachten bepalen je geluksgevoelens*

Via onze zintuigen ontvangen wij voortdurend talloze *stimuli* (signaalprikkels), uitgaande van personen en hun uitingen, van gebeurtenissen en van allerlei feiten en dingen buiten ons. Onze hersenen geven daar een bepaalde *interpretatie* aan, sterk gekleurd door onze denkgewoonten. Hierop volgen dan de overeenkomstige *gevoelens* (die zijn prettig of ellendig) die zich ook in ons lichaam manifesteren (dat is soepel of gespannen).

Af en toe beleeft de mens weleens een relatief korte, maar intense gelukservaring (zogenaamde piek-ervaring). Daarnaast is er een 'totaliteitservaring' van de hele mens, die de kortstondigheid van die intense geluksbelevingen ver overschrijdt.
Dit eigenlijk *gelukkig-zijn* is een innerlijke harmonie, een vreugdevolle aanvaarding van het bestaan, een grondige tevredenheid in geest en gemoed, een gevoel dat alles goedgaat, iets als een blijvende bezonken geluksstemming. Het is als de constante onderstroom in de oceaan, ondanks de golven die beuken aan de oppervlakte.

Omdat 'geluk' in het leven niet op zichzelf staat, kun je het niet rechtstreeks nastreven. Je kunt niet zeggen: 'Ik zal me eens inspannen, mijn uiterste best doen, om binnen een kwartier heel gelukkig te zijn.'
Wat zou je dan doen? Je kunt daar niet direct iets op verzinnen. Geluk komt immers altijd bij iets anders als een bijverschijnsel, als een uiterst waardevol nevenprodukt.
De voorwaarde voor het ontstaan van dit bijprodukt is echter: *positief denken* over alles en iedereen. Negatieve interpretaties van de stimuli kunnen nooit een diepe tevredenheid tot gevolg hebben.

Geluk is indirect de vrucht van een positieve, ja liefdevolle instelling ten aanzien van het leven, ten aanzien van jezelf, ten aanzien van je bezigheden en ten aanzien van je medemensen.

'De prettigste dingen in het leven,' schreef Barbara Bosch, 'zijn prettige gedachten.'
En inderdaad, als je geest vervuld is van vreugdevolle, positieve gedachten en beelden – zodat er zelfs een glimlach op je gelaat verschijnt – dan kun je je op dat moment onmogelijk ongelukkig voelen.
De grote levenskunst bestaat erin zoveel mogelijk prettige gedachten te creëren. Door de wisselwerking tussen denken en voelen verwekken die prettige gedachten vanzelf prettige gevoelens. Negatieve gedachten zullen juist het tegenovergestelde effect hebben.

Toch maakt de mens heel dikwijls – en vaak op handige wijze – zichzelf ongelukkig. Zovelen zijn volkomen nutteloos ten onder gegaan aan neerslachtigheid. Een Duitse dame overschouwde haar leven en zei: 'Was hätten wir glücklich sein können, wenn wir nicht so traurig gewesen wären!' (Wat hadden we gelukkig kunnen zijn, als we niet zo triestig geweest waren.) Ze besefte een beetje laat dat die nare triestige gevoelens meestal het gevolg waren van haar eigen treurige gedachten. Zoals ook haar gevoelens van angst of woede voortvloeiden uit haar bange of boze gedachten.

De gedachten van een mens maken zijn leven tot wat het is. Niet wat je allemaal 'hebt', niet wat je 'bent' in onze samenleving, niet 'waar' je bent of wat je 'doet', maakt je gelukkig of ongelukkig. Het gaat erom hoe je er zelf over denkt en hoe je je daarbij voelt.

Zo kan 'vergelijkend' denken je zowel ongelukkig als content maken. Er zal in de wereld altijd wel iemand zijn die meer heeft, meer weet, meer kan, kortom die het beter heeft dan jij. Als jij je met hem of haar vergelijkt, misschien jaloers wordt, dan kun je je heel ongelukkig voelen.
Maar er zijn in de wereld veel mensen die er slechter aan toe zijn dan jij. Vergelijk je met hen en je voelt je allicht heel goed.

Je kent misschien volgend verhaal. Je geeft aan een kind een snoepje en zijn gelaat bloeit open van blijdschap. Nu geef je twee snoepjes aan zijn vriendje die ernaast staat. Onmiddellijk trekt er een wolk over het gezichtje van het eerste kind. Hij voelt zich misdeeld en staat er heel ongelukkig bij. Hoewel er niets aan zijn bezit veranderd is, is hij er toch heel anders over gaan denken.

C2. *Alles begint met een gedachte*

Al wat de mens ooit heeft gerealiseerd, begon met een idee dat in zijn brein ontstond. De kamer waarin jij je nu bevindt, is er niet altijd geweest. Eens kreeg iemand het in zijn hoofd dat hier een gebouw, met die bepaalde bestemming, moest komen. De ideeën werden op plan gezet en daarna ook uitgevoerd.
Maar het begon met een idee en zonder dat idee zou die kamer er niet zijn. Van babyvoedsel tot wolkenkrabber... van naaimachine tot computer... het zijn slechts de vruchten van gedachten die efficiënt werden uitgewerkt.

De vroegere Chinese leider Mao zei ooit: 'Geloof, gedachtekracht, wil en verbeelding zijn machtiger dan de sterkste atoomwapens.'

Mahatma Gandhi in zijn tijd had geen huis, geen kleren, geen bureaucratie, geen wapens en geen leger. Maar zuiver door de kracht van zijn geloof, zijn gedachten en zijn woord wist hij honderden miljoenen mensen te bezielen.

Benjamin Franklin was op veertigjarige leeftijd Amerikaans gezant in Parijs. Men vroeg hem hoe hij, zonder hogere studies gedaan of diploma's behaald te hebben, aan die job was gekomen, en hij vertelde: 'Mijn werk bestaat bijna uitsluitend uit het omgaan met mensen en daarvoor is maar weinig boekengeleerdheid, maar wel veel praktische mensenkennis nodig. Van in mijn jonge jaren heb ik gemerkt dat niemand het prettig vindt als ik hem afkeur en de aandacht vestig op zijn negatieve aspecten. Daar voel ik mezelf ook niet goed bij. Maar hoe stralen de gezichten van de mensen als ik hun positieve kwaliteiten dik in de verf zet en hoe heerlijk voel ik mij daar zelf bij! Vandaar mijn LEVENSREGEL:

'Ik spreek van niets en van niemand ook maar het minste kwaad, maar... Ik zeg steeds al het goede dat ik van alles en iedereen weet!'

C3. *Jouw eigen interpretatie is beslissend*

De grote denkers van alle tijden leren ons dat het fundament van geluk in onze *manier van denken* ligt. Niet zozeer de gebeurtenissen die zich in ons leven voordoen, niet de buitenwereld, niet de situaties maken ons ongelukkig. Evenmin de woorden, houdingen of gedragingen van onze medemensen. Het is onze visie erop, de wijze waarop wij erover denken. Hoe staan wij er geestelijk tegenover? Welke kijk hebben we erop? Hoe interpreteren we dit? Welke uitleg geven wij eraan? En daar kunnen we iets aan doen.

Onze negatieve denkgewoonten hebben we in de loop van ons leven aangeleerd; we kunnen ze ook weer afleren. Zo zijn we zelf verantwoordelijk voor de kwaliteit van ons leven.

Als een bureelhoofd twee bedienden de mantel uitveegt, omdat ze samen een ernstige fout hebben begaan, dan kunnen ze daar heel verschillend op reageren. De ene denkt misschien: hoe is het mogelijk dat ik daar niet aan gedacht heb? Gelukkig houdt de chef een oogje in het zeil. Nu, ik heb mijn les geleerd; volgende keer beter. En daarmee is de kous af.
De ander heeft wellicht een minderwaardigheidsgevoel. Die uitval van de chef kwetste hem erg in zijn gevoel van eigenwaarde. 'Zie je wel dat ik niet geschikt ben voor mijn job!' zegt hij aan zijn vrouw. 'De baas beweert het nu ook.' Hij denkt daarbij: wat kán ik eigenljk als ik niet eens mijn werk zonder fouten kan uitvoeren? Ik ben een nul. En hij ziet het echt niet meer zitten en neemt een slaappil voor de komende nacht.

Milton schrijft in zijn *Paradise lost*:

'Het menselijk verstand is zelfwerkzaam en vermag van de hemel een hel te maken en van de hel een hemel.'

Kurt en Tanja leven in paradijselijke omstandigheden: ze hebben een riante villa met mooie tuin en verder al het comfort dat de wereld maar kan bieden. Alleen de liefde hebben ze niet meer. In een machtsstrijd staan zij nu negatief tegenover elkaar. Zij proberen mekaar eronder te krijgen en hun woorden snijden als messen. De deuren slaan hard en het is er koud in die villa, ondanks de verwarming. Met hun negatieve en liefdeloze gedachten maken ze samen een hel van wat een hemel had kunnen zijn.

Een ontwikkelingshelper vertelt over een jong koppel dat leeft in een land dat al jarenlang zowel droogte als oorlog kent. Zelfs het minimum aan hygiëne en comfort moeten ze missen.
'Ik was erbij,' zegt hij, 'toen ze in hun povere hut een schamel maal tot zich namen. Ik dacht: hoe kunnen die mensen hier overleven? Maar toen zag ik hun blik, vol bewondering en vertrouwen op elkaar gericht. Met hun liefdevolle wederzijdse bevestiging maakten zij het, in die helse realiteit, tot een hemeltje voor elkaar.'

C4. Soms is je goede intentie niet voldoende

Als twee mensen het niet met elkaar kunnen vinden en je vraagt aan de eerste: 'Wat heb je eigenlijk tegen die ander?' dan krijg je wellicht als antwoord: 'Ik? Helemaal niets! 't Is die andere!'
Het is merkwaardig dat je vaak van de tweede precies hetzelfde antwoord krijgt. Geen van beiden heeft iets tegen de ander, maar ze vinden wel dat de ander iets tegen hen heeft. Ze geloven dat hun eigen intentie heel zuiver is en dat de kwade bedoelingen bij de ander liggen. Zo blijft de situatie natuurlijk muurvast zitten. Dorpsgeschiedenissen verhalen hoe op die manier bepaalde vetes tussen buren- en boerenfamilies zijn ontstaan, die generaties lang doorkankerden.

Lang geleden dacht ik dat er in het evangelie stond: 'Als je iets hebt tegen je broeder, ga je dan eerst met hem verzoenen.' Ik heb dat maar weinig moeten doen, want ik had zelden of nooit iets tegen mijn broeder... maar hij wel tegen mij.
Rond mijn veertigste jaar, tijdens een bezinning, gaf de predikant mij de schok van mijn leven. Hij stelde dat die evangelietekst eigenlijk een beetje anders verwoord was: 'Als u uw offer gaat brengen en u merkt dat *uw broeder iets tegen u heeft*, laat dan uw offer achter en ga u eerst met uw broeder verzoenen.'
Dat veranderde voor mij de hele zaak. Ik had wel niets tegen mijn broeder, maar als hij iets tegen mij had, dan moest ik het met hem gaan uitpraten.
Welke formidabele wijsheid steekt er toch in dat eenvoudige evangeliewoord! Ruzies worden ermee opgelost en oorlogen door voorkomen.

C5. Het grootste leed doen de mensen elkaar aan

Shakespeare constateerde: 'Er is goed noch kwaad dat niet door het denken tot stand wordt gebracht.'

Al het goede dat anderen jou aandeden – het cadeautje op je verjaardag, de bloemen met moederdag – is begonnen met een gedachte in het hoofd van die anderen. Hadden zij er niet aan gedacht, dan waren er voor jou geen bloemen of cadeautjes gekomen.
En al het kwade dat mensen je hebben berokkend, elke stok die ooit in jouw wiel werd gestoken, is begonnen met een kwade gedachte in het hoofd van de anderen. Die negatieve gedachte werd uitgevoerd en heeft jou pijn gedaan.

Boze gedachten leiden tot boze daden en maken mensen ongelukkig. Wie goed en liefdevol denkt, zal ook goede dingen doen en daarmee anderen blij en gelukkig maken. Het komt eropaan om onze negatieve gedachten tijdig te onderkennen en over te schakelen naar: 'Ik zie iets goeds in jou en ik wil proberen dit op een tactvolle manier te laten blijken.'

Vijfentachtig procent van het lijden doen de mensen elkaar aan door hun negatief – en dus kwaad – denken en handelen. Als iedereen op de wereld steeds positief en liefdevol zou denken en doen, dan zou er slechts vijftien procent van het leed overblijven. Dat is dan het gevolg van de krachten van de natuur: zwaartekracht, stormen, aardbevingen, overstromingen, bliksem, branden enzovoort. Als je van een dakgoot valt en je been breekt, doet het nog altijd pijn.

Men beweert dat meer dan zestig procent van de patiënten in onze gewone ziekenhuizen psychosomatisch ziek zijn, dat wil zeggen: hun lichamelijke klachten – betreffende hart, maag, darmen enzovoort – hebben een geestelijke oorzaak. Zij zouden daar niet liggen, indien zij in een omgeving leefden met enkel liefdevolle mensen die hen bemoedigden en bevestigden... als ze bovendien zelf ook positief dachten en hun wrok en bitterheid, hun kritiek, hun schuldgevoelens, hun zorgen, hun afgunst en vooral hun angsten overboord konden gooien.

C6. Een nieuwe wereld!

Wat zouden de wereld en het leven mooi kunnen zijn, als de mensen niet langer negatief, kwaad en liefdeloos zouden denken! Zoveel fysiek en ook moreel lijden zou door positief en liefdevol denken voorkomen worden. Geen getwist meer in de gezinnen, geen geroddel onder familieleden, geen oorlogen tussen de volkeren. Zelfs de haarden van onrust en angst op de wereld worden dan oasen van rust en vrede waar men graag woont en gelukkig is.

In zo'n liefdevolle wereld willen de mensen elkaar ontmoeten. Hun bekommernis is: 'Wat kan ik zeggen of doen, opdat de ander zich echt goed zou voelen?' Die wereld loopt vol met gelukkige mensen. Niemand voelt zich nog opgejaagd, gespannen door stress of gefrustreerd. Ieder weet zich veilig en geborgen, met een minimum aan angsten en zorgen.
Zowel de directe pijn door ongevallen, branden enzovoort, als het indirecte leed door grote schade aan huis en goed, evenals alle verdriet, wordt verzacht – en draaglijk gemaakt – door het liefdevol meeleven van de medemens.

Een utopie? Al hebben we niet veel in de pap te brokken in het grote wereldhuishouden, niets belet ons te beginnen bij onszelf waar wij het wél voor het zeggen hebben. Wij bepalen zelf onze houding in ons gezin, in onze buurt, in ons werkmidden en in onze organisaties. Daar kunnen we weigeren om nog negatief over iemand te denken.
Het komt eropaan niet te vlug op te geven, als huisgenoten, buren, collega's of schoonfamilie het niet onmiddellijk doorhebben dat je nu probeert positief en liefdevol te zijn.

C7. Schadelijke gedachten en gevoelens

Er is een aantal geesteshoudingen die een hinderpaal vormen voor ons geluk. Enkele zeer schadelijke gedachten en gevoelens beletten ons tot inwendige tevredenheid te komen. We onthouden ze makkelijk met een mnemotechnisch middel: WATSKA, namelijk: *W*rok en bitterheid, *A*fgunst en jaloezie, *T*obben en zorgen maken, *S*chuldgedachten en -gevoelens, *K*ritiek en reclamaties en de vele *A*ngsten.
Al deze gevoelens werken zeer destructief: ze veroorzaken de grootste problemen in ons lichaam en liggen aan de basis van heel wat moeilijkheden in onze omgang met mensen. We overlopen ze één voor één.

1. ***Wrok en bitterheid.*** Je voelt je ergens benadeeld, onrechtvaardig behandeld, vernederd, onderdrukt. Je kunt er niet tegenop en je moet zwijgen. Door je onmacht word je wrokkig en bitter. Wat je niet kunt afreageren, vreet binnenin verder. Dit kan zware lichamelijke gevolgen hebben.
Louise L. Hay schrijft dat haar eigen borstkanker een gevolg was van de diepe wrok die zij tegenover haar moeder koesterde. Pas toen ze zich therapeutisch van die innerlijke wrok had ontdaan, kwam het genezingsproces bij haar op gang.
Hiermee is niet gezegd dat alle kankers voortkomen uit wrok en bitterheid.

Albert was een enthousiaste leraar op een grote Vlaamse school. Al vele jaren gaf hij een belangrijk lessenpakket in drie opeenvolgende jaren. Zo kon hij dezelfde leerlingen begeleiden van hun 15de tot hun 18de jaar. Hij leefde voor zijn studenten en had dan ook een grote invloed op hen.
Op zijn 40ste jaar kreeg hij – bij de aanvang van het schooljaar – een lessenrooster dat in zijn ogen een zware degradatie betekende. Om een of andere duistere reden mocht hij nu – voor twee derde van zijn prestaties – een klein bijvak van één uur per week geven. En dit aan een groot aantal verschillende klassen van 15-

jarigen. Hij had het gevoel dat men zijn invloed wilde beperken met de methode van Julius Caesar: 'Verdeel en heers!'

Onmiddellijk stapte hij met zijn klacht naar de directie. Spoedig bleek dat er aan de schikking – voorlopig althans – niet veel te veranderen was. Met het pijnlijk gevoel niet fair behandeld te zijn, liep hij enkele dagen rond met sombere en wrokkige gedachten.
Een oudere collega merkte dit op en sprak hem aan: 'Albert, jongen, ik zie dat je erg ontgoocheld bent en uit je mond komen niets dan bittere woorden. Dat moet je niet doen, vriend. Noch jijzelf noch iemand anders heeft daar enig voordeel bij.'
Albert verdedigde zich en wees op de onrechtvaardigheid van die feitelijke achteruitstelling.

Maar toen zei die collega: 'Kijk eens man, ik heb je altijd gekend als een leraar die zijn leerlingen enthousiast kon maken. In de sombere stemming waarin je nu verkeert, zal dit toch wel moeilijk zijn. Ik vrees dat de goeie band met je collega's erop achteruit zal gaan en ook de directie zal een negatieve indruk van je opdoen. Als je zo wrokkig blijft, zul je het op alle gebied moeilijker krijgen. Van opgewekt thuiskomen is ook geen sprake meer en zelfs je gezondheid lijdt er na een tijd onder. Natuurlijk – en ik begrijp het – heb je de neiging om je "gelijk hebben" te gaan koesteren en dit, in een machtsstrijd, voortdurend uit te spelen... maar je zult er niet gelukkig bij zijn. Ik denk dat je beter lessen uit het gebeurde trekt. Breng geduld op en oordeel mild! Zie er een nieuwe uitdaging in! Blijf er vooral gezond en gelukkig bij! Aan jou de keuze!'

Albert had er nog enkele dagen moeite mee, maar dan volgde hij resoluut de raad van zijn oudere collega. Het volgende schooljaar kreeg hij een lessenrooster dat hem meer bevrediging schonk. En vele jaren later zei hij – met gevoelens van dankbaarheid – aan die vaderlijke collega en vriend: 'Wat een geluk dat jij er mij toen op wees niet aan mijn gevoelens van wrok en bitterheid toe te geven. Waar zou ik anders nu gestaan hebben?'

2. ***Afgunst en jaloezie***. Dit zijn gevoelens die nog nooit een mens gelukkig gemaakt hebben. In een dergelijke sfeer kan men onmogelijk tot inwendige vrede komen.

a. Met *afgunst* bedoelen we de negatieve gevoelens van leed, wrevel, spijt enzovoort, die in je opkomen als iemand iets goeds te beurt valt dat je hem (of haar) niet gunt, of als iemand iets heeft dat je graag zelf zou willen hebben.

Als iemand anders de promotie krijgt waar jij op gerekend had, of een voordeel geniet dat jij niet hebt, dan kan er bij jou spontaan een gevoel van afgunst opkomen. Het is belangrijk zich daar direct bewust van te worden en ertegenin te gaan. Het mag immers geen wortel schieten, noch je handelen in negatieve zin beïnvloeden. Met een grondig zelfonderzoek kun je wellicht de diepere oorzaak van je afgunst achterhalen. Soms ligt een subtiel minderwaardigheidsgevoel aan de basis ervan. Onnoemelijk veel vijandschap tussen collega's, buren, familieleden enzovoort, is door afgunst ontstaan. Onvoorstelbaar veel menselijk leed is er het gevolg van.

b. Met *jaloezie* bedoelen we de negatieve gevoelens van afwijzing, ontgoocheling, gekwetstheid enzovoort, die in je opkomen als je vriend opeens meer belangstelling toont voor een ander dan voor jou, of als jouw beminde nu meer attentie geeft aan een ander dan aan jou (minnenijd).

Jaloersheid is veelal een reactie op het onbewuste gevoel van angst om de geliefde te verliezen. Het is dikwijls een bron van ruzie en onvrede, zowel in vriendschaps- als in familierelaties. Bij elk gevoel van echte of vermeende afwijzing of achteruitstelling door vriend of beminde zou onmiddellijk onze innerlijke alarmklok moeten luiden: 'Pas op! Niet toegeven aan gevoelens van jaloezie en vooral geen kwade daden stellen uit jaloersheid.'

Wie bij zichzelf vaststelt dat hij zeer achterdochtig is geworden en bijna dwangmatig alles van de ander nagaat en controleert, moet weten dat de jaloezie-microbe hem al flink te pakken heeft. Ook hier is het belangrijk door middel van zelfonderzoek naar de diepere oorzaak van het vlug jaloers-worden te peilen. Het leven in een relatie waarin een van beide partners in hoge mate jaloers is, is een hel. Daar komen de ergste drama's uit voort.

3. ***Tobben en zorgen maken.*** 'Mensen die tobben en hun zorgen niet de baas kunnen, sterven jong,' zegt Dr. A. Carrel.
Om met de piekergewoonte te breken voor zij jou breekt, is het nodig rustig en ontspannen in het hier en nu te leven. Je kunt niet blijven tobben als je je echt ontspant. Misschien zie je wat in het volgende.
Specialist Dr. J. Bram noemt ze de vijf meest kalmerende en tevens activerende krachtbronnen:
1. Vertrouwen op God.
2. Een gezonde diepe slaap.
3. Goede muziek.
4. De grappige kant van het leven zien.
5. Een vrolijke lach.

Valt het je ook op dat mensen makkelijker tobben als zij vermoeid zijn? Daarom rust voordat je moe wordt. Rust dikwijls, ik bedoel vele malen gedurende korte perioden. Doe zoals je hart: het neemt een duidelijke rustpauze na elke samentrekking. Bij zeventig polsslagen per minuut betekent dit voor het hart negen uur werken en vijftien uur rusten per dag.

Dale Carnegie geeft een beproefde methode aan om elk zwaar zorgelijk probleem aan te pakken. Doe drie dingen:
1. Vraag je af: wat is het allerergste dat zou kunnen gebeuren?
2. Wees bereid het te aanvaarden, als het niet anders kan.
3. Tracht dan kalm en rustig het ergste minder erg te maken.
Hij illustreert dit met een waar verhaal:

Haney had een maagzweer en na een zware maagbloeding kwam hij in het ziekenhuis terecht. Drie dokters onder wie een bekende maagspecialist, verklaarden dat hij een 'ongeneeslijk geval' was. Hij mocht dit niet eten en dat niet drinken. Hij moest medicijnen innemen, zich heel kalm houden en alvast zijn testament maken.

Haney, die een langzame dood als enig vooruitzicht had, nam toen een ongewoon en kranig besluit. 'Nu ik maar korte tijd meer te leven heb,' zei hij, 'wil ik daar zoveel mogelijk van genieten. Ik heb altijd het verlangen gekoesterd een reis om de wereld te maken. Het is dus nu of nooit!'

Toen de dokters erover hoorden, zeiden ze ontzet: 'Het is onze plicht je te waarschuwen dat als je deze reis maakt, de zee je graf wordt.'
'Nooit van mijn leven,' antwoordde Haney, 'ik wil bij mijn dierbaren in het familiegraf.'
Hij kocht een doodskist, liet die aan boord brengen en trof een regeling met de rederij. Dan vatte hij zijn reis aan met het voornemen zijn tijd goed te gebruiken.

En later vertelde Haney: 'Op het ogenblik dat ik aan boord ging, voelde ik mij al beter. Ik at en dronk alles waar ik trek in had, liet mijn medicamenten staan en had meer plezier dan ik in jaren had gehad. Wij kwamen in moessons en tyfoons terecht die mij, alleen al van angst, in mijn kist hadden moeten brengen. Maar ik kreeg een ongelooflijke schik in het hele avontuur. Ik maakte nieuwe vrienden, deed allerlei spelletjes aan boord, zong liedjes en bleef halve nachten op. In China en India besefte ik dat mijn moeilijkheden en zorgen kinderspel waren vergeleken met de armoede en de hongersnood in deze oosterse landen. Ik zette alle overbodige zorgen van mij af en voelde me kiplekker.

Terug thuis stelde ik een flinke gewichtstoename vast. Ik was bijna vergeten dat ik ooit een maagzweer had gehad. Nog nooit in mijn leven had ik mij zo goed gevoeld! Ik verkocht de doodskist dadelijk aan de begrafenisondernemer terug en ging weer aan het werk. Sindsdien ben ik geen dag meer ziek geweest.'

Het is goed af en toe eens te bidden: '*Heer geef mij:*
de gemoedsrust om te aanvaarden wat ik niet kan veranderen, de moed om de dingen te veranderen waar dit mogelijk is en de wijsheid om het juiste onderscheid te maken.'

4. ***Schuldgedachten en schuldgevoelens***. Mensen zijn feilbare wezens. Wie heeft in zijn leven nooit stommiteiten uitgehaald? Zelfs verscheidene van onze grote heiligen zijn eenmaal opgestaan uit een losbandig leven en bekeerden zich grondig. Wat een bemoedigende gedachte is het te weten dat God ons al onze dwaasheden vergeeft, als wij maar oprecht spijt hebben!
Maar als de mens zelf tot het besef komt dat hij ooit verschrikkelijk dom deed, dan heeft hij het – eigenaardig genoeg – soms zo moeilijk om zichzelf te vergeven! Jarenlang loopt hij met schuldgevoelens rond. Die beletten hem tot diepe inwendige vrede te komen. ''t Is mijn schuld! Had ik maar zus of zo gedaan... Was het allemaal anders verlopen... Maar ik zag het toen niet...'
Dergelijke 'Als-en' en 'Maar-en' kunnen niets klaren. Niemand kan de tijd terugdraaien. We kunnen het verleden niet opnieuw maken. Het enige dat wij wél kunnen, is er lessen uit trekken om dezelfde fouten niet opnieuw te begaan.

Een mens met sterke schuldgevoelens leeft vaak met het besef dat hij nog moet boeten voor wat hij verkeerd deed. Blijft die straf uit, dan is het mogelijk dat zijn onderbewustzijn daarvoor zorgt. Hij krijgt dan pijn in de spieren, in de gewrichten enzovoort.
Zo kwam een man die zowat overal pijn had, bij een therapeut. Omdat die niet onmiddellijk een oorzaak vond, vroeg hij op de man af: 'Zit jij misschien met schuldgevoelens?' Dat bleek zo te zijn. In enkele sessies werden die uitgepraat en... weg was ook de pijn.

Toch kan het moeilijk zijn om af te rekenen met bepaalde taaie schuldgevoelens. Gelukkig degene die het allemaal eens kan uitspreken tegenover een mens die hij vertrouwt en die bereid is klankbord te zijn.
Er zijn ook mensen die er baat bij vinden alles op een briefje te schrijven en het nadien te verbranden. Ik ken iemand die dit tot driemaal toe heeft gedaan. Door het 'van je af' te schrijven kun je er afstand van nemen, het van op afstand bekijken, en dat verlicht je.

Wat er in het verleden ook gebeurd is, ons heden mag er niet langer het slachtoffer van zijn. Onze fouten van gisteren hoeven ons vandaag niet te verpletteren. Een nieuw leven beginnen betekent onder andere afrekenen met dat verleden. En zodra we de spons over de fouten van het 'eigen verleden' kunnen halen, wordt het eveneens mogelijk het 'verleden van anderen' niet te blijven aanrekenen.

5. ***Kritiek en reclamatie.*** Er zijn mensen die zo negatief ingesteld zijn dat zij op alles en nog wat kritiek hebben. In hun ogen is er niets dat deugt: de wereld niet, de maatschappij niet, de mens niet, noem maar op. Het systeem, hun partner, hun kinderen, zijzelf, het weer: 't is allemaal even slecht. Alles wordt afgebroken, alles wordt bekritiseerd.
Een aantal therapeuten beweert dat een dergelijke instelling van voortdurend reclameren aanleiding tot artritis kan geven. Natuurlijk wordt niet alle artritis door scherpe kritiek verwekt.
Valt het je trouwens ook op dat personen die zo kritiserend in het leven staan door de meeste mensen worden gemeden?

Ward, een vrijgezel van 34 jaar, was door en door een pessimist. Hij had op alles kritiek.
Een gezin, met drie volwassen levenslustige kinderen, had hem – met de beste bedoelingen – meegenomen voor een week vakantie naar Zwitserland. Ze dachten hem met z'n allen een beetje op te vrolijken en wat positiever te maken.
De eerste morgen al probeerden twee zonen hem voorzichtig warm te maken voor een korte bergbeklimming. 'Kijk Ward,' zeiden ze, 'zie je die berg, met de top in de zon? Anderhalf uurtje stappen en we zijn er. Wat denk je, gaan we ernaar toe?'
Ward keek even en antwoordde: 'Waarom zo hoog klimmen als je 't van hier ook al kunt zien?'
Na het avondmaal kwam zijn kritiek op het hotel los: de bedden waren niet goed, het eten trok nergens op en de muziek in de bar stond te luid.
De volgende dag regende het. Ze vroegen zich af: 'Wat zullen we nu aanvangen? Hij is al zo negatief en nu die regen erbij...' Ze

probeerden hem te winnen voor een spelletje kaart. 'Hoe is 't Ward, willen we een partijtje kaarten?'
En dan het antwoord: 'Je moet niet naar Zwitserland komen om te kaarten; je kunt dat thuis ook!'
Wat zij ook voorstelden, alles botste voortdurend op Wards negativiteit. In plaats van hem opgevrolijkt te krijgen hebben ze hun eigen vakantie bedorven.

Jaren geleden had ik zo'n kritikaster in mijn wagen, toen ik op een verlaten weg een lekke band reed. Het was precies of het allemaal mijn schuld was. En hij zou zoveel later thuiskomen en hij moest nog dit en hij moest nog dat. Hoe had ik het aangedurfd te rijden met banden die al zover afgesleten waren? Hoe was het mogelijk iemand mee te nemen, als ik niet zeker van mijn wagen was? Hij probeerde mij op te zadelen met allerlei schuldgevoelens.

Wat een verschil als je een optimist meeneemt op vakantie! Zelfs als je ernstige tegenslagen hebt, dan nog kun je er met genoegen over vertellen. Want een positief mens helpt je het goede te zien, ook in de tegenslag. En daar heb je, zelfs na jaren, nog aangename herinneringen aan.

6. ***Allerlei angsten.*** Een van de meest schadelijke gedachten en gevoelens is de angst. Voor zoveel mensen zijn de diepe levensangsten een hinderpaal om gelukkig te zijn. Ook allerhande fobieën maken ons het leven lastig. Heb je pleinvrees? Ben je bang voor de bliksem? Voor de roltrappen? Om te vliegen? Voor de lift? Voor een spin?
En mag niemand weten dat je er echt bevreesd voor bent? Dan wordt die angst in je diepste innerlijk een echte tiran. Alleen als we onze angsten in het licht zetten, verliezen ze hun macht over ons. Maar dan komt het eropaan om wat we niet durven, toch te doen. Heel wat cursisten hebben destijds hun vrees overwonnen met de regel: *'Doe wat je vreest!'*

Angst kan onze zelfkennis grondig vervalsen; we manipuleren onszelf en krijgen aldus een verwrongen zelfbeeld.

Angst is ook altijd een slechte raadgever. We dienen op onze hoede te zijn en nooit beslissingen te nemen of te handelen uit angst.
Is het niet wijs ons in angstsituaties af te vragen: 'Waar ben ik bang voor? Hoeveel kans is er dat er gebeurt wat ik vrees?' Zijn we niet stapelgek om ons een maagzweer te piekeren over iets dat maar één kans op vijfduizend heeft dat het gebeurt?

Angst heeft inderdaad ook lichamelijke gevolgen. Algemeen neemt men aan dat een flink aantal van de maagzweren een gevolg is van angsten.
Maar ook kaalheid kan optreden na een hevige angst. Een vrouw schrok bij een inbraak zo geweldig dat zij op slag grijs werd. Zou dit iets te maken hebben met het krachtig samentrekken van de hoofdhuid op de momenten dat men 'verstijft van angst'?
In situaties die we door onze angst niet aankunnen, krijgen we hulp van ons onderbewustzijn.

Een student had een enorme angst voor een mondeling examen. Vlak voor het zijn beurt was, kreeg hij een acute diarree. Die maakte het hem onmogelijk om voor de professor te verschijnen.
In de tombola van de vriendenkring won Bert een luchtdoop. Hij had vliegangst en zonder gezichtsverlies kon hij het ook niet afzeggen. Net voor het vertrek naar de luchthaven kreeg hij plots hevige pijnen in beide voeten, zodat hij zich onmogelijk kon verplaatsen. Zijn onderbewustzijn zorgde voor een aanvaardbaar excuus.

Marc, een voetballer, speelde zijn verloofde kwijt aan zijn ploegmaat. Een paar dagen later was er training. Voor het eerst sinds 'het gebeurde' zou Marc zijn rivaal terugzien. Zowel fysiek als moreel voelde hij zich de mindere en hij had een enorme angst voor die ontmoeting. De dag voor de training kreeg hij plots geweldige pijn in zijn knie. De sportdokter vervoerde hem naar het ziekenhuis, maar zelfs onder de scanner vond men helemaal niets. Toch kon hij onmogelijk op zijn been staan. Zijn onderbewustzijn gaf hem een geldig excuus, zodat hij kon overleven in een situatie die hij door zijn angst niet aankon.

C8. Universele basisangsten

In iedere mens leeft, in meerdere of mindere mate, een fundamentele *angst voor de toekomst,* voor wat komen zal. Deze universele levensangst laat zich opdelen in een achttal basisangsten.
Het mnemotechnisch middel om ze te onthouden is hier AFZAKVOD, namelijk: angst om *A*lleen achter te blijven, om te *F*alen, om *Z*iek te worden, voor *A*rmoede, om *K*ritiek te krijgen, om te *V*erliezen wat ons dierbaar is, om *O*ud te worden, voor de *D*ood. Eén voor één nemen we ze onder de loep.

1. ***Angst om alleen achter te blijven.*** Soms vergalt een angstgedachte een gelukkig samen-zijn: het blijft niet duren, er komt een dag dat mijn geliefden wegvallen en dat ik er alleen voor sta. Dit sombere toekomstbeeld kan ons misschien helpen om verstandige voorzorgen te nemen, maar het mag ons nooit beletten om vandaag gelukkig te zijn.
Een wijze spreuk zegt: 'Angsten voor morgen komen ten minste één dag te vroeg!'

Dit was zeker het geval voor een man wiens vrouw al jarenlang ernstig ziek was. Elk jaar verergerde haar ziekte en met een angstig gevoel moest hij er steeds aan denken dat hij er straks alleen voor zou staan. Onlangs stierf die man plots zelf. Zijn gepieker over dat alleen-zijn bleek overbodig. Jammer genoeg heeft die angst ook zijn geluksgevoelen in zijn laatste levensjaar sterk gereduceerd.

2. ***Angst om te falen.*** Niet alleen bij studenten maar evenzeer bij volwassen mensen leeft de faalangst. Door ongeloof in eigen mogelijkheden en door gebrek aan zelfvertrouwen worden toffe projecten – indien men er al mee start – met angst aangevat.
Uit onze eigen 'kern van goed-zijn' komen tal van goeie impulsen naar boven. Door ons negatief zelfbeeld en onze zelftwijfel worden die nogal eens onderdrukt, want het zou eens moeten mislukken! Toch zal ons brein steeds datgene realiseren wat het zich kan verbeelden en waar het sterk in gelooft.

Mensen mislukken meestal niet doordat ze niet bekwaam zijn. Het is veeleer doordat ze geen hart hebben voor wat ze nastreven en er niet ten volle in geloven.
Misschien hebben de deprimerende invloeden van de omgeving ook bij jou angst opgewekt en werden daardoor realisaties met heel wat vertraging uitgevoerd. Soms ben je bang omwille van de moeilijke omstandigheden of vrees je de tegenwerking van anderen.

Het komt eropaan om – ondanks de faalangst – de durf en de moed op te brengen om toch te handelen. Moedig-zijn is immers niet 'geen angst hebben', maar ondanks de angst tóch handelen.
Volgende hulpmiddelen kunnen eventueel faalangst verminderen: een duidelijk en concreet doel; een realistisch plan of programma; een praktische organisatie van de activiteiten; de durf om te starten; en de wil om door te zetten bij moeilijkheden. Voel je daarbij een laaiend enthousiasme om je doel te bereiken, dan zal je faalangst smelten als sneeuw voor de zon.

3. ***Angst om ziek te worden.*** Heel wat mensen denken dat ze drager zijn van een of andere ernstige ziekte en de kleinste tekenen ervan brengen hen al in paniek.
Ik hoorde dat zelfs studenten in de geneeskunde, bij de studie van de inwendige ziekten, soms meenden dat zijzelf de symptomen vertoonden van de ziekten die ze bestudeerden.

Christiane, 29 jaar, volgde onze cursus. Op een avond kwam ze bleek en ontdaan aan en zei dat het voor haar niet veel zin meer had om nog lessen te volgen. Ze had namelijk een hersentumor.
'Hoezo, een tumor? Ben je bij de dokter geweest?'
'Nee, nee. Ik heb het nagegaan in de Medische Encyclopedie en ik heb al de kenmerken van een hersentumor. Daarbij, ik hoef niet ver te zoeken. In mijn familie komt dat geregeld voor. Mijn oom stierf er een halfjaar geleden aan. Toen hij het wist, duurde het nog drie maanden. Dus ik heb nog drie maanden te leven!'
Ze weende erbij en vertelde hoe ze 's nachts wakker werd, badend in het zweet, met die angstaanjagende gedachte: ik ga sterven!

Met de hele groep deden wij alle moeite om haar te kalmeren en die tumor uit haar geest te praten. Het duurde nog een paar weken voor zij rustiger werd en geloofde dat het misschien toch geen realiteit was.
Vijftien jaar later, op een bijeenkomst van haar cursusjaar, vroeg ik haar: 'En, hoe is het met je tumor?'
'Goed,' zei ze, 'ik heb hem niet meer.'
We konden erom lachen, maar die angst van toen was verre van een lachertje.

Mijn moeder werd 93 jaar oud. Toen ze 60 werd, onderging ze een zware operatie voor maagkanker. Ik had toen af en toe wat maagpijn en ik vermoedde dat het ook kanker was. Ik had er slapeloze nachten van. Een oudere kennis heeft mij gerustgesteld: 'Op 26 jaar?' zei hij. 'Dat zou mij verwonderen. Nee, op die leeftijd ken ik echt geen enkel geval.'

4. ***Angst voor armoede.*** Je bent niet arm, integendeel, er is voldoende inkomen. Je voelt je ook zelfstandig en je hebt het nog voor het zeggen. Maar dan denk je heel somber: hoelang nog? Ik kan mijn been breken, mijn job kwijtraken, zonder inkomen vallen, afhankelijk zijn van de bijstand, niet meer meetellen, het nergens voor het zeggen hebben, niet eens over mijn eigen lot beslissen.

Dergelijke piekergedachten kunnen je de 'angst om arm te worden' bezorgen. Toch is er helemaal geen sprake van dat je echt arm bent of ooit zult worden. Deze angst maakt het je onmogelijk te genieten van alles wat er nu wél is en hij belet je tot diepe tevredenheid te komen.

5. ***Angst om kritiek te krijgen.*** Niemand vindt het fijn om afgekeurd, belachelijk gemaakt of niet meer aanvaard te worden. Het menselijk opzicht, de angst voor de publieke opinie, dit alles speelt hier een grote rol. Wat zullen ze denken? Wat zullen ze zeggen? Zullen ze het niet afwijzen? Zal ik niet belachelijk overkomen? Geen gezichtsverlies lijden?

Zoveel positieve impulsen wellen op uit de goedheid van ons hart: 'O, dat zou goed zijn, dat zal ik doen.' Maar die impulsen geraken niet door de barrière van onze 'angst om kritiek te krijgen'. We zien die kritiek al duidelijk voor ogen: 'Kijk naar die blaaskaak. Hij doet weer eens wat. Belachelijk. Hij denkt dat hij het hier voor het zeggen heeft.' Het gevolg is dat we niets doen. Zoveel goede dingen worden niet gedaan uit angst om afgekeurd te worden. Deze angst belet je vreugdevol te genieten van de goeie dingen die je allemaal zou kunnen doen.

6. ***Angst om te verliezen wat ons dierbaar is***. Het is een pijnlijke ervaring de mensen en de dingen waaraan wij gehecht zijn te verliezen, en in meerdere of mindere mate hebben wij de angst dat dit zou gebeuren.

We lezen in de krant: 'Schoolkind overreden door vrachtwagen', en we denken onmiddellijk: ons kind zal toch wel veilig thuiskomen, zeker? Is het een beetje te laat, dan worden we angstig en denken dat er iets gebeurd is.
Of we lezen: 'Auto tegen boom, chauffeur was in slaap gevallen.' Als vader dan wat laat is, denkt moeder: hij is toch niet achter het stuur in slaap gevallen? En naarmate het uur vordert, wordt zij angstiger.
Of iemand ziet zijn bedrijf of zijn levenswerk in grote moeilijkheden. Hij spreekt de vrees uit: 'Wordt het de volledige catastrofe?'

7. ***Angst om oud te worden***. Iedereen wil graag lang leven, maar niemand wordt graag oud. Er is angst voor de aftakeling, de onbeholpenheid en de pijn. De tekenen van de ouderdom verschijnen liefst zo laat mogelijk. De eerste grijze haartjes rukt men uit, maar men kan ze niet blijven uittrekken.

Als je een vrouw van boven de 40 voor de grap een spiegel voorhoudt, dan hoor je: 'Ja maar, je moet hem niet zo dicht voor mijn gezicht houden!' Ze weet dat ze dan te veel rimpeltjes en kraaiepootjes ziet. Gelukkig werkt de natuur hierin mee: naarmate ons gelaat door de jaren meer onvolmaaktheden vertoont, verslechteren ook onze ogen.

Een oudere dame vroeg: 'Wil je een foto van me nemen, maar niet van te dichtbij en als 't kan een beetje wazig, zoals bij de Hamilton-meisjes.'
Een filmster had al tien jaar lang een hele goede fotograaf. Het laatste jaar was zij echter minder tevreden. 'Maar Achiel,' zei ze, 'hoe komt dat toch? Jij kon vroeger zulke mooie foto's maken.'
'Zeker mevrouw,' antwoordde de fotograaf, 'maar je mag niet vergeten dat ik intussen tien jaar ouder geworden ben.'

8. ***Angst voor de dood.*** De geboorte is al vele jaren in het leven geïntegreerd. Elk kind kan je haarfijn vertellen hoe het leven groeit in de moederschoot. Om de 'intrede' in het leven vast te leggen staat men klaar met videocamera en fototoestel.

Maar de dood is nog altijd taboe. Het is de grote onbekende waarvoor men bang is. Weinigen zijn happig om aan stervensbegeleiding te doen. De familieleden die om beurten de wacht bij een stervende houden, hopen meestal dat het 'uittreden' niet gebeurt terwijl zij waken. Men gaat niet makkelijk een opgebaarde groeten. Er zijn jongvolwassenen die nog nooit een lijk hebben gezien. De dood staat geheel afgezonderd van het leven.

Gelukkig zij die kunnen geloven dat de dood niet het einde is. De angst voor de dood wordt kleiner naarmate wij er meer op durven vertrouwen dat God ons opvangt. Dan mogen wij rustig onze versleten aardse jas afleggen en de sprong naar de overkant wagen: de vertrouwvolle sprong van een kind in de armen van zijn liefhebbende vader.

In een moderne living staat ook de open houten trap. Een jongetje van nauwelijks twee jaar klautert langzaam de trap op, dertien... veertien treden hoog. Hij roept naar zijn papa: 'Zie eens, hoe hoog ik ben!'
En vader komt naast de trap staan, houdt zijn armen open en zegt: 'Spring maar, manneke. Papa zal je opvangen.'
En de kleine springt in de armen van vader.

Zijn zusje dat ruim een jaartje ouder is, heeft het gezien. Ze klimt ook naar boven en dan staat zij veertien treden hoog en kijkt naar beneden. Ze wordt bang. Vader opent weer zijn armen en moedigt haar aan: 'Spring maar, meisje.'
'Ik durf niet, papa.'
'Spring maar, mijn kind.'
... Het meisje durfde niet. Beschaamd kwam ze weer naar beneden.

Wat pijnlijk: dat gebrek aan geloof en vertrouwen, uit angst de sprong niet wagen.
De meeste volwassenen hebben ook angst voor die sprong naar de overzijde van het leven. En toch: 'Geen oog heeft gezien en geen oor heeft gehoord, wat in geen mensengeest is opgekomen, al wat God heeft bereid voor die Hem liefhebben' (1 Kor 2, 9).
Nee, we hoeven echt niet bang te zijn voor de dood.

EVEN OPFRISSEN C.

- Ons denken over gebeurtenissen en mensen bepaalt hoe wij ons voelen.
- Prettige gedachten verwekken prettige gevoelens.
- Spreek van niemand kwaad, maar zeg van iedereen goed.
- Denk positief over het leven, jezelf, je bezigheden en je medemensen.
- Ons denken kan van de hel een hemel en van de hemel een hel maken.
- We zijn zelf verantwoordelijk voor de kwaliteit van ons leven.
- Negatieve denkgewoonten kunnen we afleren en positieve aanleren.
- Het meeste lijden doen de mensen elkaar aan.
- Gedachten en gevoelens uit WATSKA zijn te mijden als de pest.
- Angsten uit AFZAKVOD remmen ons gelukkig-zijn af.

D. De moed om bij te sturen

D1. En de omstandigheden...? En de anderen...?

Wij schuiven het zo gauw op de anderen of op de omstandigheden af, als wij niet gelukkig zijn of in iets mislukken.

Ons Mieke, toen 9 jaar, maakte haar huistaak. Plots komt haar broer nogal luidruchtig en zingend binnen. Op dat ogenblik maakt Mieke een vlek op haar blad en zegt geïrriteerd: 'Kijk nu, Hans, met je luid roepen... ik heb nu een lelijke vlek!'
Had onze dochter toen toevallig een mooie hoofdletter geplaatst, dan zou ze niet gezegd hebben: 'Hoho, Hans, dankzij je gezang is mijn letter goed geslaagd!'
Nee, zaken die lukken, dat heeft men zelf gedaan. Maar als iets mislukt, dan ligt het aan de omstandigheden of aan de anderen.

Op wandel aan moeders hand probeert een peuter in evenwicht te lopen op de rand van het voetpad. In het begin stelt dit geen probleem, maar als het jongetje overmoedig begint rond te kijken, trapt het opeens naast de rand. Hij bezeert zijn enkel en staat wenend in die drukke straat.

Wat doet moeder? Ze stapt van het trottoir af en schopt tegen die stoute steen die Jantjes voet zo'n pijn heeft gedaan. Het kind is nog geen 3 jaar oud en het leert al dat het de schuld van die steen is. Moeder zegt niet: 'Die steen kan het niet helpen, jongen. Je moet zelf goed uitkijken en voorzichtig zijn.' Nee, die steen heeft het gedaan!
Je kunt je het vervolg al indenken. Jantje komt in het eerste leerjaar, is wat verstrooid en kan de les niet goed volgen. Maar het is niet zijn schuld. Ha, nee, het is de juffrouw die het niet goed heeft uitgelegd.
Ook als het later niet goed botert in zijn huwelijk is het... de schuld van zijn vrouw, natuurlijk. Ze begrijpt hem niet. Hij vraagt zich niet af of hij háár wel begrijpt.

Er zal altijd wel iets zijn dat minder goed lukt of waarmee we niet zo gelukkig zijn. Welnu, de dag dat je ophoudt de schuld daarvan op de omstandigheden of op de anderen te schuiven, de dag dat je je afvraagt: 'Wat is mijn eigen aandeel in dat mislukken of niet-gelukkig-zijn?', die dag is werkelijk een grote dag in je leven.
Kritisch-zijn tegenover jezelf kan opbouwend zijn. De omstandigheden of de anderen de schuld geven is afbrekend. Je wint er niets bij, wanneer je bewijst dat de ander iets verkeerd deed.

De vroegere Franse tenniskampioen, René Lacoste, is vooral groot geworden doordat hij leerde uit de fouten in zijn spel en vooral van de grote fout van zelfoverschatting. Hij toonde echter karakter en oefende jarenlang speciaal zijn zwakke slagen.

Natuurlijk is het mogelijk dat de omstandigheden of de anderen de oorzaak van onze tegenslag zijn. Maar in de meeste gevallen liggen de zwakke plekken in de eigen persoonlijkheid aan de basis van de mislukking. Pas als je je zwakke plekken kent, kun je ze verbeteren. Zo belet je dat ze je parten spelen in je verdere leven.

D2. Aan het stuur van je leven

Zowel de omstandigheden als de anderen kunnen het ons zeer moeilijk maken om tot diepe tevredenheid te komen. Je persoonlijkheid heeft wel invloed op je situatie en op je medemensen, maar wordt er ook door beïnvloed. Het algemeen principe: *denk en handel steeds positief en liefdevol,* hoeft zich niets van je persoonlijke omstandigheden of van de anderen rondom jou aan te trekken. Maar het maakt een groot verschil als je die regel in de concrete omstandigheden van de dagelijkse werkelijkheid toepast. Ben je gehuwd en heb je kinderen... of niet? Mankeer je het essentiële of is alles ruim voldoende? Is je man of vrouw vrolijk en welwillend of eerder lastig en zwaartillend? Voel je je gezond en krachtig dan wel slapjes en vaak ziek?

J.-J. Rousseau schreef:
'Hoe sterker je lichaam is, hoe beter het je gehoorzaamt.
Hoe zwakker je lichaam is, hoe meer het je commandeert.'

Toch hoeven die omstandigheden of die anderen ons geluk niet te bepalen. Wij zitten immers zelf aan het roer van ons leven! Niet een gebeurtenis of voorval beslist over ons geluksgevoel, maar wel wat wij onszelf over die gebeurtenis aanpraten. Niet wat anderen over ons denken is belangrijk voor ons geluk, maar wat wij over onszelf denken.

Iedereen is directeur of directrice van zijn eigen leven. We zijn persoonlijk verantwoordelijk voor de interpretatie die wij geven aan de feiten en gebeurtenissen in ons leven. Evenals voor de uitleg die we geven aan de woorden, houdingen en gedragingen van anderen. Wij voelen ons zoals wij denken. Het komt er dus op aan heel positief en liefdevol te blijven denken, zelfs in de pijnlijkste situaties.

De wegen van het leven zijn niet allemaal vlakke asfaltwegen.
Een cursist vertelde over zijn droom, die voor hem een levensles bevatte.

'Ik was verdwaald en reed met mijn wagen tussen de velden op hobbelige kasseien. Er waren hinderlijke putten en aan weerszijden was een ondiepe greppel. Echt onervaren op zulke wegen probeerde ik zoveel mogelijk de putten te vermijden. Bij het ontwijken van een ervan raakte ik met mijn rechterwiel in de greppel. Ik stapte even uit en sakkerde over die slechte weg.

'Plots stond er naast mij een eerbiedwaardige grijsaard: "Een beetje respect voor deze Romeinse heirweg, jongen. Lang voor jij er was, bestond deze weg al. Geen kwaad woord erover. Probeer een betere chauffeur te worden. Kijk, die wagen vóór je, die heeft dat heel goed gedaan. En achter je komt er nog een. Zij maken dankbaar van deze weg gebruik." En opeens was de grijsaard verdwenen.

'Ik probeerde weer op de weg te geraken. Het werd snel duister. Tot overmaat van ramp begon het ook nog flink te regenen. Ik schakelde de lichten aan en reed verder. Mijn ruitewissers werkten niet zo best en ik had moeite om op de weg te blijven. Amai... daar kwam een tegenligger aan... en de weg was zo smal. Tot mijn ergernis flitste de aankomende wagen constant met zijn sterke koplampen. Een ogenblik zag ik bijna niets... en dan... een schok. Mijn twee rechterwielen schoten in de greppel. Ik draaide mijn raampje open en schold op de man in de wagen die passeerde.

'Opeens was de grijsaard er weer. "Rustig jongeman," zei hij, "rustig maar. Die chauffeur is een beetje gek, maar hij kan het ook niet helpen. De mensen uit de streek kennen hem wel. Kijk, de wagen vóór je is hem ook voorbijgereden. En ook de wagen achter je zal hem kruisen. Dat moet je leren: rijden op wegen met lastige tegenliggers. Effen asfaltwegen zonder putten en zonder tegenliggers zijn heel wat makkelijker." En floep: de grijsaard verdween opnieuw.'

De cursist eindigde het verhaal over zijn droom aldus. 'Hier schrok ik wakker. Ik kon het me allemaal goed voor de geest halen en begon het verband met de realiteit te zien: de weg met putten is mijn levensweg bezaaid met moeilijkheden... en die hinderlijke tegenligger, dat zijn de eeuwige dwarsliggers die ik ook in de werkelijkheid terugvind.'

Is dat geen levenskunst? Ondanks de moeilijke situaties en ondanks de tegenwerking van anderen steeds beter de weg naar het geluk bewandelen!
Zelden is onze levensweg een vlakke asfaltweg zonder hindernissen. Dat zou te mooi zijn.

D3. Het leven in eigen handen nemen

Veel mensen voelen zich als schipbreukelingen die zwalpen op zee, zich vastklampen aan een stuk wrakhout en maar hopen dat ze vanzelf naar het strand drijven. Soms valt dat mee en dan denken ze: we naderen... we hebben 'chance'. Maar dan keert de wind of verandert de stroming en ze drijven weer af.
Oei, oei, ze hebben geen 'chance'. In het leven voelen ze zich heen en weer gesleurd door de stroming, de wind of de hindernissen. Geen haar op hun hoofd denkt eraan dat ze ooit hadden kunnen leren zwemmen om zelfstandig de oever te bereiken. Door het leven meer in eigen handen te nemen, zouden ze niet zo willoos afhangen van de omstandigheden en van de anderen.

Een vader komt met zijn zoontje een huiskamer binnen. Een jongen aan tafel bouwt met allerlei gekleurde blokken een toren. Vol bewondering kijken de bezoekers even toe hoe dat baasje heel geconcentreerd de kantelen plaatst op zijn middeleeuwse toren.
Opeens kijkt het zoontje op naar zijn vader en vraagt: 'Pa, krijg ik ook zo'n mooie toren?'
Moeder zou wellicht gezegd hebben: 'Ja maar manneke, hij heeft zijn speelgoed en jij hebt het jouwe. Kinderen hoeven niet allemaal hetzelfde te hebben.'
Maar vader kan moeilijk op tegen die smekende blik van zijn kind. Hij is er al niet vaak bij en hij speelt zo graag voor Sinterklaas.

Pa koopt dus zo'n blokkendoos en hij strooit de blokken voor zijn kind op de tafel uit. 'Hier, zie jongen, voor je toren!'
'Ha, dank je wel, Pa!' De kleine schuift de blokken wat heen en weer, maar doet er verder niets constructiefs mee. Hij wacht immers op Pa die zijn toren zal maken.
Maar Pa is intussen al buiten bezig. Een kwartier later komt hij weer binnen.
Het zoontje wordt ongeduldig en zeurt: 'Wel Pa, wanneer krijg ik nu mijn toren?'
Nu is vader verrast en een beetje teleurgesteld: 'Maar jongen, ik heb je al het materiaal gegeven. Gebruik toch je handen en bouw zelf je toren!'
Wat aarzelend nog begint de jongen er nu zelf aan.

Zijn wij niet een beetje als dat jongetje en zitten wij ook niet veelal te wachten tot iemand ons het geluk op onze schoot brengt? Was je ooit getuige van een diep geluk bij een medemens? En 's avonds, voor het inslapen, dacht je er misschien nog even aan. Indien je een gelovig mens bent, heb je wellicht zelfs gebeden: 'Heer, Heer, maak mij toch ook gelukkig, ik zou ook zo graag gelukkig zijn.'

Ik kan mij voorstellen dat God reageert zoals die vader: 'Maar mens toch, Ik heb je al de mogelijkheden, de bouwstenen, gegeven om gelukkig te zijn. Waarom doe je daar niets mee?'

'Kijk,' zegt God, 'omdat Ik van je hou, heb Ik je mijn geest van Liefde gegeven. Je kreeg de mogelijkheid om heel bewust positief en liefdevol te denken over het leven, over jezelf, over je werk en over de mensen. Maar je mist zoveel kansen om gelukkig te zijn, omdat je zo makkelijk negatief denkt. Je zou zoveel meer kunnen genieten van eenvoudige dingen: een straaltje zon, een bloem, een fluitend vogeltje, een stukje muziek, wat literatuur, een beetje kunst en poëzie, de glimlach op het gelaat van een kind, een hartelijk gesprek van mens tot mens...

'Ik gaf je ook talenten en de mogelijkheid om als mens te groeien, om bekwamer, vaardiger en wijzer te worden. Maar dikwijls breek je jezelf af. Je gelooft zo weinig in de gaven die Ik je geschonken heb en je zet je niet echt in om je talenten te ontwikkelen. Daardoor ervaar je maar zelden die intense vreugde van het groeien, een groeien dat echt léven is.

'Ik gaf je de bekwaamheid met je geest en je handen te werken om deze aarde beter bewoonbaar te maken. Maar je krult je neus omdat je móét werken! Hoe wil je gelukkig zijn als je zoveel laat mislukken door slordigheid, onachtzaamheid of half werk? Waar is je arbeidsvreugde en je fierheid om iets dat je tot stand bracht?

'Maar vooral gaf Ik je het vermogen om te beminnen, om lief te hebben en lief te zijn voor mekaar. Hoe wil je nu gelukkig zijn, als je steeds maar reclameert op je dierbaren en in een sfeer van ruzie leeft? Hoe wil je volhouden "Ik bemin degenen die met mij leven", als je iedere dag negatief op hen reageert, niet in hen gelooft en hen voortdurend wilt veranderen? En toch zou je de geweldige vreugde van de bevestiging kunnen ervaren, als je erin slaagt je medemens te laten blijken hoe goed hij is, hoe waardevol, hoe belangrijk, hoe tof en de moeite waard.'
Dat alles zegt God tot jou.

Met het ouder worden zie ik meer en meer hoezeer de mens het in handen heeft zijn innerlijke tevredenheid steeds groter te maken. Volmaakt zal het wel nooit zijn, niets is immers volmaakt in deze wereld. Maar elke dag wat dichter komen bij die 'gelukkige mens', dat kan!

D4. Hoe overwin je tegenslagen?

Er is geen leven dat zonder beproevingen voorbijgaat. Vroeg of laat worden wij geconfronteerd met grote en kleine tegenslagen. De zwaarste klappen kunnen we in een drietal gebieden situeren:

1. *Onze relaties*: onze dierbaren vallen plotseling of na veel miserie weg.
2. *Onze gezondheid*: een of andere ernstige ziekte of handicap treft ons.
3. *Onze realisaties*: wat wij hebben opgebouwd, zien we weer teloorgaan.

Hoe leren we onder de zwaarste levensstormen niet te breken, maar te buigen als een riet om nadien weer op te veren?
Dr. D.J. Schwartz bezorgde ons een formule om de moeilijkste tegenslagen te overwinnen. Hoe kunnen we die onthouden om ze als pasklaar antwoord te gebruiken bij de eerste ernstige tegenslag? Het mnemotechnisch middel is hier OLVD, namelijk: *O*pstaan, *L*eren, *V*ergeten, *D*oorgaan.

In het hart van West-Vlaanderen ligt Dadizele, met een Basiliek toegewijd aan Onze-Lieve-Vrouw. Toen ik eens de mensen van Dadizele mocht toespreken, zeiden ze: 'Voor ons is het onthouden van OLVD geen probleem: als wij in de miserie zitten, gaan we naar *O*nze-*L*ieve-*V*rouw van *D*adizele.'

1. ***Opstaan***. Indien een levensstorm ons omverblaast, is het belangrijk niet te blijven liggen, maar weer op te staan. De bokser die een uppercut krijgt, is even buiten westen en gaat tegen de vlakte. De scheidsrechter begint te tellen en bij tien is het afgelopen.
Maar jij bent er nog! Je leeft... en zolang je leeft is het zinvol weer een nieuwe zin aan je leven te geven, weer te bouwen, al is het op het puin van wat er ooit was. Natuurlijk kun je niet van vandaag op morgen doen alsof er niets gebeurd is. Hoe zwaarder de slag, hoe meer tijd je nodig hebt om die te verwerken. Het rouwproces kan lang duren, doch de tijd is een goede heelmeester. Laat hem rustig zijn werk doen, maar zonder opstaan gaat het niet.

Martin Gray vertelt in zijn boeken hoe hij in zijn leven, tot tweemaal toe, alles heeft verloren wat hem dierbaar was. Eerst in het concentratiekamp van Treblinka: vader, moeder, broers en zusters.

Als jongen van 16 à 17 jaar kon hij ontsnappen, kwam terecht in Amerika en werd daar rijk. In het zuiden van Frankrijk, in Tanneron niet ver van Cannes, kocht hij een domein met prachtige villa. Samen met zijn vrouw Dina en vier kinderen leefde hij daar tien jaar in een gelukkig gezin.

Tot die fatale dag: vrouw en kinderen kwamen om in een bosbrand. Hij vond zelf het wrak van de wagen met de verkoolde lijken. Hij beschrijft hoe moeilijk hij het toen had om voor de tweede maal op te staan, maar hij deed het. Hij richtte een ware kruistocht in om bosbranden te voorkomen, ging naar de Franse scholen om de jeugd tot voorzichtigheid aan te manen, schakelde de media in...
Uiteindelijk ontmoette hij een meisje in Brussel, trouwde opnieuw en heeft alweer drie kinderen.

Het punt waar het hier om gaat is: Martin Gray gaf het nooit op, hoe dicht hij soms ook bij de grens van het wel opgeven was. Hij is een voorbeeld van het weer opstaan na elke tegenslag.

Myriam is al zeventien jaar weduwe en neemt nog steeds niet ten volle deel aan het leven. Ze doet me denken aan een gasverwarmer die steeds maar op een waakvlammetje blijft branden en nooit eens op volle vlam. Ze stelt daarbij enorme eisen aan haar kinderen en neemt het hen erg kwalijk als die al eens willen lachen of feesten. De jongste heeft haar vader zelfs nooit gekend.
Door alleen maar met haar eigen leed bezig te blijven belet zij ook de anderen om te leven. Er is een groot verschil tussen de herinneringen aan je dierbare in ere houden en je verdriet blijven koesteren. Voor Myriam en haar omgeving is het belangrijk dat zij niet treurend en in zichzelf gekeerd blijft, maar met haar gaven en talenten naar buiten treedt en weer iets doet! Opstaan is hier de boodschap, niet blijven liggen.

2. ***Leren***. Bij een tegenslag door onze eigen fout is het betrekkelijk eenvoudig om er de nodige lessen uit te trekken. Waar zijn we tekortgeschoten? Welke verkeerde gedragspatronen hebben we? Welke fout hebben we gemaakt?

Het wordt wat moeilijker als wij geen rechtstreeks aandeel in de tegenslag hebben. Als een dakpan op ons hoofd valt en wij voor de rest van ons leven ernstig gehandicapt zijn, zien we niet direct hoe we uit deze zware slag kunnen leren. Bij een dergelijk kruis dat ons in het leven onverwacht overvalt, is het belangrijk er de meest positieve houding tegenover aan te nemen en er op die manier proberen het beste van te maken.

De gelukkigste oudere mensen zijn niet diegenen die maar weinig tegenslagen in hun leven te verwerken kregen. Dat leerde ik toen ik jaren geleden, omwille van een familielid, geregeld een bejaardentehuis bezocht.
Er was net een vrouw van 86 jaar opgenomen. Op een dag zat zij in de open ruimte, helder van geest en met een milde glimlach, in gesprek met enkele andere oudjes. Ik vroeg de zuster: 'Ik zie dat er iemand bijgekomen is en die ziet er zo gelukkig uit. Zeker een dame die niet veel miserie in haar leven gekend heeft?'
De zuster bekeek mij vermanend en zei: 'Het is niet omdat ze nu tevreden is dat ze het vroeger niet lastig had.'

Pas later heb ik vernomen welke tegenslagen deze vrouw had meegemaakt: een zoon verongelukt, haar winkel uitgebrand, haar man met geelzucht drie jaar thuis verpleegd tot hij dan uiteindelijk toch stierf, zelf een zware operatie ondergaan, haar enige dochter gescheiden... te veel om op te noemen.
Ze heeft het allemaal moedig gedragen en op een positieve wijze verwerkt. Zij was rustig en tevreden, als het ware gelouterd door het lijden. Ze vond er genoegen in klankbord te zijn voor haar medemensen. Er ging een warmte van haar uit en een begrip die men niet direct zou verwachten bij iemand die zoveel leed gedragen heeft.

In diezelfde instelling woonde een andere vrouw, nog net geen 80, met een gezicht als een uitgeperste citroen. Ze was altijd slechtgeluimd en niemand zocht haar op om eens te praten. Ze keek nijdig naar de nieuwelinge die als een magneet de mensen aantrok.

'Kijk,' zei de zuster, 'dat is nu iemand die niet veel miserie heeft meegemaakt en heel haar leven verwend werd. Haar enige interesse is of ze zelf in niets te kort gedaan of achteruitgesteld wordt. Het is triest te zien hoe egoïstisch en egocentrisch zij haar oude dag beleeft.'

Hoe eigenaardig het ook klinkt, de tegenslagen en het lijden beletten niet om naar geluk te evolueren. Op het ogenblik van de tegenslag kan men dit natuurlijk niet beseffen. Dan ziet men niet verder dan zijn neus lang is en men heeft het gevoel dat alles verloren is. Maar na 10, 20 of 30 jaar blijkt die 'tegenslag' van toen heel dikwijls een serieuze 'meevaller' te zijn.
In de cursus getuigden mensen van 40 of 50 jaar vaak dat wat ze op 20 of op 25 jaar als een ramp ervoeren, zoveel later inderdaad een zegen bleek.

Bernard, een man van 38 jaar, vertelt: 'In het tweede jaar van de universiteit, tweede "zit", zakte ik. Ik kon het echt niet geloven, want ik was altijd een goed student geweest. Mijn toekomst stortte ineen, het was gewoon een ramp.
'Ik werd er ziek van en was ruim een jaar onder doktersbehandeling. Toen logeerde ik enkele maanden bij mijn oom om hem in zijn winkel te helpen. Ik kreeg er meer verantwoordelijkheid en begon me goed te voelen in de zaak. Ik had de "commerce"-microbe te pakken. Uiteindelijk startte ik dan een eigen zaak en die bouw ik nu nog steeds verder uit. Het organiseren en het omgaan met leveranciers,en vooral met klanten, maken van mij een gelukkig man.
'Onlangs zag ik nog een van mijn vroegere medestudenten, een die wél zijn diploma behaalde. Hij sprak lovend over zijn huidig werk, maar eerlijk gezegd: het trok me helemaal niet aan. Ik realiseer me nu dat ik op het nippertje aan een dergelijke job ontsnapt ben. En zeggen dat het maar op enkele punten aankwam.
'Het toppunt is dat ik daarvoor meer dan een jaar ziek ben geweest. In elk geval: die tegenslag van toen is voor mij nu een echte meevaller gebleken.'

Jef, 75 jaar, hielp wat mee in de kruidenierszaak die hij enkele jaren geleden aan zijn zoon had overgedragen. Hij vertelde hoe hij onder de oorlog was begonnen en dat op een nacht heel de straat en ook zijn huis werden platgebombardeerd. Met vrouw en kinderen sliep hij in zijn met houten balken gestutte kelder. Huis en winkel, alles was ingestort, op de kelder na. Door de rook- en stofwalmen heen kwamen ze ongedeerd van onder het puin.

In nachtkledij stonden ze daar letterlijk en figuurlijk op straat. Ze hadden niets meer. Opgevangen door familie en geholpen door vrienden konden ze een paar weken later weer groenten en fruit verkopen in een vervallen schuurtje.
Een jaar na de oorlog leenden ze geld en startten in een andere straat een grotere zaak. Samen met hun kinderen hebben ze hun bedrijf tot bloei gebracht, hun lening afbetaald en hun winkel opnieuw gemoderniseerd.

'Hadden we nog een beetje geluk,' vertelde Jef, 'dat het bombardement onze vroegere winkel met de grond gelijkmaakte. Zo zijn we van niets kunnen opnieuw beginnen. Anders sukkelden wij daar nog in dat oude krot dat veel te klein was en waar we onmogelijk konden uitbreiden.'
Ja, zoveel jaren later kon Jef dat zeggen. Niet toen hij voor zijn verwoeste eigendom stond te wenen. Pas na een lange tijd kan men de situatie overzien en wordt men wijzer.

3. ***Vergeten***. Hiermee bedoel ik niet je leed 'verdringen'. Wellicht is ook 'vergeten' niet echt het juiste woord. Vanzelfsprekend zul je de feiten, of de dierbare die weggevallen is, heel je leven niet vergeten. Maar de nederlaag, je machteloosheid, wat je toen allemaal hebt verloren, het onrechtvaardige, hetgeen je zo kwetste, alle negatieve emoties, dat zou je beter stilaan leren vergeten.

Daarom: koester je verdriet niet. Laat de tijd die een goede heelmeester is, rustig zijn werk doen. Peuter niet elke dag in de wonde, want dan blijft de wonde open. Met een litteken valt nog te leven, maar met een open wonde is dat moeilijker.

Probeer je geest meer en meer te vullen met de positieve herinneringen van toen. Kweek de goede dingen van vóór de tegenslag met veel liefde in de tuin van je geest. Het zijn de startblokken en de gidsen voor je geluk van nu. Wie lessen weet te trekken uit de ervaring van een tegenslag, wordt er wijzer door. Elk kruis in je leven kan je rijper en meer mens maken. En vooral: je kunt meer begrip opbrengen voor andere mensen die ook een tegenslag te verwerken hebben. Zelfs een positief mens, zonder tegenslagen, kan dat niet!

Een gezakte student moet zichzelf niet vastpinnen op de pijn van de mislukking. Het is niet goed als hij in zijn geest voortdurend die nederlaag oproept. Hij kan beter terugdenken aan de vele examens die hij ooit wél succesvol aflegde. Het zal hem mentaal voorbereiden om een nieuwe overwinning te behalen.

In 1971 is mijn zus, Cecile, weduwe geworden. Haar man, Roger, was een echt goed mens, door iedereen geliefd. Na twaalf zeer gelukkige huwelijksjaren stond zij alleen met de zorg voor de vijf kinderen.
Ik zie het nog voor mijn ogen alsof het gisteren was: mijn zus had een onmetelijk verdriet dat niet te troosten was, een tikkeltje bitterheid ook en opstandigheid. Ze voelde het als een onrechtvaardigheid aan dat Roger wegviel, nu hij nog zó nodig was.

Maar met de jaren begon zij milder te kijken naar het verlies dat zij geleden had. Meer en meer putte zij uit haar herinnering al het goede en mooie dat ze samen met hem in haar gezin had beleefd. Komt zij ergens bij een koppel dat flink aan het ruziën is, dan welt in haar op: dat hebben wij mekaar nooit aangedaan. Wanneer zij een vader ziet die liefdeloos op zijn kinderen reageert, dan denkt zij: zó zou Roger het zeker niet gedaan hebben. Haar overwegend gevoel is er een van blije dankbaarheid geworden om die twaalf gelukkige jaren die zij met haar ingoede man heeft mogen beleven.

Ik denk nog vaak terug aan het cursusjaar met Bo, 29 jaar, die 55 sessies in zijn rolstoel meemaakte. Van zijn 26ste jaar af was hij verlamd en gevoelloos van de navel tot de tenen. Op een avond getuigde hij: 'Ik zou nooit de volle rijkdom en vreugde van het leven en van de vriendschap ervaren hebben zonder mijn handicap. Wat was ik toch een oppervlakkige "bon-vivant"! Die tegenslag in mijn leven heeft mij voor vele dingen wakker gemaakt en ik leef nu veel bewuster.'

Een medecursiste was aanvankelijk van plan haar eigen zorgen ter sprake te brengen: 'Als ik hoor dat Bo in zijn situatie nog gelukkig kan zijn, dan heb ik geen probleem meer. Integendeel, ik ben beschaamd over de prullen en bagatellen waar ik mij zorgen over maak.'
De aanwezigheid van Bo die zijn geweldige tegenslag grotendeels verwerkt had, was een zegen voor deze groep. Hij kon zich naar de toekomst richten en de nadelen van zijn situatie even vergeten.

Het lijkt er soms op dat mensen iets nodig hebben om zich zorgen over te maken en ongelukkig over te zijn. Als ze niets hebben dat hen tegenzit, dan vinden ze wel iets om over te piekeren. Tot ze iemand ontmoeten die werkelijk ernstige redenen heeft om bezorgd te zijn. Daarmee vergeleken, verbleken hun eigen zorgen en zijn ze blij dat ze er niet erger aan toe zijn.

4. ***Doorgaan***. En de boer, hij ploegde voort. Een Wervikse boer besteedde veel tijd aan het verzorgen van zijn tabakskweek. Een onverwachte hevige hagelbui doorzeefde de oogstrijpe tabaksbladeren en halveerde hun handelswaarde. Beseffend dat hij dit jaar voor niets had gewerkt, stond hij er met tranen in de ogen bij.
Maar het volgende jaar kweekte hij opnieuw, verzorgde de jonge plantjes en deed alles wat hij kon om een goede oogst te hebben. 'Niet opgeven bij tegenslag, maar doorgaan!' was zijn leuze.

Kort na de oorlog vertoonde men de film 'Ik had vijf zonen'. Als ik me goed herinner, ging het over een familie, 'the Sullivans' genaamd. Vader is bareelwachter en de vijf zonen namen dienst in het leger. De oorlog is gedaan en vader en moeder verwachten met popelend hart de thuiskomst van hun zonen. Opeens komt een bode melden dat ze niet meer zullen thuiskomen, dat ze alle vijf in het allerlaatste gevecht gesneuveld zijn. Vader en moeder staan als aan de grond genageld bij het vernemen van dat verschrikkelijk nieuws. Ze kunnen het niet geloven, het is té wreed. Ik zie nog hoe de man op zijn uurwerk keek: "t Is kwart voor vijf... ik ga naar mijn bareel. Er moeten geen andere mensen verongelukken omdat wij onze kinderen niet meer hebben.' Met de dood in het hart en de ogen vol tranen wilde hij toch per se doorgaan met het vervullen van zijn taak.

Als een groot verdriet je overvalt: leg je er niet bij neer en laat je niet gaan. Doe tóch de dingen die je op dat moment echt te doen hebt, want de ervaring leert dat dit werkt als zalf op een wonde. Misschien denk je: och, wat baat het allemaal? Ik zie alleen een duister gat, een donkere tunnel zonder einde. Waarom zou ik doorgaan?
Dan zeg ik: 'Zet toch maar je stappen. Voel je als een mens met enkel een zaklamp. Ze licht slechts ver genoeg om te zien waar je de eerste stap kunt zetten. Welnu, zet die stap. Je zaklamp licht nu waar je de volgende stap kunt zetten. Ook die stap is mogelijk. Indien je zo blijft doorgaan, kom je vroeg of laat aan het licht. Zelfs als je het geluk hebt dat iemand naast jou de weg kan meegaan, dien je uiteindelijk toch zelf de hele weg af te leggen. Een ander kan het niet voor jou doen. Het komt eropaan te blijven doorgaan.'

Vroeg of laat ontmoet je het kruis in je leven: je wordt ziek, je krijgt een ongeluk, degene die je liefhebt sterft, men werkt je tegen, je wordt vernederd, uitgestoten. In al dergelijke gevallen blijkt de formule OLVD van Dr. Schwartz: 'Opstaan, Leren, Vergeten, Doorgaan', een sterke hulp.

Gelovigen weten daarenboven dat God ons nooit in de steek laat, hoe zwaar het lot ons ook treft, en dat we in elke situatie voldoende kracht krijgen om er ons doorheen te slaan. In onze geest, met onze wil, kunnen we het mechanisme in gang zetten en weer op positieve wijze denken. Dan gebeurt het dat we, door ogen die geweend hebben, het allemaal heel anders en veel beter zien.

D5. Vanwaar vertrek je? Hoe snel leer je bij?

Factoren van erfelijkheid, opvoeding, cultuurmilieu en dergelijke hebben onze persoonlijkheid in zekere mate bepaald. Aan onze genen en chromosomen kunnen we niet veel veranderen, evenmin als aan ons intelligentiequotiënt, ons temperament of onze talenten. Of we breed- of lichtgebouwd zijn, taai of zwak van gestel, gezond of veelal ziek: dat hebben wijzelf niet direct in handen. Ook de opvoeding en de schoolse ontwikkeling die we genoten, het culturele milieu waarin we leven, drukken mede hun stempel op onze 'manier van zijn' en speciaal op onze denkgewoonten.

In onze evolutie als mens zijn we wel verplicht rekening te houden met die bepaalde gegevenheden. Stel dat dit een keuzebeperking meebrengt van 40 procent, dan blijft er nog een keuzevrijheid van 60 procent over waaruit nog ruim voldoende kan worden geselecteerd om te ontwikkelen en bij te sturen.

Met de levensgave kregen wij van de Schepper ook die innerlijke vrijheid om zelf een positieve, liefdevolle richting aan ons denkpatroon te geven. Mensen die er bewust aan werken om een stuk gelukkiger te worden, vertrekken ieder van een verschillend niveau.

De ene persoon start wellicht met maar 15 procent positiviteit, terwijl dit bij een ander wel 70 procent bedraagt. Men kan dus nooit de resultaten die mensen op dit vlak bereiken met elkaar vergelijken. Wel met wat ieder individu vroeger bereikte. Als die met zijn 15 procent positiviteit aan 65 procent geraakt, is dit al een hele stap in de goede richting. De persoon met de 70 procent haalt bij gelijke inspanning wellicht 85 procent. Hij vertrekt immers vanuit een hoger niveau.

Zo kun je de bedenking van een vrouw begrijpen die opmerkte: 'Ik volg nu al maanden cursus om wat positiever te worden en ik beweer niet dat er geen vooruitgang is, maar als ik naar mijn man kijk – die helemaal geen cursus volgt – vind ik dat hij nog altijd een flink stuk positiever is dan ik.' Zij vertrok wellicht van 40 procent positiviteit en ging vooruit tot misschien 70 procent, maar haar man gedroeg zich al die tijd voor 80 procent positief.

Eigenlijk zijn er twee zaken die onze vooruitgang in het gelukkig-zijn bepalen:
1. Van welk niveau vertrekken we?
2. Hoe snel leren we bij?

Verheug je dus als je vorderingen maakt. Maar vergelijk je daarbij niet met een ander.

D6. Menselijk geluk is nooit volmaakt

Hoe intens ook bij momenten, menselijk geluk is nooit volmaakt. Altijd hangen er donkere schaduwen boven. Vooreerst blijft het niet duren... het gaat allemaal voorbij. Verder drukt het besef: terwijl ik hier en nu gelukkig ben, lijden anderen, hebben honger en kennen bittere miserie.
En toch hunkert de mens naar een volkomen, altijddurend geluk voor zichzelf en voor de anderen. Maar zo'n geluk is niet van deze wereld. Wie aan de overkant van dit leven volkomen geluk, eeuwige zaligheid verwacht, moet nu op aarde flink oefenen om zich hier al – samen met anderen – zo zalig mogelijk te voelen om later in staat te zijn eeuwig te genieten.

In zijn boek *Volstaat het een goed mens te zijn?* zegt professor De Haes zaliger onder andere: 'De kern van ons geloof is niet de moraal, hoewel belangrijk. Het is zelfs niet het engagement, hoe noodzakelijk ook. Het is gewoon vreugdevol *genieten*!'

Sommigen uit mijn generatie kijken wellicht verbaasd op als ze lezen dat de kern van ons geloof genieten is. Zo hebben we het inderdaad niet geleerd. Eigenlijk mochten we niet genieten. Toch is geloven altijd verbonden geweest met eeuwige zaligheid en volkomen gelukkig-zijn.

Als men ons op gelukkige momenten vraagt hoe we ons voelen, klinkt het soms spontaan: 'Heerlijk! Zalig! Hemels!' Trouwens, het genieten dat hier bedoeld wordt, is altijd een diepe vreugde en nooit goedkoop plezier of oppervlakkig genot.

In dit boek gaat het hoofdzakelijk over dingen die wij zelf kunnen doen, in de hoop er gelukkiger door te worden. Ons diepste geluk kunnen we in de echte zin van het woord niet zelf maken of verdienen: het blijft een gratuit geschenk, een vervulling ons geschonken bij genade.

De tuinman kan goed zaad zaaien, goede bomen en struiken planten en ervoor zorgen dat ze alles hebben wat nodig is. Dan mag hij hopen dat ze zullen groeien en bloeien, maar dit laatste kan hij niet zelf doen. Zo kan de mens zich inzetten en zijn plicht vervullen en al de goede wenken van het evangelie opvolgen. Pas dan mag hij hopen dat hij er gelukkig mee wordt. Strikt genomen kan hij zichzelf dat geluk niet bezorgen: dat puur geschenk overstijgt zijn inzet en zijn gedrag.

Oefenen om gelukkig te zijn betekent: leren houden van de Levensbron en ons koesteren in Zijn Liefde; leren houden van onszelf en vreugde ervaren bij het ontplooien van onze mogelijkheden; leren houden van onze taak in de wereld en deugd beleven aan onze activiteiten; leren houden van onze medemensen en er genoegen in smaken alles te doen opdat zij gelukkig zouden zijn.

D7. Kwaliteit van aanwezigheid

Tegenover bruutheid en ruw geweld staan zachtmoedigheid en de zo broze echt menselijke tederheid. Tederheid is kwaliteit van aanwezigheid bij de Levensbron, bij zichzelf, bij de natuur en de dingen in de wereld en bij de medemens. Het is de tederheid die mijn mogelijkheid tot genieten en ook mijn relatiebekwaamheid bepaalt. Het is onze blijvende opdracht tederheid aan te leren en te onderhouden. Dan wordt het een zijnskwaliteit, een kunst om heel intens te leven, diep en fijngevoelig te genieten, zelf nog warm te worden en warm te maken. Ik zal slechts gelukkig zijn in de mate dat ik teder ben in alle aspecten van het leven.

• Tederheid is zich fijn voelen bij God: in antwoord op zijn Liefde mogen wij van Hem houden.
• Tederheid is ook graag zichzelf zijn: zichzelf aanvaarden en aanvaarden dat anderen mij aanvaarden, kortom zich een knooppunt voelen van al wat er te genieten valt en gelukkig maakt.
• Tederheid is eveneens met heel mijn zintuiglijkheid ontdekkend en bewonderend in de natuur staan, tussen al wat ons omringt. Laten zijn wat is, gewoon opnemen en genieten.
• Tederheid is vooral die gerichtheid naar en die ontvankelijkheid voor het 'uniek-zijn' van de ander, in schroomvolle bevestiging: een 'klikgevoeligheid' in de betrokkenheid tussen zichzelf en de ander, een verlangen om aangesproken te worden en zelf aan te spreken.

Tederheid is nooit ruw of hard omdat men dan niet zuiver op de ander ingesteld is, maar bezig is zichzelf te poneren. Toch hoeft tederheid niet altijd zacht te zijn: een flinke warme handdruk – of een stevige knuffel – kan heel vurig zijn en niets aan tederheid inboeten.
Groeien in tederheid is steeds minder grijpen, kwetsen, vertrappen, en steeds meer respectvol, bewonderend, schroomvol benaderen.

Indertijd was er een tv-feuilleton dat zich afspeelde in Brugge, namelijk 'De filosoof van 't Sashuis'. Ik herinner me nog op welke tedere wijze die man zich in het dagelijks leven gedroeg: hoe hij respectvol omging met zijn werktuigen, zijn eetgerei, hoe hij liefdevol zijn bloemen water gaf, zijn kanarie voerde, hoe hij met eerbied een boek uit zijn bibliotheek nam, zijn jas uit de kast haalde, hoe hij zacht en welwillend met de mensen omging en hen met zijn humoristisch filosoferen blij maakte.

D8. Kunst van het genieten

Wie met te veel zorgen en problemen in zijn hoofd zit, is blind en doof voor al het goede dat zich in zijn leven voordoet. Hij is dan helemaal in beslag genomen door de ervaring van het negatieve. Hij ziet alleen nog de pijn, de ontgoocheling, de hindernis, het kwade, en heeft geen oog meer voor al het goede en mooie dat er toch ook altijd is.
Dan komt het er vooral op aan weer open te staan en ontvankelijk te worden voor de vele gelukskansen die ons elke dag geboden worden.

Het vroegere tv-programma 'Spel zonder grenzen' ging die avond in een stad in Italië door. Men had een wit reuzenzeil als een verticale wand geplaatst en van daarachter werden grote witte ballen gegooid. Op enige afstand stonden drie vangers: Piet, Pat en Pol. Ze zouden met het opvangen van die ballen de punten voor hun ploeg in de wacht slepen. Dicht bij het zeil stonden mannen van de tegenpartij die met een stok probeerden de overvliegende ballen nog in extremis van richting te doen veranderen.

Letten we nu even op de drie vangers.
Piet was nogal nerveus en werd eventjes afgeleid door het gejoel van de supporters. Precies op dat moment komt een bal tegen zijn arm terecht. Te laat! In zijn verstrooidheid had hij de bal niet zien aankomen. Hij heeft dat gelukspunt gemist, omdat hij niet voldoende *attent* was.
Kijken we nu even naar Pat! Met volle aandacht staat hij klaar voor de aankomende bal. Hij strekt zijn armen, doet ze weer dicht, doch een fractie van een seconde te laat. De bal is gewoon tussen zijn armen doorgegleden. Weer een gelukspunt verloren. Pat was nochtans heel attent, maar hij was niet *vaardig* genoeg.
Gelukkig was Pol zowel attent als vaardig. Hij kon nog enkele geluksballen voor zijn ploeg bemachtigen.

Welnu, om uit het dagelijks leven een beetje geluk te puren, zijn twee dingen van belang:
- attent zijn voor de gelukskansen die zich voordoen;
- vaardiger worden in het genieten van die kansen.

1. ***Attent zijn voor de gelukskansen.*** Wij gaan aan veel dingen achteloos voorbij, tot iemand onze aandacht erop trekt en wij erdoor geboeid raken. We kunnen zo bezig zijn dat we geen aandacht meer hebben voor het bloempje op tafel, voor het vogeltje dat aan het fluiten is, voor de zonnestralen die zo mooi binnenvallen, voor dat eindeloze wolkenspel, voor de kleuren van de ondergaande zon, voor de pletsende regen...

Ooit had ik een hele dag les gegeven, nadien nog avondles en een conferentie gehouden. Toen ik rond elf uur thuiskwam, zei mijn vrouw: 'Wat een mooie dag was het vandaag, hé? En die zon die de hele dag zo heerlijk scheen!'
Ik vroeg: 'Zon? Was er zon vandaag? Ik heb het echt niet gemerkt!'
Dat vind ik nu wel erg. Zo druk bezig zijn met wat je te doen hebt, dat je de zon niet meer ziet. Er zullen die dag nog wel andere belangrijke dingen aan mij voorbijgegaan zijn.

Lang geleden besloot ik om te voet naar school te gaan. Wat meer beweging – viermaal per dag ongeveer een kilometer – zou me deugd doen.
Eind maart toen ik al enkele dagen gestapt had, deed mijn vrouw met haar fiets een boodschap. Aan tafel vroeg ze plots: 'Heb je dat gezien, in de tuin van Nick, die magnolia die daar zo prachtig bloeit?'
'Een magnolia? Waar bedoel je?'
'Maar jongen toch,' zei ze zo, 'heb je dat nu echt niet gezien? Je komt er viermaal per dag voorbij!'
De volgende dag lette ik er speciaal op. Ik heb zelfs een stap in Nicks tuin gezet. Toen zag ik, op een stam van wellicht 35 jaar oud, een boeket van honderden bloemen, zomaar op die naakte takken. Het had de laatste week niet geregend en de bloemkelken

stonden zo zuiver en ongerept, wit met een streepje roze. Ongelooflijk mooi! Hoe had ik daar zoveel keren kunnen voorbijgaan zonder dat te zien?

'Heb je die leeuwerik gehoord?' vroeg mijn dochter Tine, die me juist met haar fiets voorbijstak.
Ik aarzelde: 'Leeuwerik? Nee.'
'Luister,' zei ze, 'hij is nog aan het zingen.'
We stonden even stil en inderdaad, ik zag en hoorde hem. We genoten er even samen van. Wat was ik in gedachten toch druk bezig dat ik zelfs die leeuwerik niet opmerkte.

Op het einde van een cursusjaar – mijn vrouw is er dan gewoonlijk bij – kregen wij van de cursisten bloemen aangeboden. Wat later bekeek ik de ruiker aandachtiger en zei haar: 'Die gele hier, die zijn mooi, hé?'
Toen ik haar zag glimlachen, vroeg ik: 'Wat scheelt eraan?'
'We hebben dit soort bloemen al jaren in onze tuin. Ik heb je daar nog nooit iets over horen zeggen!'
Beschaamd mocht ik toegeven dat ik ze inderdaad nog niet eerder zo gezien had.

Na een missiefeest in de wijkschool ging een viertal vrienden druk pratend terug naar huis. Opeens stelde Maurice voor: 'Ik ben er al. Nu we toch in de sfeer zijn, kom gauw even binnen. Ik heb nog een fles goeie wijn!'
Even later werden de glazen gevuld. Intussen wakkerde de discussie nog aan en Frans – die er nogal emotioneel bij betrokken was – had onbewust al een flink deel van zijn glas uitgedronken.
Opeens vroeg de gastheer: 'Hé wel, Frans, wat vind je van mijn wijn?'
'Euh, wijn,' mompelde Frans, 'momentje, ik zal eens proeven.' Toen dronk hij heel bewust het restje uit zijn glas, was even stil en prees dan: 'Hm, hm... dat is echt klasse!'
Van wat hij ervoor had gedronken, heeft hij niet kunnen genieten, hij was immers niet attent.

Een cursiste vertelde mij: 'Mijn man kan toch zo verstrooid zijn middagmaal nemen! Zijn gedachten zijn nog helemaal bij zijn werk: "Ik moet nog dit opzoeken en dat klaarmaken, straks nog even telefoneren, die papieren meenemen..." Ik had afgeruimd en vroeg hem op de man af: "Zeg me nu eens wat we zojuist allemaal gegeten hebben." Op de aardappelen na wist hij het echt niet meer.'
Hij kan er dus ook niet erg van genoten hebben, want om te genieten moet je attent zijn!

2. ***Vaardiger worden in het genieten.*** De intensiteit van ons genieten wordt vanzelfsprekend voor een stuk bepaald door de grootte en de soort van onze *aanleg*: de ene heeft meer of minder aanleg voor muziek, de andere voor literatuur of poëzie, nog een ander voor kunst, voor wetenschap, voor de natuur, voor sport enzovoort.
Maar binnen de beperking van onze aanleg kunnen wij intensiever genieten door: meer kennis en *inzicht* over het onderwerp te verwerven en door *training* van onze zintuigen op dit gebied, dit is: meer doelgericht zien, horen, bewegen en voelen, smaken en ruiken.

Wie pas een viool in de hand krijgt – al heeft hij dan ook aanleg – kan moeilijk genieten van de eerste muzikale geluiden die hij voortbrengt. Maar door ernstige vioolstudie en intensieve oefening om de techniek onder de knie te krijgen en behendiger te worden in het spelen, wordt hij bekwamer om te genieten, niet alleen van het eigen vioolspel, doch eveneens van de vioolmuziek van anderen.
We kunnen dus *leren* meer te genieten.

Zo zal ook iemand met aanleg voor schilderen zijn vaardigheid in het genieten van schilderijen vergroten, als hij zijn inzicht laat groeien door studie en als hij – door zelf te schilderen – steeds behendiger wordt om het mooie dat in zijn geest al aanwezig is, op het doek over te brengen.

Leren intenser te genieten – wat samengaat met bewuster leven – hoort normaal bij de groei naar volwassenheid. Spelen in de lentezon zal een kind wel deugd doen, maar het is zich daar niet van bewust. Een volwassene daarentegen kan heel sterk genieten van een kwartiertje gewoon 'zitten in de voorjaarszon'.

Men kan zich moeilijk een kind voorstellen dat rustig geniet van een kopje koffie of een glas goede wijn, daar is het nog niet aan toe. Misschien kan een jongen van 8 al wel een gedicht lezen, maar er ten volle van genieten als een doorgewinterde poëet, is er wel niet bij. Een meisje van 10 kan best een boek lezen en geboeid zijn door het verhaal, maar helemaal genieten van de literaire schoonheid ervan kan zij nog niet.
Cultuurwaarden worden heel geleidelijk, bijna druppel voor druppel, bijgebracht en aangeleerd.

'Van muziek,' zegt Jacques, 'leerde ik genieten door mijn grootvader. We luisterden ettelijke uren samen naar het plaatje "Piccolo en Saxo". Zo leerde ik de verschillende instrumenten onderscheiden. Ook naar "Peter en de wolf" waarin het verhaal zo mooi door de aangepaste muziek onderstreept wordt. Geleidelijk leerde grootvader mij ook smaak vinden in klassieke muziek.'

En is er wel iemand volleerd in het genieten van echt menselijke ontmoetingen? Is er iets heerlijkers in de wereld dan een gesprek tussen twee mensen die, gerijpt door het leven, elkaar rustig boeiende dingen weten te vertellen en daarbij ook geboeid naar elkaar kunnen luisteren? Het zijn tijdloze momenten van intens genieten.
Wat een contrast met het vervelende gebabbel van de een waarbij de ander geïrriteerd zit te wachten tot het voorbij is.

D9. Zin voor verwondering

We kunnen moeilijk genieten van zaken waarvan we niets afweten. Onbekend is onbemind. Daartegenover staat: hoe beter we iets kennen, des te meer kunnen we het appreciëren en ervan genieten.

In een interscolair tornooi voor de beste korte spreekbeurt was ik getroffen door de pittige manier waarop een meisje het over 'Het wondere leven van de bijen' had. Alhoewel ik van bijen maar weinig afwist, boeide haar uiteenzetting mij van het begin tot het einde en ik viel van de ene verwondering in de andere. Nadien heb ik er zelfs nog een werk uit de bibliotheek op nageslagen.

De natuur is een onuitputtelijke bron van verwondering. Met onze vrienden die aan de rand van Brussel wonen, maken we al eens een wandeling in de bossen daar in de buurt. Dan pas zien we hoe intens die mensen van de natuur kunnen genieten. Omdat ze er zoveel over weten is het voortdurend van: 'Kijk eens hier en... zie eens daar!' Overal merken zij iets op: een paddestoel, een nestje, een vogel, een kever, een mier, een plant, een bloempje... er is niets dat aan hun speurende oog ontgaat. En telkens volgt een boeiende uitleg over dat wonderlijk leven in de natuur.

Ooit bezocht ik een tentoonstelling van de meest markante uitvindingen in de fysica, elektriciteit en mechanica. Een van de inrichters zag hoe ongeïnteresseerd vele bezoekers daar voorbijliepen. Ze waren meer met elkaar bezig dan met het geëxposeerde. Hij liet een bord ophangen waarop hij in duidelijke letters had geschreven: 'Men gelieve zich hier te verwonderen!'
Mijn oud-studenten zullen zich dit gezegde zeker herinneren. Ik heb het ook gebruikt toen ze schaapachtig en zonder enthousiasme naar het bord keken waarop de mooiste dingen uit de wetenschap getekend stonden.

Het meest onmogelijke uit onze kinderjaren is gerealiseerd: er zijn mensen op de maan geweest en ze zijn ook nog teruggekeerd. Dit maakte een onvoorstelbare indruk op de mensen van mijn generatie.
Toen een kennis daarover aan zijn dochtertje vertelde, vroeg het kind: 'Waarom gingen ze naar de maan, papa? Vonden ze het hier niet goed op aarde?'
Ik merk bij jonge mensen steeds minder verwondering over technische realisaties.

Als kleine jongen zag ik bij de buren van mijn grootouders voor het eerst een grammofoon, zo'n houten bak 'His master's voice' met een grote hoorn erop. Uit die hoorn kwam de schrille stem van een dame die zong. Ik kon mijn ogen niet geloven! Hoe was dat mogelijk? Zat die dame echt niet zelf in die bak?

In datzelfde huis maakte ik eveneens kennis met de telefoon. Mijn grootvader beweerde dat die man met iemand uit Brussel aan het spreken was.
'Dat kan toch niet. Brussel is veel te ver weg om met iemand te kunnen praten.'
Intussen had de buurman ingehaakt en glimlachend zag hij mijn ongeloof: 'Begrijp je het niet, ventje? 't Is nochtans niet moeilijk hoor. Kijk,' legde hij uit, 'de telefoon, dat is zoals een heel grote hond. Met zijn staart ligt hij in Kortrijk en met zijn muil in Brussel. Als je nu in Kortrijk flink op zijn staart trapt, zal hij dan niet blaffen in Brussel?'
En daarmee mocht ik het doen. Maar de nieuwsgierigheid over hoe het werkte bleef. In het laatste jaar van de lagere school achterhaalde ik, uit een boekje over *Fysica voor het middelbaar*, hoe de telefoon echt werkte.

De week na de moord op president Kennedy hadden we voor het eerst een televisietoestel in huis. Op het scherm zagen we hoe de Amerikaanse vice-president de wereld toesprak.
Ik wendde mij tot mijn zoon Jan, die toen nog een kind was: 'Jan, jongen, die man daar op het scherm... die spreekt in het verre Amerika en hier zien en horen we hem duidelijk!'
Hij keek me aan en dacht waarschijnlijk: wat scheelt er met onze pa? Hij antwoordde: 'Natuurlijk zien en horen we hem goed, 't is nog maar een nieuwe tv.'
Kunnen jonge mensen zich dan echt niet meer verwonderen?

EVEN OPFRISSEN D.

- De mogelijkheden om een 'gelukkig mens' te worden liggen in ons.
- Uitwendige zaken bepalen ons geluk niet.
- De omstandigheden en de anderen kunnen het ons wel moeilijk maken.
- We zitten zelf aan het roer van ons leven.
- Met de mogelijkheden die we kregen, kunnen we bijsturen.
- We willen onze zwakke plekken ontdekken, aanvaarden en 'verbeteren'.
- Moeilijkheden en tegenslagen zijn om te buigen met behulp van OLVD.
- Ondanks beperkingen kunnen we van een ruime keuzevrijheid gebruik maken.
- We weerstaan de neiging ons steeds met anderen te vergelijken.
- Diep geluk blijft een puur geschenk; we kunnen het zelf niet verdienen.
- We leren teder om te gaan met de Levensbron, onszelf, de dingen en de mensen.
- We zijn attent voor de gelukskansen en worden vaardiger in het genieten.
- We blijven de zin voor 'verwondering' cultiveren.

E. De vier bouwstenen

E1. Bouwstenen voor je geluk

Stel dat ik op een morgen uit een diepe slaap ontwaak en mijn ervaringen heel *bewust* observeer:

1. Mijn eerste gevoel is er een van dankbaarheid naar de Levensbron toe en van *vreugde omdat ik weer een dag leven mag*. Ik sta positief tegenover het leven; ik kies voor leven en de 'Levensbron'.

2. Dan kijk ik naar mezelf en ik merk dat ik beschik over heel wat *talenten die ik tot mijn vreugde kan ontwikkelen*. Ik sta positief tegenover mezelf; ik kies voor mezelf.

3. Dan blik ik rondom mij en ik zie dat ik op deze aarde, in mijn specifieke situatie, een bepaalde *taak heb waaraan ik arbeidsvreugde kan beleven*. Ik sta positief tegenover mijn werk; ik kies voor mijn taak.

4. Dan merk ik dat ik niet alleen ben op onze planeet; naast mij zijn er *medemensen die ik een goed gevoel kan bezorgen en aan wie ikzelf deugd mag ervaren*. Ik sta positief tegenover de ander; ik kies voor de ander.

Samengevat gaat het eigenlijk om vier gebieden:
1. *Het leven*
2. *Mezelf* (Ik)
3. *Mijn situatie* (De wereld)
4. *De medemens* (Jij).

In elk van die gebieden liggen – als ik ervoor kies – mogelijkheden om gelukkiger te worden. Het komt eropaan *bewust* te werken met de vier fundamentele bouwstenen. Ik zet ze even op een rijtje:

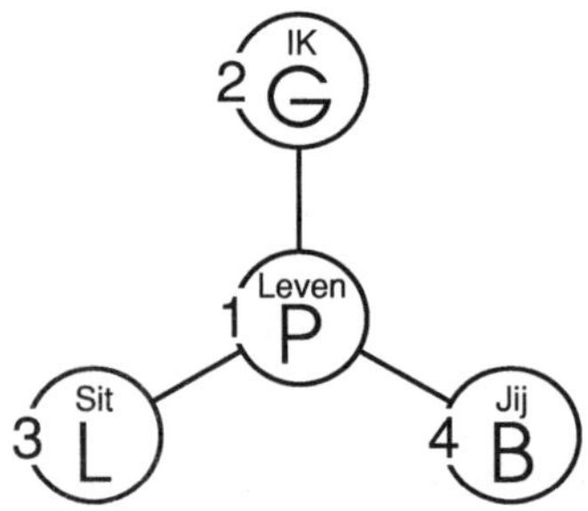

1. **P.** ***Positief*** *denken* en *doen*
Een liefdevolle *instelling* – Kiezen voor het *leven*

2. **G.** ***Groeien*** naar je *beste zelf*
Bewuste *zelfrealisatie* – Kiezen voor *jezelf*

3. **L.** ***Lukken*** in je *activiteiten*
Creatieve *arbeidsinzet* – Kiezen voor je *situatie*

4. **B.** ***Bevestiging*** van en door je *medemensen*
Intense *ontmoeting* – Kiezen voor de *ander*

Door aandacht aan deze vier bouwstenen te geven, zorgen we niet alleen voor ons eigen geluk en dat van onze naastbestaanden. We helpen ook de hele samenleving uitbouwen tot:
- een kweekplaats voor positieve, blije en gelukkige mensen;
- een voedingsbodem voor persoonlijke groei en cultuur;
- een milieu om creatief actief te zijn en kwaliteit te waarderen;
- een warm nest waar iedereen zich geborgen voelt.

E2. *Toelichting bij de vier bouwstenen*

De eerste bouwsteen is **P**:
Je geest altijd positief en optimistisch houden.
Deze door en door 'positieve' (dit is: liefdevolle) geesteshouding trekt het hele proces van gelukkiger worden op gang; zij maakt je ontvankelijk voor het goede en het schone en doet je veel bewuster leven. Het komt eropaan tegenover het leven, jezelf, je activiteiten en je medemensen een positieve mentale attitude aan te kweken. Uit negatieve gedachten kunnen immers nooit positieve, gelukbrengende resultaten voortkomen. Met een positieve instelling krijg je meer oog voor de vele geluksbronnen en sta je open voor de dagelijkse gelukskansen.

Dan kun je weer graag leven, wakker worden met positieve gevoelens en intens genieten van kleine dingen. Je ervaart de kracht van de humor en de waarde van een eenvoudige glimlach. Je groeit in levensoptimisme en vertrouwen. Je durft weer dromen en verlangen. Je gaat geloven in je levensdoel en bruisen van enthousiasme voor je ideaal. Je observeert rustig zonder te veroordelen en kunt de negatieve invloeden van erfelijkheid, opvoeding en cultuurmilieu relativeren. De tegenslagen verwerk je op positieve wijze, in je hart en nieren ben je een blij en dankbaar mens. Met je positieve, liefdevolle gedachten ga je weer ten volle leven, vandaag... hier en nu.

De tweede bouwsteen is **G**:
Groeien naar de mens die je echt zou willen zijn.
Dat wil zeggen: worden wat je in potentie al wel, maar in de realiteit nog niet bent. Elke ervaring van vooruitgang in je 'zelfwording' maakt je gelukkig, want groei is het kenmerk bij uitstek van krachtig leven. Door je van je enorme mogelijkheden bewust te worden, leer je uit jezelf te halen wat erin zit. Je wilt je capaciteiten verder ontplooien en daar iets zinvols mee doen. Dan ontdek je de vreugde van het vaardiger en bekwamer worden.

Je werkt aan een positief zelfbeeld en je kweekt een gezonde 'zelfliefde' en een sterk gevoel van eigenwaarde. Je zelfvertrouwen groeit en langs zelfkennis en zelfaanvaarding kun je stappen zetten naar zelfverbetering. Je toont karakter bij het overwinnen van moeilijkheden. Zodoende kom je steeds dichter bij je doel, namelijk een mens uit één stuk worden: je 'beste zelf', gezond naar lichaam en geest.

De derde bouwsteen is **L**:
Lukken in je activiteiten.
Dit doe je tot eigen tevredenheid en die van anderen. Het is onze opgave zo te leren werken dat we echt content kunnen zijn over onze geleverde prestatie en zodoende vreugde kunnen beleven aan onze bezigheden. Ben je je ervan bewust dat je door je arbeid deze wereld meer leefbaar en bewoonbaar maakt? Het komt eropaan positief te staan tegenover je werksituatie, te weten wat je wilt bereiken en hierin creatief actief te zijn.

Wie in alles mislukt, kan moeilijk gelukkig zijn. Daarom is het zo belangrijk te leren lukken in die honderden kleine dingen van elke dag. Niemand is blij als hij ergens in mislukt. Zowel kleine successen als mislukkingen blijven diep in ons doorwerken.

Je resultaten zullen verbeteren en je arbeidsvreugde zal toenemen als je wat je doet, zo goed doet als je maar kunt en je het daarbij op een aangename manier aan de man brengt.
Lukken in je activiteit veronderstelt: gemotiveerd werken, initiatief nemen, plannen en organiseren, dadelijk aanpakken, je concentreren op je taak, leren uit mislukkingen en volharden bij moeilijkheden.

De vierde bouwsteen is **B**:
Wederzijdse bevestiging in je samenzijn met anderen.
Bevestigd worden is de belangrijkste ervaring voor een mens; het is de kern, het wezen zelf van alle vriendschap en liefde.
Bevestigen betekent: vanuit een gevoel van genegenheid iemand laten blijken dat hij of zij goed, belangrijk en beminnenswaardig

is. Dit proces is normaal wederkerig. Door 'bevestiging' ontvangen wij onze identiteit en groeit in ons een gezond gevoel van eigenwaarde. Alleen in een sfeer van bevestiging durft een mens het risico van de 'openheid' aan en kan hij 'samen met anderen' tot ontplooiing komen.

Een belangrijk punt in de bevestiging is de principiële aanvaarding van de mens in zijn 'anders-zijn'. Elke persoon mag zelf vrij beslissen hoe hij wil leven, zich gedragen en zich uiten, op voorwaarde dat de uitoefening van dit recht bevorderlijk is – of toch minstens niet schadelijk – voor het leven, voor zichzelf, voor de wereld en voor de medemens. De mens is immers niet alleen vrij, maar ook persoonlijk verantwoordelijk.

Binnen deze perken mag de ander dus anders denken, anders voelen, anders spreken, anders doen... Men kan zich daarover verwonderen, doch men hoeft er zich niet aan te ergeren. Voor iedere mens is het heel belangrijk te 'mogen zijn zoals men is'. Het komt eropaan de ander niet te willen veranderen, zogezegd te 'verbeteren', maar hem of haar als mens te respecteren.
In een klimaat van bevestiging mag men klein zijn en fouten maken, zonder dat men er onmiddellijk met zijn neus op wordt gedrukt.

Een bevestigende communicatie gebeurt vriendelijk en oprecht. Reclamaties en scherpe kritiek horen er niet thuis. Men gaat hoe langer hoe meer het goede zien in de ander en legt zich toe op waarderen en bemoedigen. Men leert liefhebben en tot echte ontmoeting komen zonder te willen bezitten. Mensen proberen elkaar wat nestwarmte te geven door een hartelijke en levendige belangstelling, want er blijkt een enorme behoefte te zijn aan attente, warm-menselijke aanwezigheid.

E3. Een negatief en een positief mens

Ik sprak eens met een dame over boeken die het geluksthema behandelen. 'Ik ben nieuwsgierig', vroeg zij zich plots af, 'of ik volgend jaar gelukkig zal zijn... ik bedoel of ik mij contenter zal voelen.'

'O, mevrouw, dat is interessant. En wat denkt u eraan te doen?'

'Aan doen?' opperde zij. 'Bij mij moet dat vanzelf komen.'

Om een lang verhaal kort te maken: ze was niet bereid positiever te denken, noch over het leven, noch over haarzelf, noch over haar werk, noch over haar medemensen. Het zou mij echt verwonderen indien zij het volgende jaar inderdaad een gelukkiger mens was geworden.

Neem nu eens – als type – een door en door negatief man.

1. Omdat zijn kijk op alles negatief is, kan hij nergens echt van genieten.

2. Omdat hij zichzelf verwerpt en niet gelooft in zijn mogelijkheden, ervaart hij nooit de vreugde van het groeien.

3. Omdat zijn werk op alle gebied onder de maat blijft, kan hij er nooit tevreden over zijn.

4. Omdat hij iedereen wantrouwt en bekritiseert, voelt hij nimmer de diepe vreugde van de bevestiging.

Op het einde van zijn dagen kan hij moeilijk over zijn leven tevreden zijn. Hij staat nog nergens op het gebied van 'zich zalig kunnen voelen'.

Hoe heel anders is het bij een door en door positieve vrouw.

1. Van bij het ontwaken welt haar dankbaarheid op jegens haar Schepper. Ze is blij dat ze weer een dag leven mag en zij geniet ervan.

2. Ze heeft een positief zelfbeeld en gelooft in haar mogelijkheden. Ze ontplooit die talenten en ervaart de vreugde van het groeien, het echt léven.

3. Omdat ze positief jegens haar werk staat, levert ze kwaliteit. Ze kent dan ook een intense arbeidsvreugde en is fier op het resultaat.
4. Met haar liefdevolle benadering doet zij de ogen van haar medemensen glanzen en ze ervaart dan ook de vreugde van hun bevestiging.

Op het einde van haar leven kan zij naar waarheid zeggen: 'Het is goed geweest.' In het 'zich zalig voelen' heeft zij al heel wat ervaring opgedaan.

E4. Positief-zijn en de andere drie bouwstenen

1a. Een ***positieve kijk*** op onszelf bevordert onze ***groei*** (P→G)

Alleen een positieve houding jegens jezelf en geloof in je eigen mogelijkheden kunnen je meer en meer laten evolueren naar je 'beste zelf', gezond naar lichaam en geest. Breek dus jezelf niet langer af. Zelfverwerping lijkt mij een godslastering. Je hebt voldoende mogelijkheden in je persoonlijkheid meegekregen. Wees tevreden met wat je al bent, maar spijker er je niet op vast. Blijf geloven in je mogelijkheden tot groei.

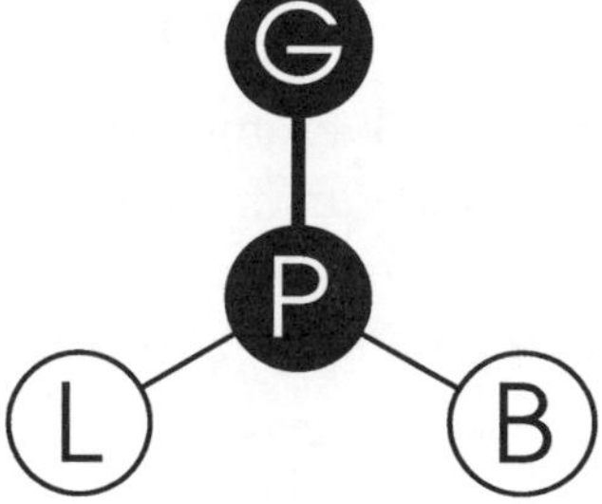

Pros, een man van 38 jaar met een paar hinderlijke karaktertrekken, liet zich ooit ontvallen: 'Dat ik kan veranderen... op mijn leeftijd. Nee hoor! Ik ben altijd zo geweest en ik zal altijd zo blijven... Trouwens, mijn vader was ook zo...'
Zolang die man niet positief staat jegens zijn eigen groei, kan hij inderdaad niet veranderen.

1b. Omgekeerd: ***groeien*** bevordert de ***positieve kijk*** op jezelf (G→P)

Zodra we wat vaardiger en bekwamer worden, vermeerdert ook ons zelfvertrouwen en kijken we een stuk positiever naar onszelf.

Andrea, nu 44 jaar, vertelt dat zij tien jaar geleden nog heel negatief over haar talenten dacht. Intussen heeft zij met succes avondlessen in talen gevolgd en haar kijk op haar mogelijkheden is heel wat positiever geworden.

2a. Een ***positieve kijk*** op je werk helpt je ***lukken*** (P→L)

Je staat positief jegens je situatie en je activiteit en je gelooft erin, dan heb je alle kans om te lukken. Een negatieve houding en ongeloof daarentegen doen je mislukken. Je positieve instelling heeft hier zelfs de voorrang op je bekwaamheid.

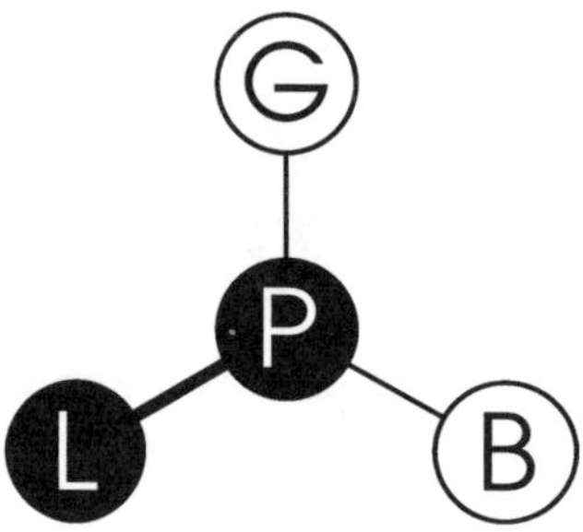

Pierre, 26 jaar, begint aan een werk maar gelooft niet in het resultaat. 'Goed, je vraagt het mij... ik zal het doen. Maar ik voel het, zulke dingen kan ik niet. Ik weet bij voorbaat dat het niet zal gaan...'
Bij zo'n negatieve kijk op het werk moet er haast een wonder gebeuren om toch te lukken.

2b. Omgekeerd: ***lukken*** in iets maakt je kijk erop ***positiever*** (L→P)

Zodra je lukt in een of andere activiteit, begin je automatisch positiever over dat werk te denken.

René, 52 jaar, had het moeilijk op zijn nieuwe werk en met tegenzin trok hij er iedere dag naartoe. Na een periode van aanpassing begon het steeds beter te gaan. Hij kreeg het gevoel dat hij weer lukte in zijn taak en dat maakte zijn instelling tegenover zijn werk veel positiever.

3a. Een ***positieve kijk*** op anderen verwekt wederzijdse ***bevestiging*** (P→B)

Je positieve instelling ten opzichte van de ander laat je de gepaste bevestigende signalen uitzenden (blik, gelaatsuitdrukking, stemintonatie) om tot een geslaagde ontmoeting te komen. Daarbij

maakt je welwillende, vriendelijke houding het de ander makkelijk om jou te bevestigen.
Je negatieve instelling daarentegen resulteert in een ontwijkende houding en dat maakt het de ander wel heel moeilijk om jou te bevestigen.

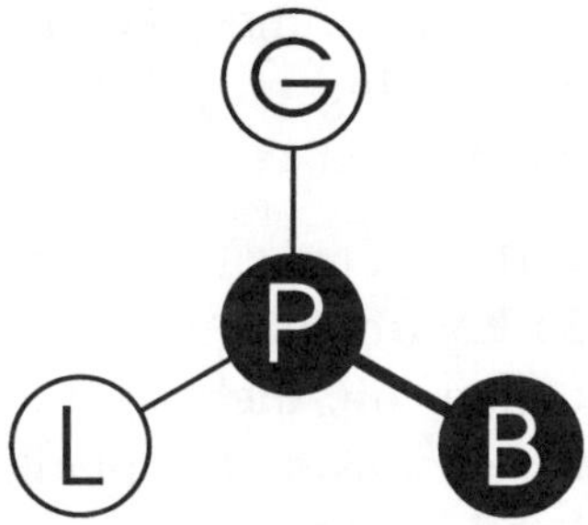

Rita, 41 jaar met een dochter van 18, vertelt: 'Drie jaar geleden stond ik heel negatief tegenover haar en daardoor maakte ik haast voortdurend aanmerkingen. Ik kreeg dan ook nooit een woord van bevestiging. De laatste jaren legde ik er mij speciaal op toe om positief over mijn kind te denken. Geregeld liet ik haar blijken wat voor goede dingen ik allemaal in haar zag. We hebben nu een hartelijke relatie met veel warme wederzijdse bevestiging.'

3b. Omgekeerd: ***bevestiging*** ervaren helpt ***positiever*** kijken naar de ander (B→P)

Als ik mij erkend en bevestigd voel, heb ik het niet moeilijk om positief ingesteld te zijn jegens de ander. In een sfeer van ontkenning kost me dat veel meer moeite.

Erik, tien jaar gehuwd, getuigt: 'Door haar voortdurende bevestiging deed mijn vrouw mij weer in mezelf geloven en kan ik nu al mijn taken aan. Ik kan moeilijk verwoorden hoe positief, hoe bewonderend ik naar mijn vrouw opkijk. Daarmee bevestig ik haar op mijn beurt.'

E5. De andere bouwstenen werken eveneens op elkaar in

1a. ***Groei*** in je persoon helpt je ***lukken*** in wat je doet (G→L)

Groeien betekent: vaardiger en bekwamer worden, meer kennis en inzicht verwerven. Met je toegenomen ervaring en je betere aanpak wordt het heel wat makkelijker om te lukken.

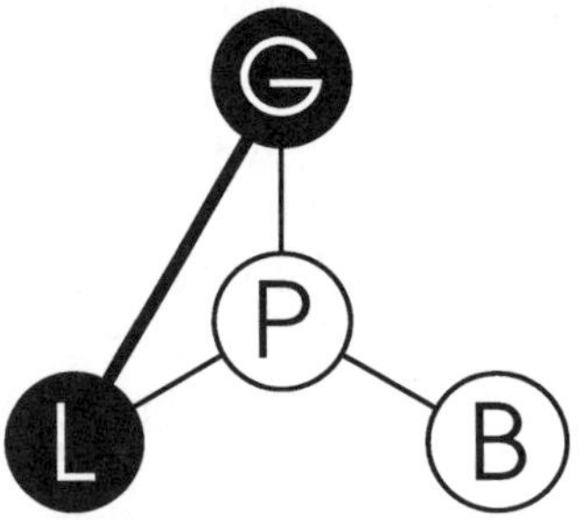

Celine, 30 jaar, vertelt: 'Onze Wim, pas 10 jaar, wilde een hondehok timmeren. Door een plank dreef hij, dicht bij het uiteinde, een dikke spijker. De plank spleet natuurlijk middendoor. Zijn gebrek aan inzicht en ervaring deed hem mislukken.

'Ikzelf schafte me enkele jaren geleden een naaimachine aan. Aanvankelijk was ik niet tevreden over mijn werk. Vorig jaar volgde ik een uitgebreide naaicursus en nu lukt het me om kwaliteitskledij te maken waar ik echt trots op ben.'

1b. Omgekeerd: elke ***activiteit*** draagt bij tot je ***groei*** (L→G)

De spreuken 'Al doende leert men' en 'Ondervinding is de beste leermeester' willen ons duidelijk maken dat onze arbeid essentieel bijdraagt tot onze ontplooiing.

Je ervaring uit vroegere handelingen maakt je tot een waardevoller persoon. Zelfs uit je mislukkingen kun je heel wat leren.

Rudy, een toegewijd verpleger, werkte al vijf jaar in een universitair ziekenhuis. Hij kreeg twee pas afgestudeerde verplegers onder zijn hoede. Zijn mening: 'Aan het dagelijks gedrag van mijn jongere collega's merk ik welke weg ikzelf al heb afgelegd in mijn verdere groei naar volwassenheid.'

2a. ***Lukken*** in je activiteit nodigt uit tot ***bevestigen*** (L→B)

Wie in zijn arbeid lukt, is niet alleen zelf tevreden, maar trekt als het ware de waardering en bevestiging van de anderen naar zich toe. Wanneer je echter mislukt, slordig of half werk levert, dan trek je ontkenning en kritiek naar je toe en diep in jezelf ben je ook niet tevreden. Je maakt het de anderen moeilijk om jou te waarderen als je je werk niet ernstig neemt, er met je pet naar gooit en bij jezelf denkt: en als 't niet goed is, moeten ze het zelf maar doen!

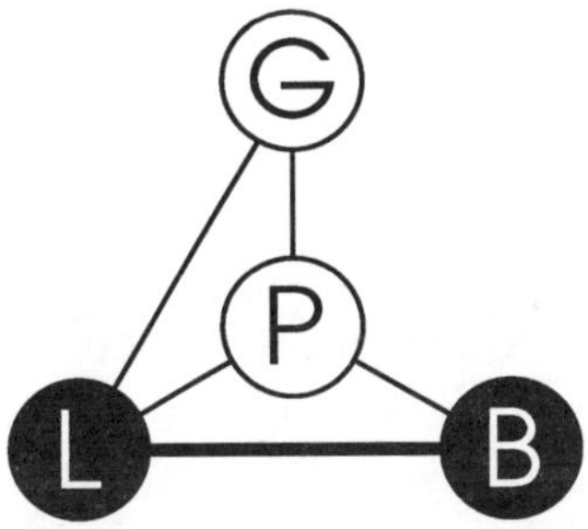

Suzy bakte voor haar dameskransje een heerlijke cake. Iedereen was er vol lof over en menigeen wilde graag het recept.
'Op het gebied van waardering', legt Suzy uit, 'heb ik echt niet te klagen. Maar zelf heb ik de grootste moeite om mijn zoontje te appreciëren, al weet ik wel dat hij mijn bevestiging dringend nodig heeft. Hij doet namelijk altijd alles verkeerd. Stuur je hem om een boodschap, dan verliest hij zijn geld. Helpt hij met de afwas, dan breekt hij glazen of borden. Zijn schoolrapporten zijn beneden alle peil en ze staan vol negatieve opmerkingen van de leerkrachten. Ik ben soms jaloers op moeders van zonen die alles goed doen.'
Voor Suzy is het belangrijk te proberen bij haar zoontje toch iets goeds – hoe klein ook – te ontdekken en te laten blijken... maar daarmee zitten we al in b.

2b. Omgekeerd: ***bevestiging*** door de ander helpt je ***lukken*** (B→L)

Met iemand die in jou gelooft, die je bevestigt en op jou rekent, behaal je resultaten die je eigen verwachtingen overtreffen. Je werkt boven je eigen peil. Maar met iemand die je afbreekt, die niet in je gelooft en je bemoeiziek benadert, werk je beneden je peil en luk je zelfs niet in dingen die je normaal succesvol verricht.

Fred, een schuchtere jongeman van 19 jaar, stond voor het bord tijdens zijn mondeling examen met het gevoel dat hij er niets van kende. Maar de leraar die wist wat voor vlees hij in de kuip had, moedigde hem aan om toch maar te beginnen. Aarzelend maakte de jongen een tekening met wat berekeningen en de leraar liet hem duidelijk blijken dat hij op de goede weg was. Fred voelde dat de leraar in hem geloofde en van hem verwachtte dat hij het goed zou doen. Beetje voor beetje kwamen de nodige elementen hem voor de geest en naar het einde toe had hij het gevoel dat hij zichzelf overtrof.
Het leven biedt natuurlijk niet vaak zulke kansen, maar hier mocht Fred persoonlijk ervaren hoe bevestiging zijn kennen en kunnen stimuleerde.

Jenny, een 30-jarige huisvrouw, kreeg bezoek van tante Marie, een uitermate negatieve vrouw. Jenny zou het avondmaal bereiden en stelde opeens vast dat er geen mayonaise meer was. Geen nood, ze maakte die immers al jaren zelf. Tante kwam mee in de keuken en gaf – terwijl Jenny aan het roeren was – voortdurend negatief commentaar. Jenny probeerde zich op haar werk te concentreren, maar er liep duidelijk iets mis met die mayonaise. De zweetdruppels parelden op haar voorhoofd. Wat ze ook probeerde, de mayonaise wilde maar niet dik worden.
De giftige opmerkingen van tante Marie hadden Jenny zo van streek gebracht dat ze zelfs de gewone dingen niet meer aankon. Wellicht had zij, met een beter ontwikkeld zelfvertrouwen, de negatieve invloed van tante de baas gekund.

Zo'n voorbeeld van zelfvertrouwen, gesteund door het geloof van de echtgenote in de capaciteiten van haar man, vinden we in het volgende.
Toen *Henry Ford* nog gewoon mecanicien was, werkte hij soms nog halve nachten in een schuurtje achter zijn huis aan een nieuw soort machine. Hij zou een wagen maken die kon rijden zonder paarden. Dit idee werd zelfs door zijn familie belachelijk gevonden. Niemand geloofde in zijn opzet, behalve zijn vrouw. Zij was zijn enige steun.

En 's winters, toen het vroeg donker werd in zijn werkplaats, lichtte ze hem bij met een olielamp. Er was nog geen elektrisch licht. Het was er kil. Haar handen waren blauw van de kou, maar diep in haar hart was zij er zeker van dat zijn machine zou werken.
Dat onvoorwaardelijk geloof van die vrouw ligt aan de basis van het lukken van Henry Ford. Vele maanden later konden zij samen in het voertuig stijgen en een geslaagde proefrit maken in de straten van Detroit.
Een mens mag nooit denken dat zijn partner in zijn ideaal kan mislukken... ook al laten de resultaten op zich wachten. Het is heerlijk als men samen kan geloven in en bouwen aan de toekomst.

Herman, 28 jaar, mocht in zijn firma de demonstratie van de apparaten geven voor de klanten. De 36-jarige Walter die dit vroeger deed, voelde zich achteruitgesteld. Hij was een beetje nijdig op Herman.
Te pas en te onpas kwam hij zich ermee bemoeien: 'Kijk nu, natuurlijk gaat het niet, je duwt te hard', of: 'Je moet niet zo trekken, straks breekt het nog.'
Uiteindelijk voelde Herman zich verplicht te vragen: 'Walter, ga alsjeblieft weg en laat me dit alleen doen.' Hij werd duidelijk gewaar dat hij in Walters aanwezigheid flink beneden zijn mogelijkheden presteerde.
Hoeveel beter was het met een andere ingesteldheid geweest: dan hadden zij mekaar kunnen steunen en ondersteunen.

3a. ***Bevestiging*** door de ander heeft als vrucht je ***'zelfwording'*** (B→G)

De leer van de 'bevestiging' is het levenswerk van dr. A. Terruwe. Zij toont duidelijk aan dat je 'zelfwording' de vrucht is van bevestiging door de medemens. Bij verlies van iemand die je heel dierbaar is, kan – door het wegvallen van de bevestiging – identiteitsverlies optreden. Je wordt onzeker en ziet je plaats in de wereld niet meer zo duidelijk. Onze identiteit, ons gevoel van eigenwaar-

de, onze zelfverzekerdheid, ons positief zelfbeeld kregen we doordat er mensen rondom ons waren die ons lieten blijken dat we goed waren, tof, de moeite waard, belangrijk en beminnenswaardig.
En dit reeds in onze prilste jeugd. Op 5-jarige leeftijd is het zelfbeeld al grotendeels gevormd: 'Ik ben oké', of 'Ik ben niet oké.' Dat zelfbeeld wordt in het verdere leven positief beïnvloed door bevestiging, maar ook negatief door ontkenning.

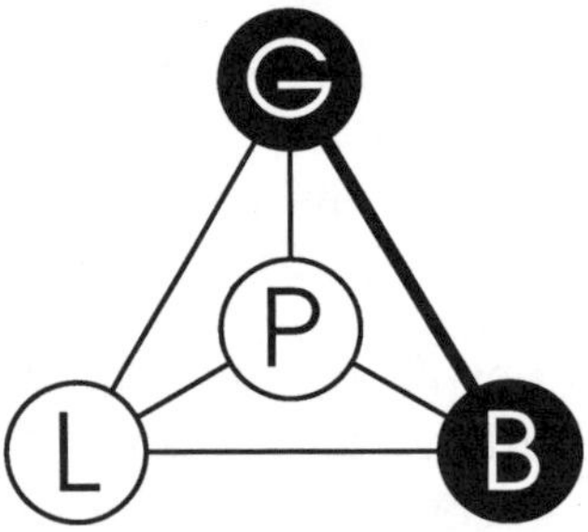

Rosette zag door het raam hoe haar 6-jarige kind door een grotere kerel geslagen werd. Schreiend kwam haar jongen naar binnen en snikte minutenlang. Rustig doorwerkend verweet ze hem niets en gaf hem ook geen vermaning. Ze zeurde niet: 'Je moet maar niet met zoveel oudere jongens spelen', of 'Je wilt ook niet luisteren als je vader dat zegt.' Ze vroeg hem ook niet om stil te zijn, toen het schreien lang genoeg geduurd had.
Pas na vele minuten sprak Rosette deze voor hem onvergetelijke woorden van bevestiging: 'Heb je verdriet, mijn jongen?' Dat hij van zijn moeder mocht zijn zoals hij was, met de gevoelens die hij had, zal wel sterk hebben bijgedragen tot zijn groei naar zelfstandigheid.

De tegengestelde houding zien we in volgend voorbeeld:
Elsjes lievelingspoes was op straat overreden en het kind weende hete tranen. Moeder kon het geschrei niet meer aanhoren en riep luid: 'Wat flauw om verdriet te hebben voor zo'n stom beest! Je vader zal morgen een nieuwe poes meebrengen.'
Deze woorden kunnen voor Elsje zeer frustrerend zijn. Het is een erge vorm van ontkenning: het niet aanvaarden dat iemand bepaalde gevoelens heeft. Gevoelens zijn het meest eigene van ons mens-zijn. Ze worden niet met opzet gecreëerd, maar ontstaan spontaan binnen in ons. En iedereen heeft het recht te voelen wat hij voelt.

3b. Omgekeerd: ***groei*** bevordert ***bevestiging*** in je relatie (G→B)

Je zelfontplooiing leidt tot grotere vrijheid en zelfstandigheid. Dit maakt je contact met de ander minder afhankelijk en manipulerend. Je gestegen zelfrespect kan je helpen om meer eerbied op te brengen voor de eigenheid van de ander. Bevrijd van de zorg om je 'zijn' kan er een meer volwassen liefde ontstaan. Je toenemende ervaring in de omgang met anderen stelt je in staat op een efficiëntere manier te handelen ten opzichte van je medemens. Je bent niet langer zo hoekig en zo vierkant en je houdt meer rekening met de kwetsbaarheid van de ander.

Agnes, 40 jaar, had het moeilijk met Tom, haar 17-jarige zoon. Zij volgde de cursus: 'Beter omgaan met kinderen', en oefende zich in de haar daar aangeleerde technieken. In plaats van steeds te zeggen wat Tom moest denken, voelen en doen, leerde ze uitdrukken wat zijzelf dacht, voelde en zou doen. Als Tom in de problemen zat, luisterde ze actief en reflecteerde. Vroeger gaf ze kritiek en preekte ze. Hierdoor wekte ze schuldgevoelens bij de jongen op.
Het duurde enkele maanden vooraleer zij zich de nieuwe methode had eigen gemaakt, maar de verhouding met haar zoon werd beter en beter. Haar groei – een bevestigende opvoedster worden – bevorderde de relatie met Tom.

E6. Waar zit je ergens op de spanningslijnen?

1. Evenwicht tussen ***bezinning*** (Inkeer) G en ***actie*** (Inzet) L

1a. Alleen maar bezinning zonder actie frustreert je. Uiteindelijk moet je weer tot daden komen om gelukkig te zijn.

1b. Omgekeerd: te veel actie maakt niet gelukkig. Mens, waar hol je heen? Het is nodig op tijd even halt te houden en je te bezinnen.

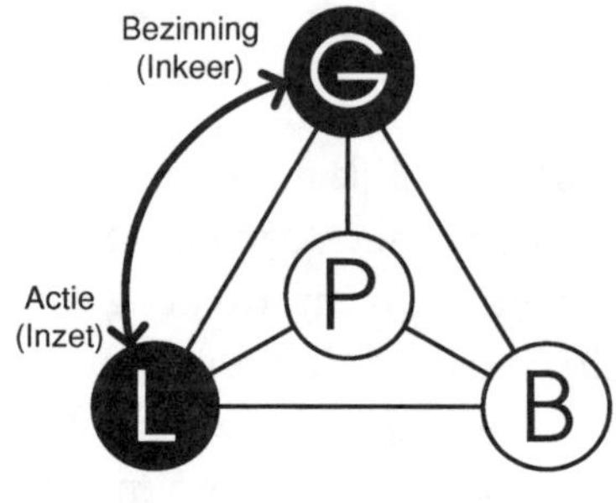

Lut, een vrouw van 35, aanwezig op ons herbronningsweekend, getuigt: 'Ik heb jarenlang nagedacht, gewikt, gewogen en geaarzeld waaraan ik best mijn tijd en energie zou besteden. Op den duur werd dat bezinnen echt piekeren en ik voelde me niet langer goed in mijn vel. Het was hoog tijd om tot actie te komen.

'Op een dag nam ik een job aan: ik werd filiaalhouder in een winkelzaak. Die functie boeide mij erg en ik ging er helemaal in op. Ik maakte geen onderscheid meer tussen werkdagen en rustdagen en al mijn vrije tijd besteedde ik aan de zaak. Het laatste jaar voel ik me weer minder goed. Ik heb de indruk dat de slinger nu te ver naar de actiekant is doorgeslagen. Ik zie het nu als mijn opgave het juiste evenwicht te hervinden.'

Zij bedoelt: evenwicht tussen 'bezinning' (nadenken, lezen, herbronnen, ontspannen, sporten enzovoort) en 'actie' (actief zijn in de zaak).

2. Evenwicht tussen ***taak*** (Beroep) L en ***mens*** (Gezin) B

2a. Als je werk altijd vóór de medemens gaat, ben je niet gelukkig. Wie alles op zijn beroep zet, doet wellicht zijn gezin te kort.

2b. Omgekeerd: de mens altijd voorrang op je activiteit geven frustreert je, omdat je werk achterop geraakt. Je wordt ontevreden omdat je een hoop noodzakelijke dingen niet hebt gedaan.

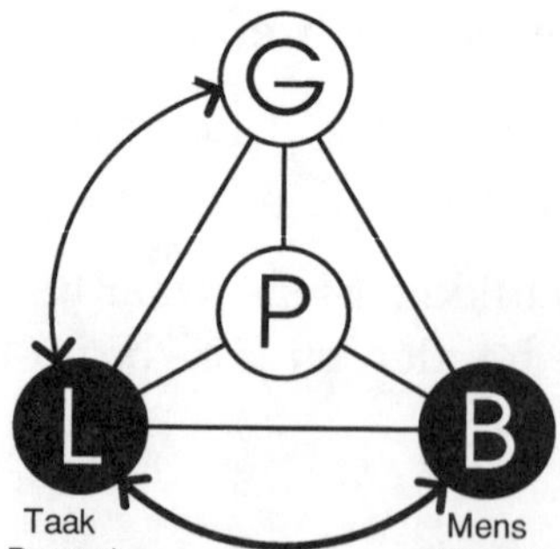

Jos, 45 jaar, wil vooruit in het leven. Hij geeft zich totaal voor zijn firma. In het weekend doet hij de dingen waarvoor hij tijdens de week geen tijd vindt. 's Middags, 's avonds: altijd is hij met 'iets' bezig ten bate van de zaak. Hobby's en vrienden heeft hij al lang niet meer. Hij krijgt problemen met zijn

vrouw en zijn ouder wordende kinderen van wie hij meer en meer vervreemd raakt.
'Ik heb het een beetje te ver laten komen,' bekent hijzelf, 'maar ik zal proberen er iets aan te doen.'
Beter laat dan nooit!

Nicole, een vrouw van 35 jaar, heeft talenten op velerlei gebied. Reeds acht jaar wonen ze in een nieuwe wijk. De eerste jaren kon zij – als een nog niet ontdekte ster – rustig haar huishoudelijke en andere activiteiten verrichten. Zij vond vreugde in haar werk en probeerde al wat ze deed netjes en ordelijk te doen. Ze miste wel enigszins haar vroegere sociale contacten.
Geleidelijk aan begonnen omwonenden een beroep op haar te doen. In verschillende verenigingen kreeg zij een taak aangeboden. Tot ieders tevredenheid vervulde ze die meer dan behoorlijk. Nu is haar sociale inzet dermate toegenomen dat er nauwelijks tijd overblijft voor haar huiselijke taken. Zij die zo op orde en netheid gesteld was, durft nu haar kasten en laden voor niemand meer opendoen. Ze ondervindt nu de vreugde zoveel mensen blij te maken, maar intussen groeit er ontevredenheid: ze schiet in haar huishoudelijke en familiale plichten te kort. Ze heeft nu klaarblijkelijk te veel van wat ze jaren geleden te weinig had. Wat is het moeilijk om op deze spanningslijn een gezond evenwicht te vinden!

3. Evenwicht tussen ***betrokkenheid*** (Altruïsme) B en ***eigenheid*** (Egocentrisme) G

3a. Als je te veel met je zelfrealisatie en je eigen groei bezig bent, voel je je niet gelukkig. Je moet er uiteindelijk weer mee naar de ander.

3b. Omgekeerd: uitsluitend betrokken zijn op de ander maakt je op den duur ontevreden. Je voelt je leeggegeven. Je moet je batterijen weer bijladen om voor de ander waardevol te blijven.

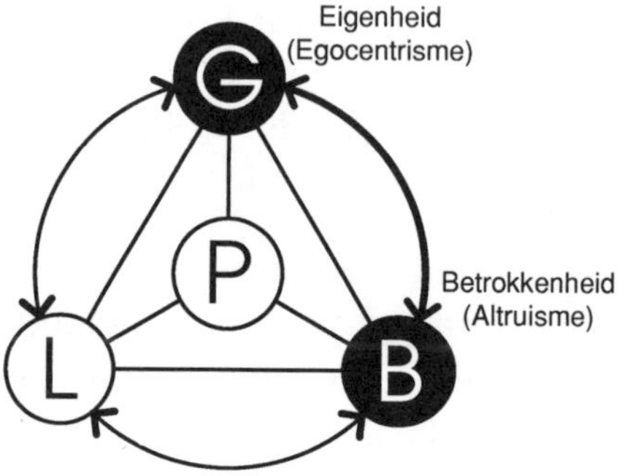

Harold, 34 jaar, is een echte talenknobbel. Hij leert nu als zevende taal Russisch. Tot nu toe had hij voor niets anders tijd. Zijn studie schonk hem al veel voldoening.
De laatste tijd is hij minder tevreden. Hij zoekt naar een weg om – eventueel als dienstenbureau – zijn talenkennis te laten renderen. De vreugde van de ontplooiing is hem niet meer voldoende. Hij wil zich nuttig maken en een bestemming vinden waarmee hij mens en gemeenschap kan dienen.

Erna, 62 jaar, heeft heel haar leven besteed aan de zorg voor haar vijf kinderen. Drie van hen zijn gehuwd. De jongste twee studeren in een andere stad en komen slechts om de veertien dagen thuis. Moeder Erna is een beetje de zin van haar leven kwijt en ervaart enige moeite om zich aan te passen.
Wanneer de kinderen nog eens bijeen zijn, wil ze hen helpen met raad en advies. Dan klinkt het van hun kant: 'Maar ma, zo was het dertig jaar geleden. Nu is dat allemaal veranderd!'
En Erna vindt het zo jammer dat haar goedbedoelde hulp niet langer efficiënt is. Ze voelt dat ze niet meegeëvolueerd is met de tijd en dat ze bitter weinig voor haar eigen vorming gedaan heeft: geen boeken of tijdschriften gelezen, geen conferenties of studiekringen meegemaakt.
Zij zegt nu zelf: 'Als ik deze derde spanningslijn bekijk, denk ik dat ik te veel aan de B-kant (Betrokkenheid op anderen) heb geleefd en te weinig aan de G-kant (Eigen groei).'

E7. Schema van de onderlinge verbanden

Onderstaand schema geeft de verbanden weer tussen de bouwstenen. Als we het middenelement P in de geest naar boven optillen, ontstaat een ruimtefiguur in de vorm van een melkstoel, met de drie poten naar beneden. De energie stroomt als het ware vanuit P naar G, L en B.

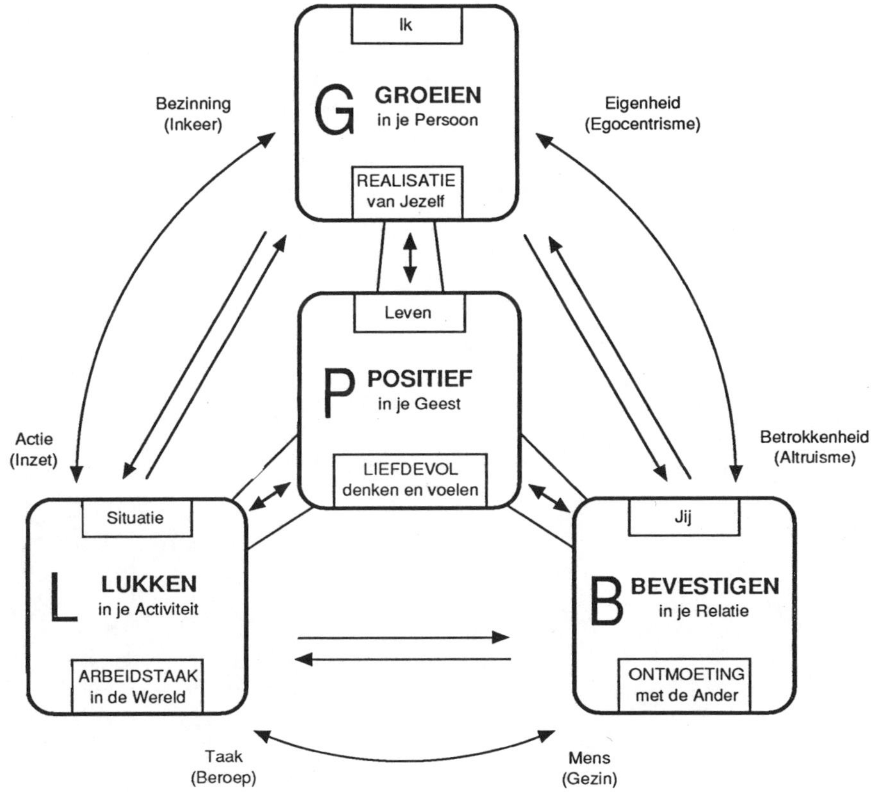

je geest altijd positief en optimistisch houden
groeien naar 'de mens die je wilt zijn'
zó werken dat je tevreden kunt zijn over je prestaties
je wereld kunnen delen met iemand die van je houdt

EVEN OPFRISSEN E.

- Geluk veronderstelt een positieve instelling, gezonde zelfontplooiing, succesvolle arbeid en wederzijdse bevestiging.
- Ik sta positief ten opzichte van het Leven, mijzelf, mijn situatie en mijn medemensen.
- Bewust van mijn mogelijkheden ontplooi ik die en groei naar mijn 'beste zelf'.
- Ik leer lukken in mijn activiteiten, lever kwaliteitsprestaties en breng ze goed aan de man.
- Ik verhoog het respect voor mijn medemens en laat hem of haar blijken hoe goed hij of zij is.
- Positief zijn P werkt in op de andere drie bouwstenen: G, L en B, en vice versa.
- De andere bouwstenen G, L en B werken eveneens op elkaar in.
- Ik probeer mijn evenwicht te vinden op de drie spanningslijnen.

F. Positief-zijn maakt gelukkig

F1. Alles en iedereen heeft twee kanten

Positief denken is geen vorm van zelfbedrog, geen placebo voor mislukkingen, geen goedkoop middel om de miserie van anderen te minimaliseren, geen ontkennen of ontvluchten van de realiteit, noch een misplaatste hoop.
Positief denken is evenmin een doel op zichzelf, maar wel een efficiënt middel om graag te leven en het beste te maken van jezelf, van je werk en vooral van je relatie met de medemens.

Ben ik een door en door positief mens? Sta ik positief ten aanzien van het leven, mijzelf, mijn situatie en mijn medemensen? Is positief denken en voelen bij mij reeds een onbewuste gewoonte geworden? Heb ik leren groot denken in plaats van klein, liefdevol in plaats van hatelijk of onverschillig, bevestigend in plaats van ontkennend, optimistisch in plaats van pessimistisch, doelgericht in plaats van doelloos, hooggestemd in plaats van banaal?

Positief denken is de denkwijze van de 'gelukkige' mens. Het is de meest edele denkvorm die bovendien de beste resultaten oplevert voor jezelf, voor de medemens, voor het opklaren van een situatie of voor het verbeteren van een relatie. Het is de denkwijze die mensen gelukkig maakt, de denkwijze van God zelf toen Hij naar zijn schepping keek en... 'zag dat het goed was'.

Alles en iedereen heeft twee kanten: een positieve en een negatieve kant, een goede en een kwade kant, een schone en een lelijke kant, een zonne- en een schaduwkant, een voor- en een achterkant.
Nu wordt ons door de media en de mensen vooral de negatieve kant van de werkelijkheid getoond. Het komt er dus op aan meer naar de positieve, naar de goede en schone kant te kijken. Zo komt de balans weer in evenwicht.

Er is natuurlijk veel negatiefs in onze wereld: veel boosheid en geweld, veel onrecht en haat, veel bedrog en onmacht, veel lijden en verdriet. Maar naast al dat kwade is er ook nog zoveel goeds dat we zelf dienen op te merken: zoveel positiefs in deze wereld, zoveel edelmoedige inzet, zoveel moois en liefs ook in onze onmiddellijke omgeving.

Iemand reageerde ooit: 'Je bent geen realist. Je ziet alleen het goede!'
Is het niet eerder zo dat jij en ik onmogelijk het nieuws over het kwade in de wereld kunnen ontlopen? Het negatieve zit al voor een stuk in mijzelf, ik lees het in de krant, ik hoor het op de radio, ik zie het op de tv, ik verneem het van mijn medemensen. Ik kan er gewoon niet naast kijken.

In onze samenleving is er niet de minste kans dat wij het lelijke in de wereld en het slechte van de mensen ontlopen. Ik vrees wel voor het omgekeerde: als je zelf niet heel goed uitkijkt, zul je veel goeie en mooie dingen – in de wereld en onder de mensen – gewoon niet zien!
Wie is dan de realist? Hij die alleen maar die ene, negatieve kant van de medaille ziet? Of hij die probeert ook de andere, de positieve kant op te merken en ervan te genieten?

F2. *Mensen willen 'slecht' nieuws*

Een uitgebreid artikel in de krant: 'Man vermoordt zijn vrouw!' Staat er als tegenhanger ook: 'Andere man maakt zijn vrouw gelukkig'? Geen sprake van.
'Vliegtuig neergestort: 250 doden!' Vind je daarnaast: 'Duizenden andere vliegtuigen hebben hun passagiers veilig aan land gezet!'? Zeker niet.
Nieuws is bijna per definitie 'slecht' nieuws. Het positieve moet je zelf ontwaren.
Tussen haakjes: verzekeringsexperts hebben uitgemaakt dat reizen per vliegtuig de veiligste manier van reizen is, veiliger dan met de wagen.

Arsène, een van mijn kennissen, had nog nooit gevlogen (tenzij eenmaal buitengevlogen bij zijn muziekleraar). Onlangs reisde hij naar Tunesië.
'Met de wagen naar Zaventem,' vertelde hij, 'dat was geen probleem. Maar had ik schrik toen we opstegen! Zelfs bij de terugkeer zat ik in het vliegtuig niet op mijn gemak.'
Wij worden onbewust sterk beïnvloed door het dagelijks slechte nieuws.

Twintig jaar geleden heeft men, voor één maal en voor één dag, een 'positieve' krant gemaakt met daarin enkel 'goed' nieuws: 'Man van 75 duikt van zeven meter hoge springplank in het zwembad.' De lezer verwacht dat hij op zijn buik terechtkwam en in allerijl naar het ziekenhuis gebracht moest worden. Maar helemaal niet: de brave man zwemt nog vijf lengten heen en terug.
Geërgerd blikt de lezer naar het volgende artikel: 'Chauffeur van zware vrachtwagen remt uit volle kracht en knarsend en piepend komt het logge gevaarte tot stilstand op tien centimeter van het zebrapad. Twee oudjes kunnen nog net de stoep opstappen en hun wandeling in de winkelstraat verderzetten.'
Ja maar, denkt de lezer, die mensen zijn niet aangereden. Ze zijn niet dood of gekwetst! Wat doet dat verhaal hier in mijn krant?

Na nog een paar dergelijke 'positieve' nieuwtjes schiet de lezer boos in zijn pen en laat de redactie weten dat hij niet gediend is met die flauwe grappen. Hij wil 'echt' nieuws, hij bedoelt 'slecht' nieuws. Nooit kwamen zoveel kwade brieven op de redactie als na de 'positieve krant'.
En nu zorgen de reporters weer ijverig voor slecht nieuws, van over de hele wereld.

F3. Toch is het leven mooi!

Al het slechte, al het verkeerde, al wat misloopt op onze planeet, elke ramp, elke overstroming, elke brand, elke staking, elke ontvoering, elke moord: het wordt je allemaal onmiddellijk gesignaleerd. De radio brengt het je bij het ontbijt en bij het middagmaal. 's Avonds krijg je het uitgebreid op tv.

De onlangs gepensioneerde Michel getuigt: 'Ik heb nu tijd en luister meer naar het nieuws. Ik lees uitvoerig mijn krant en 's avonds volg ik de actualiteit op tv. Maar ik heb besloten het niet langer zo te doen, want ik heb er geen goed gevoel bij. Soms denk ik: op welke rotplaneet leef ik hier eigenlijk? Is er nog ergens iets goeds in de wereld?'

Michel hoeft niet te wanhopen: er zijn nog veel mensen die zich edelmoedig voor elkaar inzetten. Hij moet het niet ver zoeken. In het gezin van zijn eigen zoon kan hij zien hoe man en vrouw elkaar liefhebben. Nee, ze komen niet op radio of tv... en zelfs de krant halen ze niet. Maar het is duidelijk dat ze erg veel van elkaar houden.

In zijn tuin ziet Michel de vele bloemen bloeien en hij hoort de vogels fluiten ondanks de milieuvervuiling. En hij kan zo genieten van zijn muziek!
Maar de meeste deugd beleeft hij aan de glimlach op het gelaat van zijn kleinkind. De kleine dreumes kan al 'opa' zeggen. Ja, ondanks alles: het leven is mooi!

Ik heb ooit een man horen zeggen die dicht bij de dood had gestaan en verbaasd was dat hij nog leefde: 'Ah, ik leef. Het scheelde geen haar of ik was er geweest! Wat ben ik blij en dankbaar dat ik nog leef. Ik wist niet dat ik zo van het leven hield. Wat is het heerlijk te mogen leven!'

De Spaanse tenor, José Carreras – die samen met Pavarotti en Domingo zong bij het afsluiten van de Olympische Spelen in zijn geboortestad Barcelona – had in 1987 een ernstige vorm van leukemie, met slechts 10 procent kans op genezing. Tien maanden lang was hij opgenomen en werd behandeld in een Parijs' ziekenhuis.
Op tv hoorde ik zijn verhaal: 'Ik had in die periode veel tijd om na te denken over leven en dood, religie en alle grote waarden in ons mens-zijn. Eenzaam geïsoleerd door mijn behandeling, werd ik door de dagelijkse fanmail voortdurend in mijn levenswil gesterkt. Mijn overtuiging groeide: ik zou weer genezen.
'Nu is alles al jaren achter de rug en ik sta hier weer gezond voor jullie. Ik kan getuigen dat er aan de meest moeilijke momenten van het leven ook erg positieve kanten kunnen zitten.'
Ik had de indruk dat hij, na de nacht van de aftakeling, zijn genezing als een soort wedergeboorte, als een nieuw leven, had ervaren.

F4. Zo denk je! Zo voel je!

Zoals je denkt, zo ben je ook, zo leef je ook, zo voel je ook! Wie stresserende gedachten heeft, voelt zich gestresseerd. Depressieve gedachten leiden tot depressieve gevoelens.
Het denken gaat normaal gesproken aan de emotie vooraf. Hoe we ons voelen wordt grotendeels bepaald door de manier waarop we denken.

Monica, 42 jaar, vertelt in de cursus: 'Er zijn van die dagen waarop echt álles tegenzit. Op het werk krijg ik een uitbrander omdat een map zoek is geraakt. Mijn dochter komt thuis met een nota op haar agenda. Het vlees brandt aan. Ik breek een glas bij de afwas... Vroeger zou die opeenstapeling van onaangenaamheden mij in een sombere bui gebracht hebben. Ik herinner me hoe ik mij bij dergelijke stomme pech dom en waardeloos voelde, schuldgevoelens en zelfs depressieve neigingen kreeg. Nu probeer ik meester over mijn gedachten te blijven. Ik besef dat met een positieve geesteshouding het leven er heel wat rooskleuriger kan uitzien.

'Ik weet wel dat ik op die manier niet minder moeilijkheden en tragedies krijg, maar ik verwerk ze beter. Na een tegenslag krabbel ik overeind en ik begin opnieuw. Ik voel een nieuwe veerkracht in mij. Ik presteer doorgaans beter en geef het niet zo gauw op. Dat positieve denken heeft een gunstige invloed op mijn gezondheid. Ik heb meer kracht en energie om de levensmoeilijkheden aan te kunnen... En ik kan weer echt genieten van de zonnige kanten van mijn bestaan.'

Laten wij ons humeur en onze blijheid nog langer afhangen van zijne majesteit 'de omstandigheden'... of van 'het humeur van anderen'? Of beslissen wijzelf hoe we ons willen voelen?
Zie jezelf in je verbeelding als die flinke blije persoonlijkheid die je graag zou willen zijn. Dit beeld en die gedachten – die je in je onderbewustzijn hebt gegrift – veranderen je van uur tot uur in de mens die je verlangt te worden.

Naast een dergelijke visualisatie bieden positieve woorden eveneens een krachtige hulp om dat doel te bereiken. Indien je de volgende zeven regels uit het hoofd kent, beschik je op elk ogenblik over een krachtige geestelijke stimulans. Die kun je voornamelijk gebruiken in zogezegde 'verloren' relax-momenten.

Dankbaar voor het leven dat ik leven mag
ben ik van nu af tevreden en opgewekt.
Ik krijg een steeds prettiger humeur en
elke dag word ik beminnelijker en begrijpender.
Ik voel mij een centrum van levensvreugde en
mijn goede luim werkt aanstekelijk op anderen.
Deze blije stemming is nu mijn nieuwe gewoonte.

F5. Ik zie iets goeds in jou!

Mensen zijn feilbare wezens: ze maken al eens fouten en af en toe vertonen ze een minder aangename karaktertrek. Niemand is volmaakt, maar toch heeft elke mens zijn goeie kwaliteiten en zijn positieve kanten. In iedere mens steekt een kern van goed-zijn die wellicht op ons wacht om te ontluiken.

Als ik voortdurend let op je negatieve kanten en het je bijna kwalijk neem dat je niet volmaakt bent, dan voelen we ons bij elkaar niet zo best. Maar als ik over je onvolkomenheden en beperkingen heen kijk en je eerlijk bewonder in al je positieve aspecten, dan straalt die bewondering van mij uit. Je ervaart die als iets heerlijks en wij voelen ons bijzonder goed samen.

Vooral van de mensen waar wij dicht bij leven, zien we voornamelijk hun negatieve houdingen en gedragingen. Hun positieve kanten zijn wij zo gewoon dat ze niet meer opvallen. In de meeste gevallen beseffen wij te laat – als de ander ons ontvalt – welke geweldige waarde hij voor ons betekende.

Julia, een weduwe van 50 jaar, zegt over haar overleden man: 'Alex, nee, hij was geen heilige. Hij had een paar serieuze tekorten en we redetwistten er dikwijls over. Maar wat overdreef ik die fouten toen enorm! Kon hij maar terugkomen, zelfs met dubbel zoveel gebreken! Nu pas merk ik zijn goeie dingen die ik veel te weinig zag. Die mis ik nu zo erg.'

Waarom wachten we tot het leven ons met onze neus op de realiteit drukt om weer het goede te zien? Het goede in onze partner, in onze zoon of dochter, in vader of moeder, in broers of zussen, in onze schoonfamilie, onze buren, collega's...

Toen indertijd de vader van een van mijn leerlingen gestorven was, woonde ik als leraar de begrafenis bij. Bij het lezen van het gedachtenisprentje trof het mij wat voor een ingoede man de overledene was. Nu geloof ik best dat al die goeie dingen over hem met de realiteit strookten, maar ik dacht toen wel: wist die man zelf wel dat hij zo goed was? Heeft iemand uit zijn omgeving hem dat ooit gezegd? Ik vraag mij af: laten wij onze dierbaren voldoende blijken hoe goed ze zijn, terwijl ze nog leven? Of wachten we liever tot ze gestorven zijn?

Gerrit, 29 jaar, is werkzaam in de verzekeringssector. Bij de aanvang van een cursus merkte hij op: 'Wat baat het zelf positief te zijn, als heel de situatie rondom jou negatief is? Hier in de groep is dat allemaal gemakkelijk, maar op mijn kantoor – waar een vijftiental mensen werken – lijkt me dit niet haalbaar. Ze zijn er allemaal individualisten: de een trekt zich de ander niet aan. De sfeer is koel en afstandelijk. Maar ik wil eerlijk proberen ook daar positief te zijn. Ik vraag me af of mijn vernieuwde houding daar – zoals jij beweert – wel iets kan losmaken.'

Vier maanden later – tijdens de evaluatie met Kerstmis – getuigde Gerrit: 'Het begon toen ik op een dag autopech had. Ik dwong mezelf ertoe een collega te vragen of hij mij met zijn wagen naar de garage wilde brengen. Tot mijn verbazing deed hij het met genoegen en onderweg vernam ik dat ik hem kon helpen met iets dat ik thuis had. Sindsdien hebben wij een beter contact.

'En ook naar de anderen toe: door een stuk opener tegenover hen te staan en positiever over hen te denken, is de sfeer heel wat vertrouwelijker geworden. Individualisten? Ik vermoed dat ikzelf vroeger de enige individualist was. Er is op ons kantoor veel veranderd en ik ben ervan overtuigd dat mijn eigen gedragsverandering daartoe heel wat heeft bijgedragen.'

F6. Geen doemdenken!

Een positief mens probeert, met een open oog en oor voor het goede, overal 'goed nieuws' te brengen.
Zo heeft mijn vrouw oog voor de kleine dingen die een mens content maken. Op een dag in maart wijst zij: 'Joris, er is goed nieuws!'
'Ja, wat is het?'
'Kijk eens door het raam naar onze appelaar. Zie eens hoe mooi hij in bloei staat. En dat in een paar dagen!'
Nee, het hoeven echt geen wereldschokkende dingen te zijn.

Raf, een enthousiaste huisvader, nam 's middags aan tafel plaats en lachte geheimzinnig: 'Jongens, er is goed nieuws!'
De mond van een van zijn zonen viel open van verbazing en de jongste schrok zodanig dat zijn lepel in zijn bord viel en de soep in het rond spatte.
'Goed nieuws, pa? Bestaat dat nog?'
We zouden het meer moeten doen. Het bekendmaken van goed nieuws wordt veeleer een zeldzaamheid.

Paulus schreef aan de christenen van Filippi *(4, 1-9)*: 'Verheugt u in de Heer te allen tijde! Nog eens: verheugt u! Uw vriendelijkheid moet bij alle mensen bekend zijn.'
Dit is een oproep om getuige te zijn van blijheid en geluk. Geen zwartgalligheid of gespannenheid om wat verkeerd loopt, maar een vreugde die mensen doet leven en herleven. Geen doemdenken meer. Er is nood aan weerbaarheid, aan 'tegen een duw kunnen'. Niet vlug in paniek raken, maar leren 'ontdramatiseren'. Weigeren te geloven in al wat pessimistisch is en het leven doodmaakt. Getuigen van geloof in al wat leven geeft. Duimen voor levensvitaliteit en levensoptimisme.

F7. Geloof in vooruitgang

De mens heeft tot taak de wereld meer leefbaar en bewoonbaar te maken. We hebben in tienduizend jaar een flinke stap vooruitgezet. We kunnen reizen door het land: er zijn wegen aangelegd en bruggen over de rivieren. De mussen bouwen hun nest nog precies als eeuwen geleden; die evolueren niet. Maar de mensen wonen niet langer in holen of spelonken. Ze bouwden huizen en brachten een stuk cultuur in de wereld. Hun woningen bieden een steeds efficiëntere bescherming tegen koude, regen, wind en andere grillen van ons klimaat.

De mens heeft de strijd tegen allerlei ziekten aangebonden. Nu zijn pokken, tyfus, t.b.c. en enkele andere dodelijke epidemieën praktisch uitgeroeid. Met de uitdaging die de nieuwe ziektes meebrengen, is men volop bezig.
Elektriciteit, elektronica, telecommunicatie... dit alles biedt de mens een comfort waarvan vroegere generaties nog niet durfden dromen!

Pessimisten beweren: 'De mens is het enige zoogdier dat zijn eigen nest bevuilt.' Met de kernenergie heeft hij inderdaad krachten op gang gebracht die hij niet meer helemaal in de hand heeft. En het duurt lang vooraleer de brede lagen van de mensheid bewust worden in welke erge mate het milieu wordt aangetast. Maar zodra hij dit eenmaal grondig inziet, is de mens ook het enige wezen dat er met al zijn intellect met volle kracht tegenaan gaat.
Het moet helaas eerst pijn doen, in zijn vel knijpen, vooraleer hij met kapitaal over de brug komt en zich met man en macht ervoor inzet. Jammer genoeg is op die manier soms iets onomkeerbaar verprutst.

Gelukkig maken steeds meer mensen ons bewust van de gevaren die het milieu bedreigen: luchtverontreiniging, vervuiling van het grondwater, rivieren die riolen worden, gaten in de ozonlaag, broeikaseffect... Het zijn grensoverschrijdende problemen die de hele wereldbevolking aangaan. Om de huidige laisser-aller-trend om te buigen zijn er naast *bewustmaking* vooral nog twee andere sleutelwoorden van belang: *verantwoordelijkheidszin* en *solidariteit*.

Het is niet voldoende dat de individuele mens inziet welke schade hij aan zijn mooie planeet aarde evenals aan zichzelf en aan zijn medemensen berokkent. Hij moet ook bereid zijn om de lasten te helpen dragen indien er echt iets aan gedaan wordt. En die bereidheid groeit maar langzaam, vooral als hijzelf niet direct schade lijdt, maar voorlopig alleen anderen (soms ver weg).

Al bij al heb ik het gevoel dat er – op beperkte schaal en door de druk van onderaf op de overheid – toch stilaan werk van wordt gemaakt: sorteren en recupereren van afval, tanken van loodvrije benzine, beperken van c.f.k.'s en van niet-recycleerbare verpakking, bouwen van speciale installaties voor waterzuivering...

Als de geleerden van de hele wereld tot de conclusie komen dat het werkelijk ernst is met dat gat in de ozonlaag, dan zal de mens daar een oplossing voor vinden, al moest hij daarvoor ozon produceren. Hij kan het als hij het maar echt wil.
Ik geloof de pessimisten en doemdenkers niet als ze beweren dat er in 2010 geen zuivere lucht en geen zuiver water meer zullen zijn. Het is immers best denkbaar dat er in de 21ste eeuw totaal andere, milieuvriendelijke energiebronnen worden aangewend.

Ik denk hier aan een cultuurfilosoof die in 1902 in Londen beweerde: 'Hier in onze straten wordt het verkeer met paardekoetsen gehinderd door de laag paardemest, die op vele plaatsen 5 à 6 cm dik geworden is. Als dat zo doorgaat, ligt er in 1925 een laag paardemest van 50 à 60 cm dik, zodat alle verkeer en alle leven in de stad onmogelijk wordt.' In 1925 waren de paardekoetsen uit het straatbeeld verdwenen. Er reden bijna uitsluitend auto's.
'Als dat zo doorgaat...' Maar in de afgelopen eeuw is er nagenoeg niets 'zo blijven doorgaan'. Waarom zou het dan wel in de toekomst gebeuren?

Negativisten beweren: 'Wat baat het nog? Het is toch maar een druppel op een gloeiende plaat. Alles is toch verloren. Het is de moeite niet om er nog aan te beginnen.' Maar negatieve mensen hebben nog nimmer ergens verbetering gebracht. Dat doen enkel de positieven. Die geloven nog in de redding van onze aarde en zetten er zich daadwerkelijk voor in.

F8. Gevolgen van negatief denken

Negatieve gedachten hebben nog nooit tot positieve resultaten geleid. Reeds 45 jaar lang ben ik met die materie bezig en ik stel vast dat mijn eigen negatieve gedachten mezelf nooit beter of tevredener hebben gemaakt. Er werd ook nooit iemand mee geholpen of gelukkiger door. Evenmin brachten ze mij vooruit bij het opklaren van een moeilijke situatie, integendeel. En in persoonlijke relaties heb ik maar al te dikwijls ervaren hoe destructief negatieve gedachten werken.
Hoe durf ik dan nog negatief te denken, als ik zo goed weet dat de gevolgen ervan nooit positief zijn?

Wellicht heeft een en ander te maken met de drang naar perfectionisme, de hunker naar volmaaktheid.
Na bepaalde conferenties had ik meer spijt over wat ik niet aan bod had kunnen brengen dan vreugde over wat ik wel had gezegd. Toen grinnikte mijn vrouw: 'Zou je niet eens dat boek van Joris Vandromme lezen om daar een beetje positief over te denken?'

Bij de grote puzzel van het leven, met zijn honderden goede legstukken, staren we ons dikwijls blind op een paar ontbrekende stukken. Het behoort tot de levenskunst blij te zijn met het goede en mooie dat er wél is, en minder aandacht te geven aan de onvolkomenheden. Misschien hebben wij van kleins af aan op onvolmaaktheden leren letten.

We zien een mooi effen vol tapijt en direct spreken we over het vuile vlekje dat we er ergens op vinden. Men beweert dat de

Perzen met opzet kleine foutjes in hun tapijten weven, omdat alleen Allah volmaakt is.
We bewonderen het nieuwe muurbehang, maar we hebben het over die ene minder goede naad.

We handelen als die vrouw die in haar serre prachtige rozen kweekte. De bezoekers bewonderden die. Zijzelf liep met haar schaar veeleer grimmig rond. Haar speurend oog vond altijd wel ergens een verdord blaadje.
Vooral negatief denken over mensen kan erge gevolgen hebben.

Een Kortrijks bureau zou de reorganisatie van een bedrijf in Gent aanvatten. De twee verantwoordelijken reden er samen heen. Een van hen had vooraf een eerste contact gelegd. In dit halfuurtje rijden praatte hij met zijn collega op zeer negatieve wijze over de Gentse directeur.
Bij de ontmoeting kort daarop wilde het gesprek niet vlotten. Ze stonden beiden innerlijk heel negatief tegenover de directeur, en die man moet dit ergens aangevoeld hebben.

Een paar dagen later kregen ze een brief waarin stond dat hij afzag van de reorganisatie en of ze een nota met de tot hiertoe gemaakte kosten wilden sturen. Een maand nadien vernamen ze dat een concurrerend bureau de opdracht aanvaard had. Ze weten hun mislukking aan dat halfuurtje negatief praten over de directeur, vlak voor het onderhandelen.
'Hadden we positief gedacht,' zo beweerden ze, 'dan zou dat van ons uitgestraald hebben en kon hij in een vruchtbare samenwerking geloven.'

De Russische fysioloog Iwan Pawlow deed indertijd een interessante proef. Een kat was met elektroden aan een röntgenapparaat verbonden. Op het scherm zag men duidelijk de regelmatige samentrekkingen van maag en darmen, eigen aan de spijsvertering.
Opeens bracht men een hond binnen. In de natuur betekende die ontmoeting vroeger een gevecht op leven en dood. Op het scherm zag men dat maag en darmen onmiddellijk hun werking stopten. De kat blies en siste en stak haar klauwen uit. Alles in

haar lijf maakte zich klaar voor het gevecht.
Na verwijdering van de hond duurde het nog ongeveer tien minuten vooraleer de spijsverteringsorganen van de kat weer normaal functioneerden.

Ook bij de mens die zich kwaad maakt, legt de spijsvertering haar werk stil. Er komt adrenaline in het bloed en fysiologisch is het lichaam nu klaar voor het gevecht.
Het is goed dit te weten als we in conflict komen met onze medemens. Van zodra we echt negatief denken over de ander, wordt deze voor ons lichaam een vijand waartegen wij ons teweerstellen. Onze ogen kijken boos en ons aangezicht ziet eruit als een uitgeperste citroen. Zoals een egel in gevaar, steken ook wij onze stekels uit. Hoe meer negatieve dingen wij uitzenden, hoe meer wij er van de ander ontvangen. Het wordt veelal een machtsstrijd om ons gelijk te halen en daar zijn we nooit gelukkig mee.

Je kunt het elke dag beproeven en ervaren: steek je tong uit naar een kind en als het een beetje karakter heeft, krijg je een tong terug. Schenk een ander kind een glimlach en je ontvangt een glimlach terug. Wij krijgen van het leven en van de mensen terug wat wij hun geven.

F9. Ziekenbezoek

Viviane verneemt dat Bea, een vroegere schoolvriendin, voor een tiental dagen in de kliniek is opgenomen. Af en toe heeft ze nog contact met haar en ze voelt zich moreel verplicht haar een bezoek te brengen.

Op weg naar het ziekenhuis spoken allerlei negatieve herinneringen haar door de geest. Ze denkt aan die uitstap met de vrouwenbeweging: op de bus besprak ze met Bea enkele vertrouwelijke zaken. Wat later vertelde Bea dit ongegeneerd door aan de groep. Viviane stond er met beschaamde kaken bij. Ze herinnert zich ook de schoolperiode: ze weet nog goed hoe kwaad ze was toen Bea haar eens bij de directrice had verklikt. En het ene negatieve feitje roept het andere op.

Viviane staat voor de deur van de ziekenkamer, klopt en gaat binnen. Ze wil vriendelijk goedendag zeggen, maar het gaat haar moeilijk af. Met die negatief opgeladen geest straalt er geen warmte van haar begroeting uit en Bea voelt dit aan.
Het gesprek vlot niet al te best. Viviane zegt dat ze nog boodschappen moet doen en vertrekt een kwartier vroeger dan gepland.

Op de terugweg denkt Viviane: ik was beter thuisgebleven. Jammer van mijn tijd en mijn benzine. Ik was precies niet welkom. Ik heb er echt geen deugd aan gehad.
En Bea in haar ziekbed voelt er zich ook helemaal niet goed bij.

Het had ook anders gekund. In het kwartiertje naar de kliniek rijden kon Viviane heel bewust wat positieve herinneringen over Bea oproepen: zoals het bemoedigend telefoontje dat ze van haar kreeg, toen zijzelf moeilijkheden had; of de fijne attenties bij de geboorte van haar kinderen; of die keer dat ze met hun groepje zo'n plezier gemaakt hadden, ze kan nu nog lachen bij de gedachte aan de leuke humor die Bea toen opbracht.

Met al die positieve herinneringen zou Viviane de ziekenkamer hebben kunnen binnenstappen en ze zou Bea hartelijk begroet hebben. Met warmte zou ze kunnen vertellen: 'Weet je nog van die keer... en van toen...' En Bea zou daarop hebben ingespeeld. Misschien zou Viviane zelfs een kwartiertje langer zijn gebleven dan voorzien.

En bij het terugrijden had ze dan kunnen denken: ik ben blij dat ik er naar toe geweest ben. Het heeft me deugd gedaan.
En ook Bea zou die avond nog blijgezind hebben nagenoten.
Let op: zelfde tijd, zelfde benzineverbruik, maar door de positieve ingesteldheid van Viviane is het rendement hoger, want er zijn nu twee mensen gelukkig!

Zullen wij voortaan positief of negatief denken over de mensen waar wij naar toe gaan? De keuze is altijd aan ons. Besef je wel hoe gevaarlijk het is met een hoofd vol negatieve gedachten naar moeder of schoonmoeder, schoonbroer of schoonzus, collega of kennis... te gaan? Het kleinste onhandig woord kan de relatie verslechteren.

F10.Geluk ligt niet in het verleden of in de toekomst

Mensen piekeren zo makkelijk over het verleden en maken zich zorgen over de toekomst. Weinigen leven totaal betrokken op het huidige moment. Het is inderdaad niet makkelijk.
Op een winteravond had ik in een dorp een conferentie voor de vrouwenbeweging. Toen ik al een tijdje bezig was, kwam er nog een dame binnen. Hijgend trok ze haar regenjas uit en zette zich in de kring. Ik betrok haar onmiddellijk bij het onderwerp. 'Mevrouw,' zei ik, 'het is niet zo eenvoudig om altijd 100 procent hier en nu bezig te zijn, nietwaar?'
Ze schrok er even van, maar dan herstelde ze zich en sprak: 'O meneer, 'k hoor het u zeggen. Het is zeker niet gemakkelijk. Ik heb mij zo gehaast! En nu denk ik voortdurend: heb ik mijn achterdeur gesloten of niet?'

Vele jaren geleden gingen mijn vrouw en ik naar een voordracht: ere-inspecteur Leo Roels zaliger sprak over opvoeding. Van het begin af luisterde ik geboeid en opeens realiseerde ik me dat mijn vrouw naast me zat. Ik merkte hoe zij wat verstrooid was en vroeg haar: 'Hoe vind je het?'
'O... goed, heel goed.'
'Ja maar, wat scheelt eraan?'
'O... niets speciaals, luister maar verder.'
'Toch is er iets...'
'Wel ja, morgennamiddag komen de Steentjes en ik wil graag mijn hele strijk tegen de middag klaarhebben. Ik overweeg welke

hapjes ik voor de namiddag zal klaarmaken...'
Daarna gaven we weer volle aandacht aan de spreker.

De volgende middag vroeg ik haar: 'Hoe was het deze voormiddag? Ben je door je strijk heengeraakt?'
Zij diende de soep op en sprak vlot: 'O, dat is allemaal voorbij. Maar terwijl ik zo heel alleen aan het strijken was, dacht ik voortdurend over wat de heer Roels gisterenavond zo mooi gezegd heeft. Allé, die anekdote over zijn zoon, dat was toch typisch onze Bart, hé...'
Tijdens de strijk zat mijn vrouw in de voordracht, maar gedurende de voordracht was ze aan de strijk.

Onze gedachten dwalen zo dikwijls af naar gisteren, naar verleden week... of naar morgen, naar volgende week... Maar terwijl we daaraan denken, gaat er veel verloren en halen we niet alles uit het huidige moment.
Ik las eens dat jonge mensen zo leven: tot woensdag zijn ze met hun gedachten bij het weekend dat voorbij is en genieten ze na; van donderdag af zien ze uit naar het komende weekend. Maar intussen vergeten ze uit elke dag van die mooie week alles te halen waar ze deugd aan kunnen beleven.

Een student had het zo moeilijk om content te zijn! 'Als ik zit te blokken,' zei hij, 'weet ik dat mijn vrienden ergens in het café zitten en plezier maken en ik benijd hen. Als ik dan eens meega, denk ik dat ik mijn tijd verpruts en dat ik zoveel had kunnen studeren. Eigenlijk ben ik nooit tevreden.'
Positieve mensen denken goed na vooraleer ze een keuze maken. Maar eenmaal gekozen, staan ze met hart en ziel achter die keuze en proberen er het beste van te maken.

Een halve eeuw geleden mocht men 'geen tijd verliezen', zeker niet om te genieten want dat bracht niets op. In die periode was er niemand die eraan dacht om eens een kwartiertje te zonnen. Dat kón gewoon niet: zoveel minuten nietsdoen... men sprak er schande van. De huidige generatie heeft daar allerminst last mee.

In 1945 mocht ik mijn eerste jaar lesgeven. Ik had het derde lesuur vrij en bereidde in de leraarskamer mijn lessen voor. Toen kwam er een collega met mij praten over allerlei dingen die niets met de school te maken hadden. Na een tijdje kreeg ik schuldgevoelens: ik was betaald om schoolwerk te doen en ieder moment diende nuttig gebruikt te worden.
Nu zie ik dat leraars die een lesuur vrij hebben, rustig een kaartje leggen... zonder schuldgevoelens.

Op de administratie van een groot bedrijf was een nieuwe werkkracht aangenomen. Na enkele dagen vroeg iemand aan een van de bedienden: 'Wel, hoe is 't met de nieuwe?'
'Hm, nogal nerveus. En daarbij: hij bederft heel het bedrijfsklimaat.'
'Hoe zo? Wat doet hij dan?'
'Wel, 's morgens komt hij binnen, zet zich onmiddellijk achter zijn bureau en begint te werken.'

F11. Hier en nu gelukkig zijn

Geluk is geen plaats van bestemming en geen tijd van aankomst. De plek om gelukkig te zijn is *hier* en het uur om gelukkig te zijn is *nu*, waar wij ons ook bevinden. Toch plaatsen wij in onze geest zo dikwijls dat geluk *elders* en *later.*

'Als het vakantie is...' zegt het basisschoolkind, 'dan zal ik gelukkig zijn. Met al die huistaken tegenwoordig!'
Een meisje van twaalf op het einde van de zomervakantie: 'Als ik naar mijn nieuwe school mag, dan zal ik gelukkig zijn.' Ze is de vakantie beu en maakt zich illusies over de middelbare school.

'Als de examens achter de rug zijn, meneer, dan zal ik gelukkig zijn.' Dit zegt een student van het laatste jaar graduaat mij, terwijl hij begin januari zijn partiële examens voorbereidt (*graduaat* verwijst naar een drie jaar durende cyclus in het hoger niet-universitair onderwijs).

Een week na de testen is hij daar terug: 'Voor het eindejaarsexamen, meneer, moeten we dit en dat ook nog kennen?'
'Maar jongen, de partiële zijn pas voorbij en je hebt alweer zorgen. Wanneer zie ik je eens als een gelukkig mens?'
'Als ik mijn diploma heb, dan pas kan ik gerust zijn.'

De diploma-uitreiking is voorbij en ik ga naar een groepje afgestudeerden toe om hen te feliciteren. Ze staan er, hun rolletje voorlopig diploma in de hand, nogal bedrukt bij.
'Wel, wat scheelt eraan, jongens? Je hebt de eindstreep bereikt en toch zie ik weinig stralende gezichten. Wanneer zullen jullie nu eens écht tevreden zijn?'
''t Is niet moeilijk, meneer,' zegt een van hen, 'als we eenmaal de job hebben die bij ons diploma past, dan zullen wij gelukkig zijn.'

Drie jaar later loop ik een van hen tegen het lijf: 'Hoe is 't man? 'k Hoor dat je prima werk gevonden hebt. Nu ben je gelukkig zeker?'
'Over mijn werk mag ik niet klagen, maar twee van mijn vrienden zijn onlangs verloofd en ik loop wat verloren. Ik denk dat ik pas gelukkig zal zijn als ik het meisje vind dat bij me past.'

F12. De lotgevallen van Frank en Mia

Blij verrast zag ik op een verloofdencursus Frank, een oud-student uit het graduaat. Hij studeerde enkele jaren geleden af en heeft nu een baan met goede vooruitzichten. Trots stelde hij zijn meisje Mia voor.
In de pauze hoorde ik hem zeggen: 'Schatje, wat zullen wij gelukkig zijn als we over twee maanden een gezinnetje stichten en voor altijd samen zijn.' En ik dacht: dus nog wachten tot over twee maanden om gelukkig te zijn. Waarom in godsnaam zijn jullie dat nú niet?

Frank en Mia hadden een oud huisje op het oog, zo helemaal op het platteland. Het kwam echter niet tijdig vrij. Ze installeerden

zich zolang voor enkele weken op een zolder.
'Vrouwke,' klaagde Frank, 'dat is hier toch maar triest; niet eens een minimum aan comfort. Wat zullen we gelukkig zijn als we in ons huisje wonen!'

De dag dat ze hun landelijk huisje betrokken, schrokken ze toch wel even: het leek zo mooi in de zon, met die witte muren en die groene luiken. Voor een appel en een ei hadden ze het gekocht. Ze constateerden echter dat er veel meer aan te verbouwen was dan ze aanvankelijk hadden gedacht.
'Als het allemaal in orde is, zullen wij gelukkig zijn,' troostte Frank.
Ze werkten er hard aan, allebei, vier maanden lang. Elk vrij moment waren ze eraan bezig. Ze hadden geen tijd om te denken of ze al dan niet gelukkig waren.

Op een dag dronken ze samen een kop koffie en toen vroeg Frank: 'Mia, vind je niet dat we hier zo vreselijk alleen zijn? Er komt geen levende ziel.'
'Daar kan ik inkomen. We zitten echt op het platteland, bijna onbereikbaar. Je hebt laarzen nodig om hier naar toe te komen.'
In zijn overmoed fluisterde hij: 'Schatje, wat zullen wij gelukkig zijn als we eenmaal een kindje krijgen!'
Binnen het jaar kwam er een dochtertje en het jaar daarop een tweeling. Waren ze toen gelukkig?
Frank zag het een beetje anders: 'Met drie van zulke kleine kinderen en zonder auto kunnen wij nooit eens samen weg. Met een wagen zouden wij gelukkig zijn.'

Een jaar later was de wagen er. Ze gingen ermee op vakantie naar Oostenrijk. Ze leenden een vierpersoonstentje van vrienden; met z'n vijven zou dat wel gaan. Om vier uur in de morgen maakten ze zich klaar om te vertrekken. Het weer was prachtig. De kinderen zaten achterin en alle bagage moest boven op de wagen. Het leek wel een verhuis!
's Avonds kwamen ze in Oostenrijk aan. Heerlijke alpenweiden met de hoge bergen aan de einder en de zon die weerspiegelt in

het meer! Ze voelden zich als in het paradijs. Ook de tweede dag was als een droom.

De derde dag pakten de wolken zich samen tussen de bergen en 's avonds raasde er een geweldige dondervlaag. Tot een stuk in de nacht regende het pijpestelen. Felle windstoten beukten op hun tentje. Rond middernacht omklemden Frank en Mia de buizen van de tent, uit vrees dat het zeil de lucht in zou gaan.
Mia was een beetje ontmoedigd: 'Wat jammer dat het nu water giet!'
Frank probeerde zich een optimist te tonen: 'Kom, kom, meisje. Water is nog het best van al. Water vlekt niet. 't Zou eens olie moeten gieten!'

Ze bleven hopen en zeiden tot elkaar: 'Morgen zal het opnieuw mooi weer zijn.'
Maar Oostenrijk is een beetje zoals Vlaanderen: wanneer het eenmaal begint te regenen, blijft het graag een tijdje nat.
De dag nadien waren er lage wolken en viel er motregen, terwijl het ook flink wat kouder was geworden. De kinderen werden lastig; alles was nat.
Toen besliste Mia: 'Kijk Frank, nat of droog, laad het maar allemaal weer boven op de wagen. We gaan naar huis. Oost West, thuis best!'

Terug in België regende het warempel ook. De kinderen waren opnieuw lastig en Frank merkte op: 'Schatje, zullen we gelukkig zijn als die peuters eenmaal wat ouder zijn... dat je ermee kunt praten? Nu kun je er nog niet mee redeneren!'
Dan hoorden ze van een echtpaar met grotere kinderen: 'Jongen, wat zeg je daar? Wat hadden wij het makkelijk toen de onze nog niet konden praten! We installeerden ze in onze wagen en we reden waar wezelf naar toe wilden. Nu wil elk een andere kant uit.'

F13. O, die kinderen!

Vaders en moeders met studerende kinderen verbeelden zich soms dat ze vroeger zelf zeer gemotiveerde leerlingen waren.
'Ik had altijd een 9 of 9,5 op 10,' pretendeerde een vader eens. Zoonlief ontdekte in de koffer op zolder een rapport van vader met 3 op 10. 'Wel, pa?'
'Ja maar... dat was een uitzondering.'

Zijn kinderen hebben moeite met hun studies. De oudste heeft weer toets aardrijkskunde en op de vorige kon hij niet eens de helft van de vragen beantwoorden.
'Wel jongen, zou je niet wat aardrijkskunde gaan leren?'
'Och pa, ik leerde al tijdens het studie-uur en je kunt toch niet altijd studeren.'
Mietje heeft last met Frans.
'Zou jij je woordjes niet eens herhalen, meisje? Straks is er weer overhoring,' stimuleert moeder haar.
'Ja, ja, straks kijk ik nog wel even.' Maar het kind speelt nog zo graag.

Allebei halen ze opnieuw rode cijfers voor die vakken. Als de kinderen naar bed zijn, hebben de ouders zorgelijke gesprekken: 'Wat zullen we gelukkig zijn als onze kinderen afgestudeerd zijn en een diploma behaald hebben! Zoals de zaken er nu voor staan, raken ze er nooit.'
De jaren gaan voorbij en ondanks alles behalen de kinderen hun diploma's. De jongen met een jaartje overzitten, het meisje met een herexamen.
Nu is het moment voor vader en moeder om gelukkig te zijn.
Maar wat dacht je? De kinderen vinden geen werk en wie piekert daar het meest over? Vader en moeder natuurlijk! Na vele maanden vinden die jonge mensen toch een gepaste job. Eindelijk, nu kunnen vader en moeder gelukkig zijn!
Momentje: de zoon leert een meisje kennen. Zijn ouders zuchten:

'Hoe is het in 's hemelsnaam mogelijk! Er lopen zoveel flinke meisjes rond. Dat hij nu juist met "die" naar huis moet komen!'

Enkele jaren later zijn zoon en dochter getrouwd en hebben zelf kinderen. Waar gaan ze op een regenachtige zondag met hun kroost naar toe? Naar hun ouderlijk thuis natuurlijk. Met het slechte weer kunnen de kinderen niet buiten. De neefjes en nichtjes spelen heerlijk samen in de living van oma en opa. Het oude speelgoed wordt te voorschijn gehaald: de legoblokjes, de boerderij, de garage en de verkleeddoos. Alles staat of ligt verspreid over de tafel, op de grond. En oma en opa zijn heel blij, als ze komen en samen plezier maken. Af en toe klinkt het wel een beetje al te luid.

Wanneer de grootouders zes of zeven uur in het lawaai vertoefd hebben, raken hun zenuwen toch wel overbelast. Dan fluistert opa in oma's oor: 'Wat zullen we gelukkig zijn als ze allemaal weer naar huis zijn, als alles terug op zijn plaats staat en het weer rustig is!'
Alles op zijn tijd, hé?

Mijn moeder leefde tot haar 93ste jaar. Toen ze 87 was, bracht mijn zus haar mee op visite. Het was een natte miezerige februaridag. Ze begroette mijn schoonvader die bij ons woonde: 'Hoe is 't pa? Maar triestig weer, hé? Wat zullen we gelukkig zijn als Pasen voorbij is! Dan kunnen we terug in de tuin wandelen en op de bank in het zonneke zitten. Hé pa, wat zullen we content zijn als we weer naar buiten kunnen: de bloemen bekijken, de vogeltjes horen en de vlinders zien.'
Ik dacht toen: 87 jaar... en het geluk moet nog komen, het ligt na Pasen.
Is dit niet een beetje laat? Zouden we niet beter proberen, hier en nu, álle geluk uit élk moment te puren en dat ten volle te beleven?

F14. Geluk najagen hoeft niet

Op een warme zomerdag zat ik in onze tuin op de witte bank met enkele tekstbladen op mijn schoot. Mijn aandacht werd opeens getrokken door een wemeling in de bloemen naast mij. Er was een kleurige vlinder neergestreken. Vlinders waren in die tijd – door het massaal DDT-gebruik – zeldzaam geworden.
Om hem eens van dichtbij te bekijken deed ik vijf, zes pogingen om hem te vangen, maar hij was me telkens te vlug af. Kwaad op mezelf omdat ik geen vlinder meer kon vangen, en kwaad op de vlinder omdat hij zich niet liet vangen, ging ik terug zitten en nam mijn teksten weer ter hand.

Groot was mijn verbazing toen de mooie vlinder zich opeens, vlak voor mijn neus, op mijn witte blad neerzette. Ik weerstond de bekoring om er opnieuw naar te grijpen. Ik kon hem rustig bekijken, mijn blad opheffen, hem langs alle kanten bezien zonder dat hij wegvloog.
Ik begreep de les: niet enkel een vlinder, maar ook geluk hoef je niet achterna te zitten. Zoveel mensen proberen het na te jagen en kunnen het nooit vatten! Het ontsnapt hun altijd.

Geluk komt pas tot ons als wij, rustig en geconcentreerd, met hart en ziel, datgene doen wat wij op elk moment, in geweten, werkelijk te doen hebben.

Wie met een groep een berg beklimt en na twee, drie uur zwetend en zwoegend de top bereikt, geniet natuurlijk van het prachtige panorama. Hij kent daarbij het vreugdevolle gevoel dat hij op eigen kracht een berg overwint. Maar wat hem nog het meest deugd doet, is het samen stap voor stap de weg naar het doel gaan: de moeilijkheden van elk moment overwinnen en mekaar ontmoeten in dit samen onderweg-zijn.

Wat je doel ook is, het bereiken ervan is een topmoment van vreugde. Het is echter kort van duur. Probeer dus vooral gelukkig te zijn bij het zetten van die honderden kleine stappen op de weg naar je doel: 'Verwerf het pas voor pas en stuk voor stuk, dan ken je vele malen het geluk.'

F15. Goeiemorgen!

Je kunt je afvragen: leef ik echt graag? Met welke gevoelens kom ik 's morgens in de nieuwe dag terecht?
Ontwaak je soms met een sterke weerzin tegenover de nieuwe dag? Dan trek je de dekens nog even boven je hoofd om de dag wat uit te stellen. Je bent niet goed uitgeslapen en allerlei negatieve gedachten spoken door je geest: 'Amaai, die kar van gisteren weer een stuk verder trekken. Het wás al zo lastig en ik ben nog zo moe. En "die" gaat weer vervelend doen en straks komt een ander weer zeuren. O, was ik maar ingeslapen om nooit meer wakker te worden! Ik zou het allemaal niet meer weten.' Voorwaar, een trieste start voor een nieuwe dag.

Toen een tv-presentator aan een vitale en gelukkige oude man zijn levensgeheim vroeg, antwoordde deze: 'Heel eenvoudig. Als ik 's morgens opsta, heb ik de keuze tussen twee dingen: gelukkig- of ongelukkig-zijn. Wat denk je dat ik kies? Gelukkig-zijn natuurlijk. Dat is het hele geheim!'
Ook Abraham Lincoln zei ooit: 'De meeste mensen zijn elke dag precies zo gelukkig als ze zich 's morgens voornemen te zijn. Gelukkig-zijn is een gewoonte.'

Je kunt ongelukkig zijn als je dat wilt en je doet het als volgt: houd jezelf voor dat het een rotdag wordt, dat de dingen niet goed gaan, dat niets je bevrediging schenkt, en je zult je al heel snel diep ongelukkig voelen. Op die manier produceer je bovendien zelf voortdurend ontevredenheid.
Maar het kan ook anders: je houdt jezelf voor dat het een prettige dag wordt, dat alles goed zal verlopen, dat je er vreugde aan zult beleven. Zo maak je alle kans dat het inderdaad een heerlijke dag wordt.

Diep in ons zit die onverwoestbare kern van goed-zijn, die universele liefde en die goddelijke kracht. Zoals de zon haar stralen zendt en de bloem haar geur verspreidt over goeden en kwaden, zo wil ook die innerlijke liefde uitstralen naar alle mensen. Maar die liefde kan alleen maar naar buiten via onze zintuigen. Daar zitten wijzelf aan de kraan; we kunnen ze ook dichtdraaien. Helaas gebeurt dat zo nu en dan.

Elke morgen mogen wijzelf beslissen hoe we naar de mensen kijken: bemoedigend, waarderend of wantrouwend, vernietigend. Wij zijn het die elke morgen bepalen welke woorden wij willen spreken en hoe: bevestigend of ontkennend. Wij kunnen elke morgen kiezen wat we gaan doen met onze handen: strelen of slaan.

Dat is nu het geweldige: als we kiezen voor de Liefde en de kraan wijd openzetten, dan kan God de wereld redden met onze handen, rechtspreken met onze stem, liefhebben met ons hart. Van de zevende dag af gaf Hij alles uit zijn handen: heel zijn schepping en heel zijn wondermacht. Hij wacht nu op het wonder dat wij kunnen volbrengen. Goeiemorgen! Het wordt een mooie dag vandaag.

F16. Vele redenen om content te zijn

Ik hoop dat er veel dagen zijn dat je wakker wordt met dat heerlijke gevoel van blijheid en dankbaarheid ten opzichte van het leven dat wij leven mogen. Dat je er als het ware een gewoonte van maakt om er 's morgens mee te beginnen een gelukkig mens te zijn. Eigenlijk heb je vele redenen om je echt goed te voelen.

Alleen al het feit dat je bij het wakker worden spontaan je ogen opent en direct kunt zien, in kleur dan nog ook! Je hoeft er niet eens voor aan een knop te draaien. Je kunt kijken naar de dingen in de kamer en ook naar buiten door het raam. Je kunt een tekst lezen, genieten van de aanblik van mooie bloemen, verrukt zijn

bij een heerlijke zonsopgang en ontroerd bij de glimlach van een kind.
De indrukken die je via je ogen opdoet, zijn zo overweldigend dat je ze nooit met woorden kunt overbrengen naar een blinde die nooit heeft kunnen zien. Vind je het niet fantastisch dat wij de ogen, het gelaat van een mens kunnen aanschouwen? Komt er in je hart geen gevoel van blijheid en dankbaarheid omdat je kunt zien?
En niet alleen 'zien', je kunt ook 'horen'. Enkele minuten geleden was je je nog van geen geluid bewust. Nu hoor je vogels in de tuin en wagens in de verte. Je hoort de radio beneden en mensen die praten. Je kunt in directe communicatie met je medemens treden. Je kunt van mooie muziek genieten. Je hoort jezelf zingen of fluiten. Is dat 'horen' ook niet iets om echt blij mee te zijn?

Daareven was je nog in diepe slaap. Nu kun je niet meer stil blijven liggen. Je armen, je benen, ze willen bewegen. Nee, je bent niet verlamd. Ook dat is geweldig! Toon Hermans heeft daar een enig mooie sketch over. Het komt ongeveer hierop neer:
'Heb je dat ook soms, mensen, als je 's morgens wakker wordt... en je kijkt naar je handen... en je ziet dat ze kunnen bewegen. Kijk, dat is een wonder. O nee, ze worden niet elektrisch aangedreven... maar ze bewegen. Ze bewegen zoals jij dat wilt. En niet alleen je armen en handen... maar ook je benen en voeten. Je kunt lopen en gaan, staan waar je wilt, helemaal op eigen kracht!'

Wanneer je 's morgens dit alles ervaart, voel je dan het bloed door je aderen stromen en zou je haast willen roepen: 'Dank je wel, Vader, dat ik er weer bij ben, dat ik weer een dag leven mag, dat ik kan bewegen, horen en zien'? En, terwijl je de prikkelende geur van de koffie opsnuift en je smaakpapillen reeds werken zodra je aan het ontbijt denkt, besef je hoe heerlijk het is als je zintuigen functioneren?
Het zijn je kostbare werktuigen, je fijne instrumenten waarmee je naar de wereld en naar de mensen gaat. Weet je... vooral je ogen en je gelaatsuitdrukking, de woorden die je spreekt en de klank

van je stem, je handen en de tederheid van je gebaren, dit alles bepaalt de kwaliteit van je mens-zijn.

Nogmaals, vrij naar Toon Hermans:
'Hoe mooi zijn toch de bloemen! Hun kleuren verbazen mij altijd opnieuw en als een soort superadem wil ik met volle teugen alle geuren in mij opnemen; hun liefelijkheid ontroert me en maakt me blij. Vandaag verwarmt de zon ons met die onvergetelijke gloed. Ze is niet zomaar een licht dat toevallig aangaat. Ik voel er iets van liefde in. Ik wil zingen van de liefde in de liefste woorden die ik ken en ik zie beelden van mensen die elkaar voor geen goud van de wereld willen missen. Er zijn ook mensen die de bloemen ruw uit de grond rukken, die met stenen naar de zon gooien, die de liefde en de stilte omverschreeuwen en wat lief, goed en mooi is, kapotmaken.

Maar de mensen die van bloemen, van de zon, van de stilte en de liefde houden, mogen niet in hun schelp kruipen. Dan winnen de anderen meer en meer terrein en zal het koud en donker worden, daar waar het volop warm en licht kon zijn.'
De mens van vlees en bloed, beperkt en breekbaar, is getekend door de aarde. In die broze materie kreeg hij een vonk van geest en vrijheid die zijn lichaam doordringt: hij mag denken, voelen, huilen, liefhebben en verwonderd zijn.

Talloze ouders kunnen terugblikken op vele mooie dagen. Thérèse en Roger getuigen hierover: 'Wat waren wij dolgelukkig bij de verwachting van nieuw leven! De eerste "schrei" ontroerde ons. We zagen dat het kind zo volmaakt was en toch zo hulpeloos. Zonder onze geborgenheid, zonder onze zorgen zou de baby niet kunnen leven. We waren dolcontent toen ons kind zijn eerste stapjes in de kleuterschool zette en diep ontroerd op zijn eerste communie.

Toen ze wat ouder werden, werkten onze bengels ons vaak op de zenuwen. We hadden soms de indruk dat we er hoofdzakelijk waren om zakgeld te geven en hen te onderhouden. Toch hielden we veel van hen. Ook nu ze groter zijn, blijven ze ons zo dierbaar:

een zoen van hen, een woord van dank doet ons hart van vreugde kloppen. Wij zijn zo dankbaar voor alles wat wij met hen mochten beleven. We willen trouw blijven aan ons geloof in het leven en aan die oerdegelijke eeuwenoude liefde.'

F17. 'Moet' jij ook zoveel?

'Snel, vlug, onmiddellijk' zijn woorden die nogal vaak bij de mensen over de lippen komen. Ze zetten niet alleen de persoon die het uitspreekt onder druk, maar zijn vooral opjagend en stresserend voor hen die het aanhoren. Afleren is hier de boodschap; we pleiten voor 'rustig-aan-actie'.

Bijzonder schadelijk is echter het enorm veel gebruikte woord *moeten*. Ik hoorde een vrouw zeggen: 'Ik moet nog de was doen; ik moet nog eten maken; ik moet nog boodschappen doen...' Een andere vrouw riep zelfs: 'Ik moet nog naar de kapper!'
Als je dan ziet hoe mooi ze terugkomen, vind ik dat 'moeten' wel helemaal misplaatst. Je zou schalks kunnen zeggen: 'Ach, kijk nu eens... wat jammer dat je "moest" gaan, hé?' Zouden we er niet beter blij mee zijn dat we 'kunnen' en 'mogen' gaan?

Een jong echtpaar op bezoek verontschuldigt zich: 'Excuseer, we kunnen niet lang blijven, we "moeten" nog naar een feest vanavond.' Precies alsof ze er erg tegenop zien. Op den duur zeggen we nog: 'We "moeten" ons amuseren!'
Hoewel ik weet dat men met dit 'moeten' niets negatiefs bedoelt, komt dit onbewust toch negatief over. 'Moet' zet de domper op wat men doet.

Als de chef zijn medewerkers toeroept: 'We "moeten" die vrachtwagen tegen drie uur gelost krijgen', dan gaan ze gebukt onder de last van het 'moeten'.
Zegt de chef echter: 'Jongens, we staan hier voor een uitdaging. Op het bureel beweren ze dat we nooit klaarkomen tegen drie uur.'

'Wat denken ze wel?' antwoorden de mannen. 'Die kennen ons nog niet. Ze zullen eens wat zien!' En ze stropen hun mouwen op en tonen met genoegen wat ze kunnen.
Daarom beveelt een wijze chef nooit: 'Je moet dit of je moet dat.'

Dwing een mens een lastige berg te beklimmen en het gevoel dat hij het 'moet' doen, kan voor hem dodelijk lastig zijn. Anderen die het 'mogen' doen, gaan met plezier op de uitdaging in. Zelfs een student maakt het zichzelf moeilijker als hij zucht: 'Ik "moet" vanavond nog heel mijn wiskunde.'

Als vader voortdurend klaagt: 'Ik moet nog hier, ik moet nog daar... 't is acht uur in de avond en ze kunnen me nog niet met rust laten...', dan denkt de zoon: wat heeft vader het toch lastig! Nee, dat beroep oefen ik later zeker niet uit.
Als hij de buurman boven op de ladder fluitend en neuriënd de dakgoot ziet verven, denkt hij: wat een prachtige job heeft die man toch! Misschien word ik later ook wel schilder.

Moeder zucht na het middagmaal diep: 'En nu "moet" ik nog heel de vaat wassen.' Dan is het moeilijk voor de andere huisgenoten om enthousiast recht te springen en te zeggen: 'Heerlijk, mama, mag ik helpen "moeten"?' Niemand moet graag.

Ooit zag ik een oma zingend aan de afwas. Liesje kwam kijken. 'Ha, ben je daar?' vroeg oma terwijl ze afdroogde. 'Zie eens hoe mooi de glazen glanzen! En nu de borden, hé?'
'Mag ik helpen, oma?' klonk Liesjes heldere stemmetje.
'Als je groot bent, meisje, dan mag je helpen om alles weer mooi te maken.'
En Liesje denkt: wat is het prettig om volwassen te zijn, dan mag je al die dingen doen en blij worden net als oma.

Het is jammer dat 'moeten' in de woordenlijst staat. We hebben dit woord niet nodig en het heeft een enorm slecht effect op ons. We kunnen het steeds vervangen door: mogen, kunnen, willen... Het zit echter heel diep in onze spreekgewoonte ingeworteld en we raken het niet makkelijk kwijt.

Op een avond over 'Positief denken' sprak ik eveneens over dat 'moeten'. De bespreking liep wat uit; ik keek op mijn uurwerk en mompelde: 'Is het al zo laat? Ik "moet" nog naar Kortrijk.'

Een dame die om de haverklap over 'moeten' sprak, gleed uit en brak haar been. Ze kreeg een gipsverband en kon en mocht wekenlang niet op haar been staan.
Ik feliciteerde haar: 'Proficiat! Je hebt je nogal verbeterd.'
'Hoe verbeterd? Ik kan hier niet weg!'
'Juist daarom: verleden week hoorde ik je nog zeggen: ik "moet" nog dit... en ik "moet" nog dat... en nu kun je en mag je het niet, dus...'
Toen kwam het protest: 'Je weet niet wat het voor mij betekent: ik kan zelf mijn tafel niet dekken, mijn eten niet bereiden, mijn kamers niet opruimen. Ik vind het vreselijk en dan nog voor zolang.'
Het was verleden week dus toch niet echt 'moeten'.

Wel, laten we het dan ook geen 'moeten' noemen en blij en dankbaar zijn voor alle dingen die we vandaag kunnen, mogen en willen doen.
Een bruggepensioneerde had heel zijn arbeidzaam leven over 'moeten gaan werken' gesproken. Voor de eerste maal hoorde ik hem zeggen: 'In de tijd dat ik nog "mocht" gaan werken...'

Dora, een oud-cursiste met een man en vier grotere kinderen, vertelde mij hoe zij van het woordje 'moeten' is afgeraakt:
'Gebruikmakend van de macht van het geld, heb ik ervoor gezorgd dat het voor mij te duur werd om te "moeten". Elke middag stelde ik voor mezelf een "moet-loos uur" in. Onder geen beding mocht ik dan het woordje "moeten" gebruiken. Midden op de tafel plaatste ik een stapel 20-frankstukken. Telkens wanneer iemand mij op het woordje "moeten" betrapte, mocht hij of zij een muntstuk nemen.

'De eerste dagen schrok ik ervan hoeveel ik te pas en te onpas het gewraakte "moeten" uitsprak, tot grote hilariteit van mijn gezin.

Na enkele dagen sprak ik 's middags minder om niet verrast te worden, maar mijn kinderen lokten me telkens uit mijn tent. Van de tweede week af werd mijn "moeten" betaalbaar. Na een paar weken beperkte het zich tot eerder zeldzame keren.'

F18. De scheppende positieve instelling

De Schepper heeft ons uitgerust met de kracht van de scheppende gedachte. Wij zijn geen uitvoerders van een vooropgezet plan, zonder vrijheid. We kunnen zelf beslissen om in harmonie met onszelf en onze omgeving te leven. Onze gedachten bepalen ons lot. Ieder van ons oogst dagelijks wat hij gezaaid heeft en tegelijkertijd zaait hij wat hij morgen zal oogsten.

Elke gedachte heeft het streven naar realisatie in zich. De schepping is niet ten einde; we zitten er middenin. Met de kracht van onze scheppende gedachte hebben wij er een actief aandeel in; een stukje ervan kunnen wijzelf bepalen. Is de zin van ons leven niet 'de gedachte die aan ons bestaan ten grondslag ligt' te doorgronden en die te realiseren om zó te worden als God ons heeft bedoeld?

Denk voortdurend positief en laat geen andere gedachte in je geest opkomen. Zie jezelf als gezond, sterk, moedig, vrolijk, beminnelijk, gelukkig en succesvol. Als het positieve denken een gewoonte is, stralen je ogen. Je voelt je dan goed en je bezielt anderen met je inspirerende blije gedachten.

Denk positief over anderen en je stelt met vreugde vast dat anderen ook zo over jou denken. Je leven wordt vrolijk en vol vreugde. Laten we altijd danken voor de vele goeie dingen in ons leven, vooral voor onze gezondheid. Klaag niet voortdurend over de enkele zaken die we ontberen. Deze dankbare stemming zal al dat goede en mooie voor ons bewaren. Wees optimistisch en verwacht het beste als vrucht van je positieve gedachten. Reik het geluk de hand en het leven zal je niet teleurstellen.

Kurt Tepperwein toont aan dat de positieve levenshouding in feite een JA-houding is. Zeg JA tegen het leven, want dit woord kan je hele leven veranderen. Denk JA, voel JA als je met een probleem te kampen hebt. Los je probleem zonder uitstel op en je voelt je bevrijd. Met NEE verdwijnt je probleem niet; tot je ergernis word je er elke dag opnieuw mee geconfronteerd.

Zeg JA als je de tram hebt gemist, als je onverwacht bezoek krijgt en net wilde uitgaan. Zeg JA tegen de verregende vakantie, want met NEE verbetert er helemaal niets. Ook een vakantie in de regen is gezellig, als je innerlijk vrolijk en ontspannen blijft.

Want JA is medicijn, met JA gaat alles beter. JA maakt de vreugde groter en de zorgen kleiner. JA maakt het leven weer de moeite waard. JA is geweldig. Altijd JA denken, voelen, zeggen en doen is niet eenvoudig. Maar als je het eenmaal kunt, wil je het voor geen geld ter wereld meer missen. En denk eraan dat ook de anderen je JA dringend nodig hebben.

F19. De pessimist en de optimist

Er is het verhaal over de twee kikkers: een optimist en een pessimist. Ze kwamen in een stal bij een emmer verse melk en doken erin. Na een tijdje vonden ze het welletjes. De gladde wand van de emmer bood echter geen steun voor hun sprong en ze raakten er niet meer uit.
De pessimist zuchtte: 'Wat baat het ons, als we ons nog langer inspannen. We zijn verloren.' En hij liet zich zinken en verdronk.
Maar de optimist gaf het niet op: 'Zolang er leven is, is er hoop.' Hij sloeg en spartelde de hele nacht door. En 's morgens, bij het eerste ochtendkrieken: 'Wat is dat? Wat voel ik hier?' Hij zat op een klomp boter... Hij nam een sprong en was gered.

In het leven gaat het meestal zoals in het verhaal. De pessimist rekent niet op succes en krijgt gelijk. Hij voelt zich dan in zijn negatieve opvattingen gesterkt en denkt: ik verwacht niets anders dan

pech. Ik ben nu eenmaal een pechvogel. Het is mijn noodlot dat anderen altijd de beste dingen voor mijn neus wegpikken.
De optimist daarentegen vertrouwt op zijn geluk. Hij waagt zich aan moeilijke ondernemingen en haalt het... En vaak komt hem een onvoorziene meevaller te hulp waardoor zijn pogingen niet vergeefs blijken te zijn geweest.

De pessimist moppert dan: 'Zie je wel, die heeft wéér geluk gehad.'
Dat klopt werkelijk niet. Het klinkt eigenaardig, maar 'geluk hebben' kan men leren. Dit gaat samen met een optimistische geesteshouding, met het grondig vertrouwen dat je voor het geluk geboren bent.

Natuurlijk kennen ook optimisten zware tegenslagen in het leven. Als je om het verlies van een dierbare treurt of erg met het lijden van een medemens meeleeft, ben je daarom nog geen pessimist. Je neigt wel tot pessimisme als je je verdriet blijft koesteren... als je zegt dat het niet lang zal duren als alles goed gaat... als je zegt dat het zal regenen als de zon schijnt... als je je steeds afvraagt wat erachter zit als iemand vriendelijk en lief is.
Een optimist zoekt en vindt overal het goede. Een pessimist zoekt en vindt overal het kwade.

Iemand ontmoette twee personen die tijdens de oorlog in een concentratiekamp hadden gezeten. De eerste was pessimistisch en zag ook nu nergens een lichtpunt. De tweede was voor iedereen een zon. Ondanks zijn oorlogservaringen had hij een optimistische kijk behouden en ook in deze tijd relativeerde hij veel zaken.

Twee mannen waren soldaat en deelden samen met anderen dezelfde kamer. Als de ene vertelt, krijg je een heel somber beeld van de legerdienst. Blijkbaar herinnert hij zich enkel de negatieve ervaringen die hij er heeft gehad.
Als je de ander hoort, verandert die indruk totaal. Hij werd er lichamelijk getraind en zelfstandiger. Hij leerde er heel wat technische vaardigheden en op de kamer lachten ze heel wat af.

Deze voorbeelden tonen nog eens aan hoe sterk het 'gelukkig-zijn' afhangt van onze persoonlijke kijk en reactie op mensen, dingen, emoties, ervaringen, gebeurtenissen...

Een pessimist kijkt naar zijn glas waarin het bier tot halverwege staat. Hij sakkert: 'Verdorie, ik ben er pas aan begonnen en 't is alweer halfleeg.' Dit is typisch voor een pessimist: treuren om wat er niet meer is, om wat hij niet meer kan!
De optimist ziet dezelfde realiteit vanuit de positieve kant. Hij jubelt: 'O, goddank, 't is nog halfvol!' Hij is blij om wat er wél nog is, om wat hij wél nog kan. Hij zal er direct het beste van maken.

Je komt als schoenenverkoper op een eiland waar de mensen blootsvoets lopen. Je kunt op twee manieren naar de firma telefoneren: 'Baas, we hebben geen geluk. Hier draagt men geen schoenen. Ik kom terug.' Ofwel: 'Baas, hebben we even geluk! Hier is nog niemand geschoeid. De markt ligt voor ons open.'

F20. De kracht van de humor

Dieren kunnen niet iets komisch of humoristisch vinden. Dat kan de mens wel, al is de zin voor humor niet bij iedereen even sterk ontwikkeld. Humor is ook het vermogen om te lachen in situaties die tragisch genoeg zijn om erbij te wenen. Humor is een sterke kracht. Soms helpt hij mensen overleven of een moeilijke situatie te boven komen.

Ooit zag ik op tv een groep skiërs een berghelling afdalen. Een man in de groep had – tot mijn verbazing – slechts één been. Even zwierig als de anderen kwam hij op één ski naar beneden. De reporter informeerde of één ski geen nadeel was. 'Integendeel, meneer,' antwoordde de man guitig, 'ik heb alle geluk: ik moet maar op één ski letten en ik heb geen last van ski's die in elkaar haken.' Hij zag de positieve kant van zijn handicap.

Vele jaren geleden ging ik met mijn leerlingen naar hun klaslo-

kaal toe. Een collega trok even aan mijn mouw en fluisterde: 'Ken jij die mop van die man die 's nachts niet kon slapen van de honger?'
Ik mompelde: 'Nee, wat was ermee?'
'Wel, toen hij 's anderendaags opstond, kon hij niet eten van de slaap!'
Met de glimlach op ons gezichten gingen we de klas binnen. Ik wed dat mijn studenten dachten: hij is in een goeie bui vandaag! Ook voor mijn collega was het een goeie start.

Wellicht hoorde je die van de man die met zijn hengel op zijn grasmat zat te vissen. Buurman keek even over de haag en riep: 'Hei, Zjef, heb je er al enkele gevangen vandaag?'
'O, nog niet veel,' grinnikte Zjef. 'Je bent pas de derde.'
Toen Zjef later die grap aan Theo wilde doorvertellen, antwoordde die vanuit de hoogte: 'Ik spreek niet met een onnozelaar.'
'Helaas, ik wel!' zei Zjef.

In een gekkenhuis kijkt een patiënt naar de tuinier die met een kruiwagen voorbijkomt.
'Wat vervoer je daar?' vraagt hij.
'Paardemest,' zegt de tuinier.
'En waarvoor heb je die nodig?'
'Voor op mijn aardbeien,' roept de tuinman nog.
'O,' zegt de patiënt even nadenkend, 'ik doe daar altijd slagroom op. Maar ja... ik ben ook gek.'

Heb jij ook de indruk dat wij makkelijk onze tegenslagen wat opschroeven? 'Ja, jij moest het eens meemaken. Denk je dat het niks is?'
En zo blazen we het allemaal nog een beetje op. We hoeven onszelf niet zo ernstig te nemen, en een lepel humor helpt veelal om onze eigen miserie te relativeren.

Dat deed een optimistische bruid toen een vogeltje zijn visitekaartje liet vallen op haar mooie witte jurk. 'Jan, jongen,' zei ze glimlachend tegen haar kersverse man, 'kijk eens hier. Hebben wij even geluk dat de koeien niet kunnen vliegen!'

F21. De glimlach

Leuke gedachten en een blij gevoel doen een mens spontaan lachen. De hersenen sturen dan impulsen naar enige spiertjes in het gelaat en dit ontplooit zich tot een brede glimlach. Wat is een mens mooi als hij lacht en wat ziet hij er jong uit!
Humeurigheid mobiliseert heel wat meer spieren in het aangezicht: de wenkbrauwen fronsen, het voorhoofd rimpelt, de mond trekt samen... In principe is het vermoeiender slechtgemutst te kijken dan te lachen. Toch had ik ooit een andere ervaring.

Vele jaren geleden woonden mijn vrouw en ik een optreden van Toon Hermans bij in de Kortrijkse stadsschouwburg. We lachten voortdurend en ik betrapte er mij op dat ik af en toe met mijn hand over mijn wangen wreef. Mijn kaakspieren raakten vermoeid en deden pijn. Kon ik dan echt geen tien minuten blijven lachen?
Ik herinnerde mij een dag van slechte luim: zoveel gelaatsspieren die haast voortdurend gewerkt hadden en toch moest ik die avond niet over mijn wangen wrijven. De spieren om nors te kijken, bleken heel wat beter getraind dan mijn lachspieren. Ze waren niet eens vermoeid. Ken jij dat ook?

Van alle functies die lichaam en geest samen verrichten, is lachen de gezondste. Het bevordert de spijsvertering, de bloedsomloop en de transpiratie. Lachen heeft een verfrissende werking op alle organen en een kosmetisch effect op het gelaat. 'Lach je gezond en mooi' is in zekere zin ook letterlijk waar.
Weet je dat alleen de mens kan lachen? Een welgezinde hond lacht niet... hij kwispelstaart. Wat de reclame 'La vache qui rit' ook beweert... een koe kan niet lachen.

Je glimlach is de mooiste uitdrukking van je persoonlijkheid. Met je glimlach laat je zonder woorden blijken: ik hou van jou, je maakt me blij, ik ben content je weer te zien, ik ben graag bij jou...
De welwillende glimlach is als de zon die door de wolken breekt.
Niemand kijkt graag naar een lang gezicht. Meestal denken we dat anderen nors kijken.

Ik was ooit bij vrienden. De vrouw keek naar haar man en klaagde: 'Maar Michel... moet je je gezicht eens zien!'
Onmiddellijk kwam het antwoord: 'Ja, vrouwke... heb je al eens het jouwe bekeken?'

Als we zelf in de spiegel kijken, brengen we ons gelaat spontaan in een vriendelijke plooi. Maar gewoonlijk zijn het de anderen die naar ons gezicht kijken. Zorgen we er dan niet beter voor dat het de moeite waard is wat ze te zien krijgen?

F22. Spiegels

Naar mijn gevoel hangen er in de meeste huizen te weinig spiegels. Niemand blijft met een kwade uitdrukking op zijn gezicht rondlopen, als je het geregeld met zijn spiegelbeeld confronteert.

In de meer dan veertig jaar dat ik conferenties gaf, kwam het driemaal voor dat de achterkant van de zaal een spiegelwand was. Vooral de eerste keer vond ik het vreselijk gênant: bij elke oogopslag zag ik mijzelf in de spiegel. Toen ik vanuit mijn diepste overtuiging iets heel ernstigs wilde zeggen, schrok ik plots van mijn eigen gelaatsuitdrukking. Ik schakelde direct op 'vriendelijk kijken' over. Aan de andere conferenties, zonder spiegel achteraan, zal ik maar niet terugdenken.

Ik raad iedereen aan een spiegel halverwege de trap te hangen. Niet boven, want 's morgens zijn de ogen waarschijnlijk nog maar halfopen en men riskeert niets te zien. Waarom dan niet beneden? Dit is te dicht bij de woonkamer, zodat er onvoldoende tijd rest om het aangezicht in de goeie plooi te brengen. Halverwege de trap is dit wél haalbaar: zodra men de treden gewoon is, kan men bij het afdalen zijn gelaat observeren en er bewust voor zorgen dat men met de glimlach aan tafel verschijnt.

Ik zag eens een dame een klein handspiegeltje uit haar tas halen. Ze wilde haar gezicht wat bijwerken. Nog voordat het spiegeltje te voorschijn kwam, trok ze haar gelaat in een mooie plooi. Elke plek op haar gezicht kwam aan de beurt en zolang ze bezig was, hield zij haar glimlach vol. Het spiegeltje ging weer de handtas in en haar gelaatsspieren – vermoeid van het lachen – vielen terug in hun oude plooi. Jammer... want nu keken de 'anderen' naar dit aangezicht.

Veertig jaar geleden, op een morgen bij het wakker worden, zei mijn vrouw: 'Maar jongen, wat heb jij bij het ontwaken toch een ellendig gezicht! Had je soms een nare droom?'
Wat versuft en half slapend strompelde ik naar de badkamer en bekeek mijn gelaat in de spiegel. Ik vond dat ze overdreef, maar ik was er toch niet helemaal gerust op: onderweg naar de badkamer kon ik immers onbewust mijn gezicht in een betere plooi gebracht hebben. Ik besloot om dit te onderzoeken.

Op mijn nachttafel plaatste ik een rechthoekige spiegel, zodat ik bij het wakker worden onmiddellijk mijn gezicht kon zien. De volgende morgen ging de wekker. Ik schakelde het licht aan en draaide mijn twee benen het bed uit. Ik zag direct mijn ochtendgezicht in de spiegel. Ik schrok ervan en enkele dagen voelde ik er mij niet goed bij.
Mensen met een zwak hart raad ik de proef ten stelligste af; de schok kan te groot zijn.

F23. De positieve mens

Het hele proces van 'gelukkiger worden' start zodra je erin begint te geloven, dat wil zeggen: wanneer je met je volle persoonlijkheid op dit aanbod van levenswaarden ingaat. Dan schakel je bewust over naar een positieve, optimistische en liefdevolle geestesinstelling.
Dit is een afstraling van de Geest van God, die 'Liefde' en 'Leven' is en tevens oerbron van alle heil en geluk.

Je ervaart dat je aan je 'innerlijke tevredenheid' zelf iets doen kunt. Je ziet dat het voortdurend 'toepassen' van de geluksprincipes leidt tot nieuw verworven gedragspatronen en tot bepaalde positieve 'gewoonten'. Je voelt dat je voor het geluk geboren bent, maar dat er geloof, karakter, moed en volharding nodig zijn om het waar te maken.

Wellicht besef je nu hoe gevaarlijk negatieve en deprimerende gedachten zijn. Ze halen een mens naar beneden en ondermijnen geleidelijk zijn lichaam, zoals roest langzaam en gestadig ijzer aanvreet. Negatief denken is een slechte gewoonte die nimmer een positief effect heeft.

Je krijgt in het leven wat je besluit te 'denken'. In jouw brein ben jij de kracht en ook de stuurman, vermits jij de enige persoon bent die daar 'denkt'. Zodra je de oude, akelige en ontmoedigende gedachten vervangt door nieuwe, leuke en moedige gedachten, begint het sprankelend leven in jou terug te keren. Waar een distel groeide, kun je nu een roos planten.

Een positieve geest zorgt spontaan voor een optimale fysiologische reactie.
'Hoe je je voelt' is niet het resultaat van wat er met je gebeurt, maar wel van de 'interpretatie' die je eraan geeft. De grote kunst bestaat erin om je niet door de omstandigheden te laten meeslepen, maar deze steeds vanuit je eigen bewustzijn te filtreren.

Gelukkig-zijn heeft te maken met de kwaliteit van het leven in al zijn facetten. Je richt je op bemoedigende dingen in plaats van op ontmoedigende signalen. Helaas, enorm veel mensen maakten van hun leven niet wat zij ervan konden maken, hadden zij positiever en liefdevoller durven denken.

Wie doelbewust zoekt naar de zonnekant van het leven en de bronnen van echte blijheid en vreugde aanboort, ondervindt daarvan onmiddellijk de weerslag op zijn levensgeluk. In elke situatie zijn er immers positieve elementen en in elke mens zijn er goede dingen.

Een positief mens kent niet alleen de vreugde er 'te mogen zijn', hij beleeft vooral de vreugde er 'voor iemand' te mogen zijn. Het doet zo'n deugd om door een mens gevraagd (geroepen) te worden, het gevoel te hebben 'voor iets te leven' en in een ideaal zijn geluk te vinden: niet het banaal en oppervlakkig plezier, maar de diepe vreugde van het bezielde engagement.

Door positiever te denken beleef je je leven anders en veranderen situaties geleidelijk. Onze gedachten scheppen ons leven en onze ervaringen. Wij zijn daar voor honderd procent zelf verantwoordelijk voor.
'Word hervormd door de vernieuwing van uw denken' *(Romeinen, 12, 2)*. Als je vreugdevol, welvarend en liefdevol wilt leven, 'denk' dan NU vreugdevol, welvarend en liefdevol. Het ogenblik van bijsturen is altijd het huidige moment.

Een gedachtenvernieuwer werkt slechts dan efficiënt als hij in je onderbewustzijn is opgenomen, zodat je er spontaan naar handelt. Hoe snel dit bij jou gebeurt, hangt af van je ontvankelijkheid, je geloof, je verlangen, de intensiteit en concentratie bij het inprenten, alsook het aantal herhalingen.

Een positief mens is een actief mens. Hij aanvaardt vreugdevol het leven zoals het zich aan hem voordoet. Hij accepteert de wetmatigheden die God de schepping meegaf, hoe pijnlijk die soms ook zijn. Oud worden en sterven, moeite doen en pijn doorstaan: het behoort tot onze menselijke natuur. Nooit legt hij zich echter neer bij het nodeloze leed dat mensen elkaar aandoen. Hij blijft zich verzetten tegen het onrecht van de hongerdood, de armoede en de vereenzaming tengevolge van politieke onwil, onderdrukking of uitbuiting en oneerlijke economie. Hij is gevoelig voor elke verloedering, vervuiling en verminking van onze goede aarde.

In volle verantwoordelijkheid neemt een positief mens, met toewijding en geestdrift, deel aan het leven. Op zijn eigen specifieke manier tracht hij dit leven zo goed mogelijk te leven. Hij staat niet aan de kant. Volgens zijn aard – beweeglijk of kalm, luidruchtig of stil – is hij er altijd met zijn hele persoon bij. Met totale inzet volbrengt hij wat hij voor zichzelf of voor een ander op zich heeft genomen. Hij is een mens met karakter. Ook in kleinigheden doet hij het goede en laat het verkeerde na.

Niemand kan je beletten om ook zelf een positief mens te worden. Je geluk, je vrijheid en zelfstandigheid liggen in jezelf. Een ander kan je die niet bezorgen. Je kunt dit alleen zélf doen en je kúnt het ook doen, als je het heel intens wilt. Dan klaag je niet langer over de paar dingen die je ontbreken, maar je dankt God elke dag voor de vele mooie en goede dingen in het leven. Dan kun je weer echt beminnen: vanuit je totale persoon vrij kiezen voor het leven, voor jezelf, voor je bezigheden en voor je medemensen. Dan brandt in je een innerlijk vuur dat heerlijke warmtegolven uitzendt naar de mensen in je omgeving.

Vandaag is de eerste dag
van de rest van mijn leven.
Iedere dag gaat de zon weer op,
iedere dag zijn mijn krachten weer verfrist.
Iedere dag is de nacht voorbij
en wacht mij een nieuw leven.
Ik wil dit leven veroveren,
ik wil deze dag echt leven.
In het nu ligt, wat morgen worden zal.

POSITIEVE SUGGESTIES

Niet wat mij overkomt, beslist over wat ik van mijn leven maak, maar wél hoe ik er geestelijk tegenover sta en hoe ik erop reageer. Mijn mentale attitude tegenover het leven, mijzelf, mijn situatie en mijn medemens bepaalt mijn geluk. Ik kan dus vrij tussen geluk en mislukking kiezen. Ik opteer voor geluk: de geleidelijke verwezenlijking van mijn levensdoel. Ik lever daarvoor de nodige inspanningen.

Ik besef nu dat mijn geest enorme mogelijkheden bezit. Mijn dominerende gedachten en gevoelens vormen sterk motiverende krachten. Die bepalen mijn doen en laten. Ik oogst nu wat ik vroeger met mijn gedachten heb gezaaid. Daarom zaai ik vandaag in mijn geest, wat ik morgen met vreugde wil oogsten.

Ik ervaar dat alleen positieve gedachten positieve krachten opwekken. Op hun beurt leiden die tot positieve resultaten. Daarom benader ik mijn problemen met een positieve geest. Ik zie mijn toekomst vol vertrouwen tegemoet. Ik durf weer dromen en verlangen, want mijn naam staat geschreven in de palm van Gods hand. Wat zou ik vrezen als ik in de Liefde ben? Ik hou van Hem die mij naar zijn beeld heeft gemaakt.

Ik hou van het leven, van mijn persoon, van mijn situatie en van mijn medemensen. Ik kies ervoor. Ik voel me dankbaar voor het leven dat ik leven mag. Leven is heerlijk! Positief leven is formidabel!

EVEN OPFRISSEN F.

- Positief denken: ondanks al het lelijke, het kwade en de pijn van het lijden, oog blijven hebben voor het schone, het goede en het genieten van de vreugde.
- Zoals je denkt, zo ben je, zo leef je, zo voel je en zo doe je.
- We hebben allemaal onze fouten, maar ik zie iets goeds in jou en leer dit tactvol uiten.
- Tegenover doemdenken en in paniek raken plaatsen wij levensoptimisme en wij maken nergens een drama van.
- Je krijgt van het leven en van de mensen terug wat je hun geeft.
- Zoek je geluk hier en nu in plaats van elders en later.
- Doe rustig en geconcentreerd met hart en ziel wat je op elk moment echt te doen hebt, en diepe tevredenheid komt in je hart.
- Gelukkig-zijn is een gewoonte. Kies er elke morgen voor.
- Wees dankbaar dat je kunt zien, horen en voelen. Geef met je zintuigen alleen liefde door, spontaan, zoals de zon haar stralen zendt.
- 'Moeten' zet op alles een domper; gebruik liever de woorden: 'mogen, kunnen, willen...'.
- 'Ja' is medicijn. En de pint is nog 'halfvol'!
- Neem jezelf niet zo ernstig – gooi er wat humor tegenaan.
- 'Lach je gezond' – lachen is je mooiste uiting en heeft een kosmetisch effect.
- De spiegel kan helpen ons gezicht in de goede plooi te houden.
- In jouw brein ben jij de kracht en de stuurman.
- Met positief denken beleef je je leven anders en veranderen situaties geleidelijk.
- Vandaag zaai ik in mijn geest wat ik morgen met vreugde wil oogsten.

G. Groeien maakt gelukkig

G1. Méér is in u!

Boven de gerestaureerde poort van het Gruuthuse-museum te Brugge is weer duidelijk te lezen: 'Plus est en vous!', wat 'Er zit meer in u' betekent. Wie zei ook weer dat de doorsneemens maar 10 procent van zijn mogelijkheden geoptimaliseerd heeft? Bedenk dat 90 procent van zijn talenten en mogelijkheden gewoon latent in hem aanwezig is en wacht op ontwikkeling. Creatieve zelfontplooiing wordt echt een stuk levensvervulling.

Moeten 'alle' aspecten van het 'zelf' absoluut bevrijd worden en moet alles en iedereen maar buigen voor die dwingende eis van onze eigen persoonlijkheidsontwikkeling? Velen zijn huiverig voor dit soort zelfrealisatie en terecht.
Vanaf de jaren zeventig – vooral onder invloed van de humanistische psychologie – zag men een nogal egoïstische levensstijl opduiken: 'ik eerst', 'de grootste zijn', 'aan al mijn behoeften en verlangens voldoen' en 'van alles steeds meer'.

Misschien vergat men een beetje dat ook zogenaamde 'authentieke gevoelens' puur zelfzuchtig kunnen zijn en dat veel van onze behoeften en wensen onvervulbaar zijn, omdat ze met elkaar in strijd zijn of botsen met die van anderen.
Daarbij schaadt niets zozeer de persoonlijkheidsgroei als de onbeperkte bevrediging van eigen verlangens. Een en ander gaf onze dierbare 'zelfrealisatie' een slechte naam en soms kreeg het woord zelfs een negatieve bijklank.

Toch is er ook een gezonde zelfrealisatie. Deze heeft niets te maken met een egocentrische levenshouding die geen rekening houdt met anderen. We zijn aan een soort eerherstel van de 'echte' zelfrealisatie toe... maar dan in verbondenheid met anderen. Enkel wat we in onszelf laten openbloeien, kunnen we aan anderen doorgeven. Het komt eropaan meer waard te worden om beter te dienen.

Gezonde zelfontplooiing schept ruimte voor onbaatzuchtige goedheid en belangeloze inzet. 'Iemand zijn' betekent ook: 'zorgen voor' en 'bekommerd zijn om'. Het zwaartepunt van de zelfrealisatie die wij nastreven, verschuift van het 'zelf' meer naar de 'ander', meer naar de banden met mensen en dingen. Het is zelfontplooiing 'met' en 'door' de anderen.
Om een menselijke wereld op te bouwen draagt de mensheid in kiem alles wat ze nodig heeft: een rijkdom aan energie, aan leven en liefde.

Het is Gods droom dat alle mensen tot ontplooiing kunnen komen zonder iemand uit te sluiten.
Het is goed dat de mens zich maximaal ontwikkelt en daarbij een levensstijl aanneemt waarbij hij zich gelukkig voelt. Hij hoeft daarvoor niet voortdurend op de toppen van zijn tenen te lopen en krampachtig deze of gene kwaliteit na te streven. Werkelijke groei gebeurt op een rustige en meer speelse wijze.

Luister goed naar je innerlijke signalen, naar de stem van je geweten en van je 'betere ik'. Vertrouwend op je eigen wezenskern riskeer je het om nieuwe stappen te zetten.

Doordring je onderbewustzijn van volgende nuttige suggestie:

Ik geloof in de wondere gaven die ik als mens ontving. Van nu af wil ik die mogelijkheden positief en opbouwend gebruiken.

Bedenk dat 'groeien in persoonlijkheid' alleen succesvol is als het je een diepere innerlijke vrede bezorgt: een meer oké met jezelf zijn. Indien het 'werken aan jezelf' je ook spontaner, levendiger en blijer maakt, dan ben je zeker op de goede weg.

G2. Geloof in eigen mogelijkheden

Ieder mens is een unieke persoonlijkheid met eigen talenten en beperktheden. Hij kan zijn leven gestalte geven en draagt zijn eigen bestemming in zich. Voor zijn zelfverwezenlijking is hij persoonlijk verantwoordelijk. Groeien tot je 'beste zelf' vereist een diep geloof in eigen mogelijkheden. En die zijn er. Het komt eropaan ze te ontdekken en te ontwikkelen.

Waar heb je talent voor? Luisteren? Spreken? Schrijven? Zingen? Musiceren? Schilderen? Fotograferen? Tuinieren? Bloemschikken? Gezelligheid scheppen? Organiseren? Creatief zijn...? Wat doe je vandaag waar je je goed bij voelt, waar de wereld een stukje beter mee wordt en waar je medemensen een beetje deugd aan beleven?

Je bent een onherhaalbaar en uniek mens, zoals er nooit iemand was of ooit zal zijn. Waarom geobsedeerd zijn door wat je niet kunt of niet bent? Kweek geloof en vertrouwen aan in je eigen specifieke bekwaamheden. Misschien voel je dan in je hart dankbaarheid opwellen om al wat je wél hebt en wél kunt.
Soms hebben we maar weinig oog voor onze eigen gaven en vaardigheden en zien met lede ogen wat een ander kan en doet.

Ik hoor Josiane nog zeggen: 'Ho, Veerle, wat heb jij geluk dat je zo goed kunt breien en naaien! Ik zou willen dat ik dat kon.'

'Maar...,' antwoordt Veerle, 'ik dacht vandaag nog: wat heeft Josiane geluk! Ze kan zó fijn koken en bakken! Ik zou willen dat ik dat zo goed kon.'

Een mens zou beter trots zijn op het talent dat hij heeft. Als hij het overvloedig gebruikt, zal hij tot eigen vreugde ervaren dat iedereen in zijn omgeving ermee gebaat is. En laat andere gaven en bekwaamheden rustig bij anderen. Wie altijd de dingen wil die een ander heeft, is nooit gelukkig.
Mensen in een nieuwe levensfase kunnen die soms moeilijk aan. Ze worden wat depressief.

Lidwine, die naailessen gaf, verloor haar man. Wat later huwden haar twee dochters. Ze zag de zin van haar bestaan niet langer en kreeg een inzinking. De dokter schreef haar rust voor en ze hield op met het geven van naailessen. Ze zat maandenlang thuis, ging nergens heen en ontving ook niemand.
Een buurvrouw, die ooit een avondcursus 'Snit en naad' volgde, zat op een goede dag met een probleem. Na enige aarzeling bracht ze de moed op om Lidwine raad te vragen. Ze werd koel ontvangen, zo in de trant van: je valt mij lastig en je weet dat ik ziek ben. Ze kreeg toch enkele instructies en kon weer verder.

Na enkele uren raakte die buurvrouw echter weer in de knoop en ze trok opnieuw naar Lidwine. Ze kreeg meer dan een uur uitleg. Er was zojuist iets veranderd bij Lidwine. Na het eerste bezoek had zij het gevoel gekregen dat ze toch nog ergens nuttig voor was. Iets van haar vroegere enthousiasme kwam weer boven. Ze genoot die avond nog na en belde 's anderendaags haar school op om te zeggen dat ze weer les ging geven.

Veel depressieve mensen hebben niet zozeer behoefte aan rust. Integendeel, het is goed dat ze weer actief worden in de dingen waar ze sterk in zijn. Zo vinden ze een klankbord bij anderen die hun prestaties appreciëren.
Rusten en piekeren brengt hen niet op krachten, wel een hernieuwd geloof in hun eigen mogelijkheden en een gemotiveerd uiting geven aan het beste dat in hen leeft.

G3. *Noodzakelijke zelfaanvaarding*

In de groei van je persoonlijkheid zijn drie stappen van belang: zelfkennis, zelfaanvaarding en zelfverbetering. De moeilijkste van de drie is *zelfaanvaarding.*

De alcoholist die niet aanvaardt dat hij alcoholist is ('Het is niet omdat ik al jaren twaalf pintjes per dag drink dat ik verslaafd ben') doet niets om ervan af te geraken. Hij meent immers dat hij 'niet in dat beddeke ziek' is. Van zodra iemand zijn 'ziek-zijn in een of ander opzicht' aanvaardt, kan hij bewust de dingen doen die naar genezing leiden.

Zelfaanvaarding betekent dat men de schuld niet langer op de omstandigheden of op de anderen afschuift, maar zelf de verantwoordelijkheid op zich neemt. Als het niet aan de situatie of aan de anderen ligt, ligt het aan mij. Dat te erkennen is pijnlijk. Het tast onze eigenwaarde aan en we voelen ons nog kleiner. Toch is dit de enige weg naar zelfverbetering.

Kun je op jouw leeftijd jezelf aanvaarden zoals je bent, met je geestelijke kwaliteiten en je fysieke verschijning? Neem je vrede met je 'levenskarretje', met zijn gaven en gebreken?
Kun je 's morgens na de douche nog even voor de grote spiegel zeggen: 'Ja, mijn "carrosserie" is niet meer nieuw en met de jaren vertoont ze al wat builen en blutsen, maar ik hou van mijn "karretje" zoals het is en ik wil het goed verzorgen zodat het lang meegaat'?

Ben je een beetje trots op jouw figuur, ook al is die hier of daar wat buitenmaats? Aanvaard je je kromme neus, je flaporen, je platvoeten, je wijnvlek, je grote of kleine gestalte, je brede of smalle taille?

Een dame wilde graag paardrijden. Ze had echter x-benen in plaats van o-benen. Dat was ongemakkelijk. Breed uitgevallen mensen dromen van een wespetaille, terwijl mageren hunkeren naar wat rondere vormen. Kleine dames lopen ongemakkelijk op veel te hoge hakken en de grote modellen bukken zich bijna om wat kleiner te lijken.

We willen er vaak heel anders uitzien dan we zijn. Een nicht van mij had vroeger lang, zwart haar. Op een dag verschijnt ze met korte, blonde krullen. Is het niet veel makkelijker als ieder zichzelf aanvaardt in zijn unieke oorspronkelijkheid?

Een student uit het tweede studiejaar geneeskunde belde om elf uur 's avonds nog aan.
'Ik ben Karel... ik zag dat er nog licht brandde en ik dacht het maar te riskeren. Hebt u een minuutje, meneer?'
'Kom binnen, vriend... ga zitten en vertel het eens.'
Een hele tijd sprak hij geen woord. Dan opeens: 'Meneer, wees eens eerlijk... is er iets aan mij dat u opvalt?'
Ik zag echt niets speciaals en probeerde: 'Karel, jongen, je geeft me toch best een hint, hoor. Wat zou ik moeten zien?'
'Mijn neus, meneer, mijn neus! Ik was vandaag bij de plastisch chirurg en die wil er niets aan doen.'
'Je neus, man, wat scheelt er aan je neus?'
'Maar meneer, zulk een kanjer! Waar ik ook ga, overal valt mijn neus op.'

'Wel Karel, het is erg voor je om steeds het gevoel te hebben van: ze kijken weer naar mijn neus. Toch geloof ik dat dit idee en dit gevoel alleen maar in je eigen brein zitten.' En ik vertelde hem een ervaring uit onze cursus:

Een vrouw die deelnam aan de cursus had, tengevolge van kinderverlamming, een kortere wat vervormde linkerarm. Na vele maanden kwam het thema: 'Lichte afwijkingen' aan bod.
Ze sprak toen: 'Van de eerste les af merkte ik dat jullie voortdurend naar mijn arm keken...'
Iedereen was stomverbaasd. Niemand had in al die tijd iets gezien. Wat zij ons vertelde was volkomen nieuw. Alleen 'zij' meende dat iedereen elke keer op haar arm lette.

'Karel, dat is waarschijnlijk ook bij jou zo. Aanvaard je neus zoals hij is. Niemand zal je omwille van je neus verwerpen, als je hem zelf aanvaardt. Het valt geen mens op als je er niet zelf de aandacht op vestigt.'

Een ingenieur kijkt vanuit de deuropening naar de tegelzetter die de wand van zijn badkamer betegelt. Een beetje afgunstig op de vaardigheid van die man denkt hij: zulke 'handen' moest ik hebben, wat zou me dat van pas komen in mijn nieuwbouw!
De vakman draait zich om en ziet de ingenieur. Hij zegt het niet, maar denkt: zo'n 'koppie' moest ik hebben. Wat een ander leven zou dat geven! Gedaan met tegels tegen de muur aanplakken!

Hoe komt het dat zoveel mensen steeds willen hebben wat een ander heeft en willen doen wat een ander doet, met een zeker misprijzen voor wat zij zelf hebben en zelf doen? Wat lijkt het gras in buurmans tuin toch altijd veel groener... tot je zelf ter plaatse bent en kijkt.

We hoeven niemands talenten te benijden. We hebben onze eigen gaven en kunnen daar veel mee doen, tenminste als we die mogelijkheden blijven ontwikkelen. Het is belangrijk goede maatjes met jezelf te zijn, jezelf te aanvaarden en te geloven in je groeikansen. Een beuk moet geen eik willen zijn en een wesp geen vlinder. Ook jij hoeft niet 'iemand anders' te willen worden, maar gewoon je 'beste zelf'.

G4. Van jezelf houden

Een belangrijke hinderpaal voor persoonlijke groei is een minderwaardigheidsgevoel. Meestal is dit een ander woord voor een diepgewortelde 'zelftwijfel' en een stuk 'zelfverwerping'.
Breek je soms jezelf af? 'Ik ben lelijk, lastig, dom... Ik kan dit of dat niet... Ik ben daar niet goed in... niet mooi, slim of handig genoeg voor... Bij mij lukt dit toch nooit...'

Zelfverwerping is heel erg. Het negeren van het vele goede in jou lijkt wel een godslastering. Als je voortdurend negatieve dingen over jezelf zegt, geloof je langzaam aan je eigen woorden. Je bouwt dan aan een negatief zelfbeeld en handelt er ook naar. Door onjuiste zelfkritiek devalueer je jezelf.
Het is een goede gewoonte geregeld positieve en plezierige dingen over jezelf aan jezelf te zeggen. Je krijgt dan beslist een heel wat prettiger indruk over jezelf.

Tony vertelt hoe hij zijn zelfbeeld positiever maakt: ''s Morgens ga ik voor de spiegel staan, kijk mezelf eens goed in de ogen en zeg: "Hallo Tony. Goeiemorgen! Je ziet er goed uit, jongen!" Met de glimlach geef ik mezelf nog een extra complimentje en ga dan tevreden aan de slag.'

Het komt eropaan te leren houden van je hele persoon. Deze gezonde zelfliefde heeft niets met egoïsme te maken, wel met dankbaarheid. Houd van jezelf zoals je bent.
De Vlaamse woordkunstenares, Ingeborg Mollet, zei het zo mooi: 'Geniet van het leven, van elk moment. Wees blij met jezelf, zoals je bent.'

Nido Qubein stelt in zijn boek *Maak het beste van jezelf* enkele belangrijke vragen: 'Mag ik mijzelf werkelijk graag? Acht ik mijzelf een capabel persoon? Is wat ik doe de moeite waard?' In het hoofdstuk over de opbouw van een krachtig positief zelfbeeld geeft hij de raad: 'Begin in de vaste overtuiging dat God je liefheeft! Dit diep besef verschaft de meest solide basis voor een sterk ontwikkeld zelfrespect.

Wie zijn leven baseert op de visie dat een liefhebbende God in zijn belang handelt, worstelt niet met het leven als gold het een vijand die moet overwonnen worden. Hij beschouwt de moeilijkheden eerder als mogelijkheden tot groei en hij accepteert het leven als een welkome vriend.'
Je zit zelf aan het roer van je eigen 'levenswagen'. Model en uitzicht ervan spelen voor je geluk een mindere rol. Hoofdzaak is dat je een goede bestuurder bent.

Kamiel reed al vele jaren met zijn '2 pk-tje', dat uiteindelijk op talloze plaatsen was doorgeroest. Hoe dat vehikel door de automobielinspectie geraakte, weet niemand. Met zijn versleten wagentje reed hij nog eenmaal naar het zuiden van Spanje. Heel de buurt lachte toen hij vertrok: 'Hij zal erdoor zakken; hij haalt nooit Parijs.'
Maar Kamiel was een goed chauffeur én hij had vertrouwen. Hij hield van zijn wagentje, behandelde het met zachtheid en hij slaagde in zijn opzet.

Een rijke industrieel, uit dezelfde straat, had pas een dure Amerikaanse wagen gekocht, splinternieuw en nog niet ingereden. Hij was gehaast en met hoge snelheid snorde hij ermee naar Parijs. Na vijftig kilometer blokkeerde de motor en... een takelwagen mocht het voertuig naar huis slepen.
Een prachtige slee maar een slechte chauffeur. Door de ruwe behandeling bereikte de man zijn doel niet.

G5. Een positief zelfbeeld

De laatste decennia lees je in de literatuur over levenskunst steeds vaker over het belang van een positief zelfbeeld. In zijn boek *Denken als krachtbron* noemt dr. Maxwell Maltz het 'zelfbeeld' de voornaamste eigenschap van een mens. Je zelfbeeld is gewoon alles wat je van jezelf vindt: 'Ik ben mooi (of lelijk), intelligent (of dom), lief (of lastig), waardevol (of onbelangrijk)...'

Vooral in de kinderjaren hebben gezegden van ouders, leerkrachten, grootouders, vrienden... je zelfbeeld gevormd. Werd je toen bevestigd, erbij betrokken? Mocht je je gevoelens uiten, teder zijn?... Deze effectieve boodschappen droegen bij tot het positieve in je zelfbeeld. Kreeg je destijds veel afkeurende en vernederende opmerkingen? Die droegen bij tot het negatieve in je zelfbeeld.

Zelfverzekerdheid en een positief zelfbeeld zijn van enorm belang voor jong en oud. Een positief zelfbeeld gaat gepaard met een sterk gevoel van eigenwaarde. Je gelooft van jezelf: 'Ik ben aangenaam. Ik ben de moeite waard. Ik ben verantwoordelijk voor mezelf.' Je gedraagt je als een zelfverzekerd, actief en opgewekt mens.

Bij een negatief zelfbeeld daarentegen denk je van jezelf: niemand geeft om mij. Ik ben als persoon niet de moeite waard. Ik kan nooit iets goed doen. Ik kan het niet aan. Ik ben een nul.
Je gedraagt je dan lusteloos, passief, wat depressief of eventueel agressief.

Iemands gedrag wordt immers niet bepaald door hoe hij in feite is. Een mens reageert conform aan zijn zelfbeeld, dit is: hoe hij denkt en voelt wat hij is. Met een zelfbeeld om trots op te zijn, kun je ongehinderd jezelf zijn, je vrij uitdrukken en bewegen. Maar met een zelfbeeld om je over te schamen, wordt je creativiteit geblokkeerd en wil je je veeleer verbergen in plaats van je te uiten.

Met haar boek: *Je kunt je leven helen* probeert Louise L. Hay het gevoel van eigenwaarde van de mensen op te krikken. Zij noemt het negatieve zelfbeeld: IK BEN NIET GOED GENOEG, een voortdurende bron van onrust, van negatieve en destructieve gedachten. De kwalijke gevolgen ervan zetten we even op een rijtje.
Een negatief zelfbeeld:
- verwekt de angst om er minder goed uit te komen;
- neemt zelfverzekerdheid weg;
- doet vergelijken met anderen;
- maakt jaloers en wantrouwig;
- wekt agressie op om niet het onderspit te delven;
- doet alles om de eigen façade te redden;
- vervalst de kijk op zichzelf en de anderen;
- doet te veel belang hechten aan het eigen imago;
- reduceert de goede dingen van de anderen;
- zet aan tot klagen en de martelaar uithangen;
- richt de focus voortdurend op zichzelf;
- belet onbaatzuchtige gerichtheid op anderen;

- maakt het oordeel van anderen zó belangrijk;
- doet vluchten voor bepaalde verantwoordelijkheden;
- belet positief te denken over gedragingen van anderen;
- verhindert het goede en unieke in de ander te zien;
- remt af om het risico van de openheid aan te durven.

Virginia Satir, een gezinstherapeute met veertig jaar praktijkervaring, schrijft in *Mensen maken mensen* dat een positief zelfbeeld en een sterk gevoel van eigenwaarde de voornaamste factoren voor een gezonde gezinsrelatie zijn. Dit zelfwaardegevoel heeft een directe invloed op de communicatie in gezin en gemeenschap. Ouders met een prima gevoel van eigenwaarde creëren gezonde gezinnen. Ouders bij wie het gevoel van eigenwaarde op een laag pitje staat, brengen probleemgezinnen voort.
Uit een negatief zelfbeeld komt alle onheil voort.

Een positief zelfbeeld is de sleutel om te bereiken wat je wenst. Je zelfbeeld – dus hoe jij over jezelf denkt – bepaalt je houding en je gedrag. Maar je gedragingen en daden bepalen hoe anderen zich tegenover jou gedragen. Uiteindelijk behandelt men ons zoals wij 'denken' dat we het verdienen. Het idee 'ik ben niet goed genoeg' zou je best met wortel en tak uitroeien.

Op het T-shirt van een welgevormde jongedame stond: 'Niemand is volmaakt... maar delen van mij mogen er zijn.'
Ik wed dat 'delen van jou' er ook mogen zijn. Concentreer je op de sterke elementen van de unieke, prachtige persoon die je bent. Het is de basis voor het opbouwen van een juist, positief zelfbeeld.

Hedwige Stellamans, een kinderpsychotherapeute met dertig jaar praktijkervaring, schrijft: 'Als een kind geboren wordt, heeft het geen enkele referentie en kan het aan zichzelf ook geen enkele betekenis geven. Maar de onmiddellijke omgeving laat vlug blijken wat er aan hem leuk en minder leuk is. Die duizenden positieve en negatieve ervaringen bepalen op de leeftijd van drie jaar hoe het kind over zichzelf denkt en welk gevoel van zelfwaarde het heeft.'

Wanneer ouders zeggen: 'Je bent lief, je bent een schat', dan voelt het kind zich lief en gedraagt zich ook lief. Als een kind voortdurend hoort dat het lastig of onhandig is, gedraagt het zich ook zo. Ouders die steeds heel kritisch voor zichzelf zijn, zijn het normaal gesproken ook voor hun kinderen. Dan geven ze negatieve boodschappen met de bedoeling het kind te veranderen. Ze zeggen wel niet: 'Je bent lelijk', maar wel: 'Kam je haar eens, trek je trui recht...' In zo'n situatie hoort het kind voortdurend correcties en krijgt het gevoel dat het 'toch niet is zoals het hoort'.

Soms geeft een kind een signaal: 'Mama, ik vind me niet mooi.' Beter dan direct het tegendeel te beweren, is ingaan op de gevoelens van het kind: 'O, dat moet vervelend zijn... dan voel je je wel dikwijls ongelukkig. Wij zeggen dat je mooi bent... en je kunt het niet geloven...'
Gaandeweg leert het kind relativeren: 'Het gaat eigenlijk niet over m'n hele zelf, maar over een deel van mij.'

Vaak krijgt een kind kritiek op wat het 'net niet goed genoeg' doet. Als het de tafel dekt en de couverts vergeet, zeuren we over de couverts en vergeten de dingen die wél op tafel staan. We besteden onvoldoende aandacht aan wat de kinderen wél goed doen. Een kind heeft bevestiging nodig, ook voor de dingen die wij vaak vanzelfsprekend vinden. Het is goed eens te laten horen: 'Ik ben blij dat je thuis bent.'

Zodra een ouder beseft dat hij al een hele tijd negatief-kritisch tegenover zijn kind is, kan hij dat patroon ombuigen tot een positief-opbouwend. Hedwige Stellamans geeft de raad: 'Vertel je kind vijfmaal per dag wat het goed doet, waarmee je blij bent of waarop je trots bent. Binnen de veertien dagen heb je een tevredener, geruster en minder gestresseerd kind.'

G6. Groeien is echt leven!

Groei is het kenmerk bij uitstek van krachtig leven. Elke ervaring van vooruitgang in je 'zelfwording' geeft je intense voldoening. Kijk maar in de natuur hoe groeien en leven samengaan. In de lente vind je in je tuin een stokje waar geen groen aan verschijnt en je denkt: het groeit niet meer, het lééft niet meer.

Groeien en leven zijn om zo te zeggen synoniemen. Groeien is elke dag vaardiger en bekwamer worden, kennis en inzicht verwerven, lessen trekken uit de rijkdom van ervaringen. Je mag 90 zijn, zolang je nog groeit, lééf je echt!

Niet onze omgeving past zich aan onze wensen en verlangens aan, hoezeer we dat ook willen. Het is onze eigen opdracht om te groeien naar het doel dat wij onszelf stellen. Dat kost moeite en pijn, maar na de barensweeën komt nieuw leven.
Dikwijls beweren we: 'Ik kan niet anders', maar eigenlijk bedoelen we: 'Ik wil nog niet anders.' We voelen immers hoe iedere vezel van ons wezen zich tegen verandering verzet.

We verloochenen onszelf als we verder hollen volgens de normen die anderen ons willen opdringen. Door voortdurend aan de verwachtingen van anderen proberen te beantwoorden – wat toch nooit lukt – spelen we soms jarenlang een rol. Op den duur weten we niet meer wie we echt zijn of wat we echt willen. Allerlei 'niet oké-gevoelens' signaleren ons dat we afgeweken zijn. Maar zodra je je realiseert dat je je huidige situatie hartsgrondig beu bent, ontstaat het verlangen tot veranderen. Dán kun je de wil en de inzet hiertoe opbrengen.

Wie zich blijvend gefrustreerd, onderdrukt, beperkt of geremd voelt in zijn zelfrealisatie, reageert hierop met ziekte, gestoordheid of onaangepastheid.
De gedachten die zelfvernietigende gevoelens en gedragingen bevorderen, zijn echter moeilijk uit te bannen. Maar je beseft nu dat je de verantwoordelijkheid voor jezelf niet langer kunt afschuiven

op je ouders, gezinsleden of anderen en evenmin op de omstandigheden.

Het komt er dus op aan werk van je zelfrealisatie te maken. In plaats van af te wachten en te ondergaan, schud je beter je faalangst af. Wees creatief en zet de eerste stap. Neem hindernissen en doe elke dag iets dat je vooruithelpt. Doe iets waar inspanning en doorzettingsvermogen voor nodig zijn, iets waarmee je de grens van je mogelijkheden een beetje verschuift. Durf tot de grens van je kunnen te gaan... en verlies eventueel. Een mens is waard wat hij aankan na een nederlaag. Ook tegenslag kan groei bevorderen.

Talloze oud-cursisten beginnen hun dag moedig. Pas uit het warme bed nemen ze een ijskoude douche en wrijven daarna met een ruwe handdoek hun hele lichaam af. Dit heeft vooreerst een fysiologisch effect: door het koude water op borst en rug trekt het bloed naar de huid en door het flink wrijven is er een verhoogde bloeddoorstroming. Ze ervaren niet alleen het gevoel van fitheid en welbehagen, ook de weerstand tegen verkoudheden wordt groter. Maar er is vooral het psychologisch effect, want door het dapper trotseren van dit koude water, krijgen ze het gevoel: 'Welke moeilijkheid kan mij vandaag nog tegenhouden?'

Anderen overwinnen hun gemakzucht en sterken hun lichaam door dagelijks een aantal kilometers te joggen. Nog anderen tonen hun karakter door roken, overmatig drinken of meer moderne verslavingen blijvend achterwege te laten.
In elk geval: je zelfrespect wordt aanzienlijk groter als je dingen doet die je het gevoel geven: mijn geest behoudt het meesterschap over de verslavingen van het lichaam. Dit zelfrespect helpt je om ook op andere levensgebieden overwinningen te behalen.

Marks grootvader was een geleerd, maar ook een wijs man. Een aantal dagen voor zijn dood sprak hij enkele merkwaardige woorden: 'Mark, jongen, durf steeds te zijn wie je bent, maar besef ook wie je niet bent. Doe nooit iets dat de eerbied voor jezelf zou verminderen. Integendeel, verhoog je zelfrespect, maar tegelijk je deemoed tegen mogelijke zelfoverschatting.'

Twee kleine jongens spelen aan zee in de branding. Een enorme golf gooit hen allebei ondersteboven. Het ene jongetje holt terug naar het strand en blèrt om zijn moeder. Hij ziet die 'stoute zee' slechts als een boze vijand. Hij heeft niets uit zijn ervaring geleerd en wordt een nóg grotere huilebalk.
Het andere jongetje krabbelt overeind, wrijft het zeewater uit zijn ogen, haalt diep adem en... lacht. Hij trotseert de branding, geniet van de uitdaging en zet zich schrap voor de volgende golf.

Hoe reageer jij als het leven je slecht behandelt? Wat doe jij als een levensgolf je omverwerpt? Krabbel je overeind, haal je diep adem en voel je – lachend door je tranen heen – bij jezelf die innerlijke bereidheid om weer verder te gaan? Of blijf je liggen met een zenuwinzinking, zwelgend in zelfbeklag, vragend om medegevoel en je lot bejammerend? Altijd is het nodig je aan de werkelijkheid van het leven aan te passen, hoe hard, hoe wreed, hoe krankzinnig die werkelijkheid ook mag zijn.

Je kunt uit de tredmolen stappen, vaste patronen doorbreken, je leven in eigen handen nemen. Je hoeft een bepaalde levenssituatie niet langer lijdzaam te ondergaan. Je kunt jezelf – op welk vlak ook – optillen boven het huidig niveau. Je kunt controleren, veranderen en bijsturen in de richting die je zelf wenst. Het komt eropaan te durven leven naar je eigen roeping en te geloven in je doel en bestemming.

Je hoeft je niet op het verleden vast te pinnen. Indien je precies weet waar je naar toe wilt, kun je je eigen leven volop wenden. Dan laat je je niet meer van de weg afleiden en neem je de hindernissen vlotter. Je stelt je flexibel op om niet te breken en je leert door het leven laveren zonder veel averij op te lopen.

Groeien in persoonlijkheid veronderstelt ook dat we de wenken voor een gezond leven ter harte nemen: voldoende slaap, gezonde voeding en matigheid in alles. Een gezonde geest in een gezond lichaam. Verrijk dus niet alleen je geest, maar verzorg ook je lichaam goed. Ontwikkel je lichamelijke functies. Zorg voor voldoende beweging, handenarbeid en contact met de natuur. Ook dat is echt léven!

Positieve suggesties

Ik ben een vrij mens, uniek op deze wereld en met niemand te vergelijken. Telkens als ik naar buiten ga, trek ik mijn kin in en houd mijn hoofd rechtop. Ik rek me uit en maak mezelf zo groot mogelijk. Bij iedere ademhaling vul ik mijn longen tot barstens toe met frisse lucht. Ik drink als het ware de zonneschijn.

Mijn vrienden groet ik met een glimlach en ik leg mijn ziel in elke glimlach. Mijn hartelijkheid en vriendschap laat ik met elke handdruk op een ander overgaan. Nooit vrees ik dat mijn handdruk verkeerd begrepen wordt. Ik verspeel geen minuut door aan mijn vijanden te denken.

Alles wat nodig is om te slagen ligt voor het grijpen. Mijn hele toekomst hangt af van de kracht van mijn verlangen om te bereiken wat ik droom. Ik stel mij alle mooie en grootse dingen die ik zo graag zou willen doen scherp voor ogen. Zonder omwegen ga ik recht op mijn doel af. En terwijl de dagen voorbijglijden, grijp ik onbewust de kansen die voor de vervulling van mijn wensen nodig zijn.

Ik zie in mijn verbeelding die flinke, blije persoonlijkheid die ik graag wil zijn. Dit beeld en die gedachten veranderen mij van uur tot uur in de mens die ik wil zijn. Daarom maak ik mezelf zo groot mogelijk. Ik neem de houding aan van moed, openhartigheid en opgewektheid. Mijn groot verlangen en mijn krachtig geloof maken mij onweerstaanbaar tot die blije en enthousiaste mens die gelukkig is en slaagt.

Ik houd van mezelf, zoals ik ben in mijn situatie, met mijn leeftijd en mijn bekwaamheden. Ik heb de moed om te zijn wie ik ben, niettegenstaande wat ik niet ben. Ik engageer mij. Ik verwonder me telkens over wat ik kan. Ik spijker me niet vast. Ik laat me niet overheersen door personen of situaties. Ik neem ruimte voor mezelf en sta vast op mijn twee voeten. Ik respecteer mezelf.

Mijn ogen zijn er voor het licht, het groen van de lente, het wit van de sneeuw. Mijn oren zijn er om belangstellend te luisteren naar al wat leeft. Mijn mond is er voor het goede woord, dankend, waarderend en aanmoedigend. Ik weet dat ik jong zal blijven, zolang ik nog kan dromen en verlangen, doelgericht denken en plannen, geloven en enthousiast worden, aanpakken en... doorzetten!

- *Ik vermijd elke gedachte die mijn zelfvertrouwen een deuk geeft.*
- *Ik veeg de zorgelijkheid uit mijn geest en de rimpels van mijn gezicht.*
- *Ik vervang elke neiging om onaangenaam, kribbig of kwaad tegenover mijn omgeving te zijn door de lust mezelf leuk en aangenaam te uiten.*
- *Ik zeg ja op elk redelijk verzoek en zeg het zó opgewekt dat iedereen kan zien en voelen dat het mij werkelijk een genoegen is aan hun wensen te voldoen.*
- *Ik gooi elke aarzeling van mij af als er niet hoeft te worden geaarzeld, en kom direct in actie om iets te doen dat nuttig of leuk is.*
- *Ik durf een besluit te nemen en durf ook het risico aan dat mijn besluit verkeerd of half verkeerd is.*
- *Ik jaag de kleinste sporen van egoïsme, valse eerzucht, slecht humeur, lichtgeraaktheid, gemakzucht, wrok... ver van mij weg.*

Even opfrissen G

- 'Plus est en vous!' Mijn gaven als mens wil ik positief en opbouwend gebruiken.
- Zelfkennis, zelfaanvaarding en zelfverbetering zijn de drie stappen in mijn groei.
- Heb ik een gezonde zelfliefde? Mag ik mezelf werkelijk graag? Ook mijn fysiek?
- Het zelfbeeld is de belangrijkste eigenschap van een mens. Een positief zelfbeeld is de sleutel om te bereiken wat je wenst. Een negatief zelfbeeld is bron van alle onheil.
- Het zelfbeeld: 'Ik ben niet goed genoeg', heeft erg kwalijke gevolgen.
- Ouders bepalen in belangrijke mate mee het zelfbeeld van hun kind.
- Groeien is echt leven! Begin je dag moedig en overwin je gemakzucht.
- Stap uit de tredmolen. Ik laat me niet overheersen door personen of situaties.

H. Lukken maakt gelukkig

H1. Lukken in je activiteiten

In dit leven heeft elke mens een zeer persoonlijke en unieke roeping die in de lijn ligt van eigen aanleg en mogelijkheden. Onze opdracht is die levenstaak in al haar onderdelen succesvol te vervullen. Dit is de derde bouwsteen voor het geluk: actief zijn, van aanpakken weten, lukken in activiteiten, arbeidsvreugde ervaren, trots kunnen zijn op het resultaat.

Een bezorgde priester zag enkel de titel en vroeg me: 'Jaag je met dit thema de mensen nog meer op om te slagen? Ze zijn al zo belust op materieel succes!'
In onze samenleving worden activiteit, prestatie en efficiëntie sterk overgewaardeerd. Ik wil zeker de materiële objectieven niet hoger op de waardeschaal plaatsen. Er moet voldoende tijd en aandacht voor de echt belangrijke dingen in het leven overblijven. Met deze bouwsteen bedoel ik: doe de eenvoudige dingen van elke dag kwalitatief beter en houd er een grotere tevredenheid aan over.

Wat waard is te doen, is waard om het goed te doen.

Bij elk geslaagd werk, bij elke goed volbrachte taak ontstaat een diepe tevredenheid. Flink opschieten naar een doel, moeilijkheden overwinnen, het gewenste resultaat bereiken, vooral de dagelijkse kleine dingen succesvol doen: het zijn allemaal bronnen van spontane geluksgevoelens. Wie loopt tevreden rond op onze aardbol, als hij voortdurend in zijn pogingen mislukt? Denk maar aan je activiteiten. Zolang het meevalt, werk je blij en tevreden. Hoe verandert je gemoedsstemming echter als je plots met tegenslag hebt af te rekenen!

Tijdens een pauze schonk Nadine vriendelijk lachend de koffie, niet te veel, niet te weinig en netjes in elk kopje. Iemand sprak haar aan en zij schonk wat verstrooid toch verder. Ze morste koffie voor een deel naast het kopje. Nadine schrok en haar gelaatsuitdrukking veranderde totaal. Het koffie schenken mislukte en ze was er niet gelukkig mee.

Hendrik is een handige jongen. Tijdens het weekend bakt hij af en toe een lekkere taart. Op een dag was hij haastig en onoplettend en hij liet zijn taart te lang in de oven. Bij het uithalen merkte hij de zwartgebrande korst op. Daar stond hij: met de taart in de handen en een ongelukkig gezicht. Hij leek veel ouder.
Maar als het taart-bakken meevalt, glundert hij. Stralend presenteert hij een punt ervan aan de huisgenoten. Als het bakken lukt, is Hendrik gelukkig.

Astrid breide voor zichzelf een wit-wollen trui. Die staat haar zo mooi, precies op het lijf gegoten. Ze is er dan ook behoorlijk trots op. Als buurvrouw, vriendin, schoonzuster of tante binnenkomt, vraagt ze onmiddellijk: 'Heb je al mijn nieuwe pull gezien?' Vlug haalt zij dan haar meesterwerk uit de kast en demonstreert fier en met zichtbaar genoegen het werk van haar handen. Zij straalt erbij. Omdat het haar zo goed lukte, is zij er ook gelukkig mee.

Heel anders was het toen Astrid vorig jaar met een van die ingewikkelde breisteken experimenteerde. De trui werd een fiasco. Ze toonde hem nooit aan iemand. Astrid was teleurgesteld over haar mislukte pull en kon toen moeilijk een gelukkig gevoel hebben.

Een kind van ongeveer één jaar kreeg zijn papje ingelepeld. Hij wilde meehelpen en greep naast moeders hand ook het lepeltje vast. Het was niet makkelijk om op die manier de lepel in de mond te krijgen. Zijn neusje, zijn kin en zijn wangen waren al flink besmeurd. Toevallig raakte de lepel toch eens in de mond. Het kind draaide zijn hoofd, met lepel en al, en keek zijn moeder aan met schitterende ogen. Net alsof hij wilde zeggen: 'Nu is 't gelukt, hé mama?'

Kleine Nick kon al flink met zijn driewieler overweg. Van Sinterklaas kreeg hij een tweewieler. Nick wilde er onmiddellijk op rijden, maar dit viel niet mee. Het werd vallen, opnieuw proberen, weerom vallen... maar het baasje hield vol. Na talloze pogingen kon hij vijf à zes meter ver rijden. Nick was heel trots, draaide zijn hoofdje en riep: 'Papa! Kijk, ik kan rijden!' In zijn stemmetje klonk de vreugde van het lukken.
Maar het omkijken verstoorde het evenwicht en de jongen viel opnieuw. Nu het even niet lukte, keek Nick er maar triestig bij.

Anita, een 20-jarig mentaal gehandicapt meisje, probeert de haar toegeworpen ballen op te vangen. Tot tweemaal toe sluit zij haar armen te laat en glijdt de bal er tussendoor. Het lukt niet en je kunt van ver horen dat ze er zich niet goed bij voelt. De opvoedster probeert voorzichtig een derde worp. En het lukt. Juichend danst het meisje met de bal in het rond. Anita is zo gelukkig dat het lukte!

Professor Johnson worstelde al maandenlang met een wetenschappelijk probleem. Hij kon het maar niet oplossen en was er niet gelukkig mee. Eindelijk lukte het hem toch. De vreugde van het slagen straalde van zijn gezicht.

Men vertelt dat Archimedes zijn befaamde wet ontdekte terwijl hij een bad nam. Zijn enthousiasme hierover was zo groot dat hij uit de badkuip sprong, naakt naar buiten holde en riep: 'Eureka... ik heb het gevonden!'

Om gelukkig te zijn is het voor groot en klein, voor oud en jong, belangrijk te lukken in zijn activiteiten. Het is bovendien de bijdrage van iedere mens om onze aarde meer leefbaar en bewoonbaar te maken. Het is een creatief meehelpen aan de schepping tot groter welzijn van de mensheid.

Tuinder Gaspard bewerkte zijn land. De vruchten stonden er mooi bij, er was geen onkruid en alles was netjes onderhouden. Aan de overkant van de weg lag de grond braak. Netels, distels, doornen en allerlei onkruid tierden er welig.
Meneer pastoor wandelde er voorbij en zei: 'Wel, wel Gaspard, proficiat met je land en je vruchten. Jij met je werk en God met zijn zegen, dat is toch prachtig, nietwaar?'
'Ja, ja,' zei Gaspard, 'kijk maar eens naar de overkant. Ik zie dat, als God het alleen moet doen, het ook niet alles is.'

H2. Positieve houding ten aanzien van je werk

De roeping van de meeste mensen ligt gewoon in het werk en in de taak die zij al jarenlang volbrengen. In het goed uitvoeren van deze opdracht is heel wat voldoening te vinden. Misschien zie je het er nog niet in. Dan kan deze bezinning je helpen om voortaan je volledige persoonlijkheid in je dagelijkse taak te leggen. Zo word je in en door je werk een stuk gelukkiger.

In onze arbeidstaak kunnen we drie waarden onderscheiden:
1. het noodzakelijk *inkomen* voor ons levensonderhoud;
2. een middel om *dienst* te bewijzen aan de gemeenschap;
3. een gelegenheid om tot *ontplooiing* te komen van onze persoonlijkheid.

1. ***Arbeid als bron van inkomsten***. Door onze arbeid verdienen we ons dagelijks brood. Er is de vreugde een beroep te beheersen en dit gewaardeerd te zien met een goed salaris. Je mag het gerust eens een korte tijd moeilijk hebben. Dat brengt je tot het activeren van al je innerlijke krachten. Maar het uitzicht op verbetering

komt uit jezelf en niet uit de situatie. In dezelfde omstandigheden brengt de een het tot welstand en de ander tot armoede. Zelfs een onverwachte meevaller – een erfenis... of een in de schoot geworpen promotie – kan voor de ene een sprong vooruit betekenen en voor de ander de aanleiding tot zijn ondergang.

2. ***Arbeid als vorm van dienen.*** Onze arbeid draagt ertoe bij de wereld tot een betere woonplaats te maken. Ze helpt mensenlevens in stand houden, geluk vermeerderen, dreiging voorkomen... De arbeid in kantoren en fabrieken, scholen en huishoudens, ziekenhuizen en in de open lucht... is een ware dienst aan de gemeenschap. Ze betekent een bijdrage aan het leven van duizenden. Aan onze eigen inboedel hebben tienduizenden gewerkt. Laat het 'dienen' op de eerste plaats komen, dan volgt het 'verdienen' vanzelf. De houding van: 'eerst diensten bewijzen', zal uiteindelijk een beter inkomen opleveren. Denk niet: natuurlijk zou ik meer presteren als ze me meer betaalden. Dat is de wagen vóór het paard spannen. Eerst door je creatieve arbeid beter dienen... en dan meer verdienen.

3. ***Arbeid als gelegenheid tot ontplooiing.*** Door je arbeid gebruik je je talenten en word je steeds vaardiger in het uiten van wat in je leeft. Met geest en hand breng je steeds meer dingen voort die er anders niet zouden zijn. Je ontplooit hierdoor je mogelijkheden. Je wordt een bekwamer en waardevoller mens. Je krijgt uitzicht op een betere toekomst met grotere welstand en meer levensvoldoening. Arbeid staalt bovendien je karakter in de voortdurende inzet om tot een goed resultaat te komen. Je moet immers voortdurend de tegenstand van je materiaal overwinnen: overwegend geestelijk materiaal zoals bij de correspondent, de romanschrijver, de journalist, de uitgever, de bediende, de componist..., overwegend stoffelijk materiaal zoals bij de bankwerker, de tuinder, de metselaar, de bakker, de slager, de timmerman...
Door onze arbeid, samen met anderen, groeien in beroep en gezin de solidariteit, het contact en de liefde op een heel eigen manier.

Maar aan elke arbeid is ook een last verbonden: 'In het zweet van uw aanschijn zult gij uw brood verdienen.' We ontkennen niet dat ons werk ook zwaar kan wegen. Sommigen ervaren heel sterk de last en de stress of de eentonigheid en de verveling van de arbeid. Ze ondergaan de teleurstelling over een lage positie, de druk van een te zware verantwoordelijkheid, de moeheid door het huishouden, het onbegrip en de mislukking. Ik merk hoe ze herhaaldelijk op de klok kijken en hoor hun afkeer voor de maandagmorgen.

Het is niet makkelijk om die tegenzin tot een positieve instelling om te buigen. Het is wel belangrijk dit te proberen. Ook voor het meest eentonige werk kun je een hogere zingeving ontdekken, als je verwijst naar het leefbaarder maken van de wereld voor het geluk van de medemens. Zo kan een gemotiveerd persoon enthousiast de duizenden gelijke steken voor de pull van een dierbare breien.

H3. Kleine mislukkingen blijven diep nawerken

Je arbeid is een strijd om de tegenstand van je materiaal te overwinnen. In die strijd ken je niet alleen overwinningen maar ook nederlagen. Elk goed resultaat geeft je het gevoel van een overwinning. Maar soms gaat het eens minder goed of valt het zelfs helemaal tegen. Dan ervaar je het gevoel van een nederlaag.

Hiervan ben je je niet altijd scherp bewust. Je probeert zelfs het gevoel van mislukking uit je geest te bannen. De nawerking ervan wordt daardoor niet minder sterk. Je innerlijk is bijzonder gevoelig voor successen en mislukkingen. De indruk die zij op je maken dringt heel diep door, en die blijft doorwerken als je bewustzijn de feiten al lang vergeten is.

Er is een psychologische wet die luidt:

Schijnbaar onbelangrijke successen en mislukkingen in je werk blijven diep nawerken. Vanuit je innerlijk oefenen ze een sterke invloed op je persoonlijkheid en je leven uit.

Een nederlaag in je werk knaagt diep binnenin aan je persoonlijkheid. Je merkt het nauwelijks, maar een voortdurende opeenvolging ervan vreet je zelfvertrouwen en je levensmoed aan. Omgekeerd gaat er van elk geslaagd werk een even hardnekkige en lang doorwerkende, stimulerende invloed op je persoonlijkheid uit. Een opeenvolging van zulke overwinningen vuurt je levensmoed en je zelfvertrouwen zo krachtig aan dat je tot je grootste prestaties komt. Die grote dienst bewijs je aan jezelf, als je je werk van harte en met volle toewijding verricht.

Herinner je die dag van goed geslaagde arbeid. Alles ging vlot. Je was niet moe en je had plezier in je werk. Ook 's avonds bleef er nog een stuk van die vreugde hangen. Je neuriede zonder het te beseffen en je had zin in een spelletje. Die nacht sliep je met een zalige glimlach in.

Maar een mens is een feilbaar wezen. Zelfs als hij zich inspant, lukt het niet altijd. Onvoorziene dingen, onbedachtzaamheid, onhandigheid... doen soms mislukken. Herinner je zo'n dag dat alles tegenliep. Je was er zo moe van! 's Avonds bleef de mislukking nawerken. Het kostte je moeite om de tegenslag te verwerken en je had nergens zin in. Wellicht kon je die nacht moeilijk inslapen?

H4. Dingen doen waarin je uitblinkt

In kleding, taal, voeding, omgangsvormen en gangbare opvattingen gedragen wij ons als een confectiemens. Tegenover die uniformiteit wil de mens zich op een of meer punten gunstig van een ander onderscheiden. Al zijn we geen bekend kunstenaar, wetenschapper, artiest, renner, voetballer, tenniskampioen, tv-ster...

toch willen wij onze behoefte aan onderscheiding – zij het op kleinere schaal – bevredigen.
De drang om in iets uit te blinken is in iedere mens aanwezig. We hebben de behoefte iets te hebben dat niet iedereen heeft, iets te presteren dat niet iedereen presteert, iets te kunnen dat niet iedereen kan, al is het nog zo weinig en nog zo onbelangrijk.

Bijvoorbeeld, een vrouw is voldaan over de cakes die zij zo speciaal lekker bakt; een ambtenaar toont met voldoening de systematische indeling van zijn bureau; een jongeman is trots op zijn keurige, forse handtekening. De ene speelt fluit, de andere schildert, een derde verzamelt vlinders, een vierde blinkt uit in handwerk. Mijn vriend is fier op de manier waarop hij een wijnfles ontkurkt en die zonder morsen uitschenkt. Een kennis doet ons telkens verrast opkijken als hij een dierengeluid nabootst...
Zo verschilt iedereen wel in iets van de anderen. Dat heeft een mens nodig!

De zaken waarin je je van anderen onderscheidt, zijn voor jou belangrijk. Neem ze niet te licht op, ook niet als het bezigheden zijn die je alleen voor je plezier doet. Probeer er iets goeds van te maken en ontplooi je daarin zoveel mogelijk. Ze geven je 'ik' een grote steun, en al wat je gevoel van eigenwaarde versterkt, heeft in het algemeen een gunstige uitwerking op je prestaties en uitingen.

Ben je een goed verteller? Ontwikkel die gave dan. Bespeel je een muziekinstrument? Studeer en oefen geregeld om steeds beter te spelen. Kun je goed knutselen, houtsnijden, tekenen, schilderen, breien, haken...? Leg je daar dan ernstig op toe. Zulke hobby's verschaffen je niet alleen een leuke bezigheid, ze vormen daarenboven een tegenwicht voor je werk. Ze geven je de gelegenheid je van de anderen te onderscheiden. Je put er heel wat kracht uit en dat versterkt je eigenwaarde.

Je medewerkers moedig je het best in hun werk aan door hun de gelegenheid te geven zich gunstig te onderscheiden. Iedereen is uiterst gevoelig voor alles wat zijn persoonlijkheid of zijn kwaliteiten beter doet uitkomen, zelfs als het om kleinigheden gaat. Zo wek je zijn dankbaarheid, medewerking en sympathie op. Vraag aan je medewerkers, je partner, je kinderen dát te doen wat zij bijzonder goed, buitengewoon snel of op een speciale manier kunnen verrichten. Laat hun dan blijken dat je hun bijzondere bekwaamheid of handigheid opmerkt en waardeert. Het zal hun prestatievermogen en hun arbeidslust verhogen.

Besef je ook dat je door iemand een dienst te vragen, je hem de gelegenheid geeft zich tegenover jou te onderscheiden? Ervoer je al dat je makkelijker een mens voor je wint door hem een dienst te vragen dan door hem een dienst te bewijzen?

Ook in het huwelijk is het nodig dat man en vrouw begrip tonen voor de manier waarop de partner haar of zijn persoonlijkheid doet uitkomen, ook al uit zich dit in kleinigheden. Het is belangrijk dergelijke persoonlijke uitingen aan te moedigen. Als hier onvoldoende begrip voor is, bestaat het gevaar dat er compensatie buiten het huwelijk wordt gezocht. De drang om in iets uit te blinken, drijft een mens naar anderen die zijn 'uniek- en speciaalzijn' erkennen en waarderen.

H5. Ideeën dienen te worden uitgevoerd

Bij het 'lukken in activiteiten' komt het altijd op 'doen' aan. Er alleen over 'denken' is niet voldoende. Om iets te bereiken moet je handelen. Niet elke actie levert resultaat op, maar er is geen resultaat zonder actie. Een klein ideetje dat wordt uitgevoerd, is meer waard dan een schitterend idee waar je op blijft broeden. Ideeën waar je niets mee doet, frustreren je, en je denkt: had ik toen maar zus of zo gehandeld, dan had ik nu dit of dat. Dit kan een zware belasting vormen: ik wist dat het zo zou aflopen; had ik er toen maar wat aan gedaan!

Een psychologische wet zegt:

Elke impressie zonder expressie betekent depressie.

Elk niet ten uitvoer gebracht idee verwekt psychische spanning; elk idee dat tot actie leidde, geeft geweldige voldoening.

Heb je dus een goed idee, doe er dan wat mee!

Paul had een idee uitgewerkt in verband met zijn taak. Maar hij dacht: het komt van mij... het zal wel niet deugen... misschien breng ik het later weleens op tafel. De map verdween in de lade. Drie maanden later – op een werkvergadering – bracht een collega hetzelfde idee naar voren. Het werd prima onthaald. Paul voelde er zich niet goed bij. Hij dacht: had ik het toen maar gelanceerd.

Actie is bovendien het middel bij uitstek om je vrees te verdrijven en je zelfvertrouwen te vergroten. Niet je theorieën en mooie woorden bepalen je leven, maar de juiste daden. Uit ervaring weet ik echter: 't is makkelijker gezegd dan gedaan!

Wie wacht met handelen tot de omstandigheden volmaakt zijn, zal eeuwig wachten en nooit in actie komen. In de mensenwereld is niets volmaakt. Zorg dat je geen onnodige risico's neemt, maar helemaal geen risico lopen is onmogelijk. Heel wat moeilijkheden verschijnen onverwacht en zijn niet te voorzien. Wees voorbereid op hinderpalen, maar pak de moeilijkheden aan als ze zich voordoen. Indien je alle problemen wilt oplossen voordat ze er zijn, kom je nooit tot actie.

Niet je diploma of je mandaat bepaalt het succes in je werk, maar wat je met je diploma in je functie presteert. Dit laatste hangt geheel af van je positieve houding ten aanzien van je werk. Maar om de volle maat van je energie en je enthousiasme te geven, is het nodig dat dit werk in de lijn van je aanleg, je kennis en je bekwaamheid ligt. Of de leef- en werkomstandigheden al of niet gunstig zijn, is veel meer afhankelijk van je instelling en je houding dan van de omstandigheden zelf.

Is een gemakkelijk begin wel altijd een voordeel? Ik ken een zaak, door grootvader uit de grond gestampt, door vader tot een bloeiende onderneming uitgebouwd en door de zoon tot faillissement gebracht. Die zoon had nu een zogenaamd gunstige start. Op voorwaarden van een positieve houding en een totale inzet lagen zijn slaagkansen bijzonder hoog. Maar hij was verwend en meende – ook zonder veel inzet – gewoon recht te hebben op succes. Hij profiteerde van het leven in plaats van zich aan de zaak te geven. Zijn negatieve levenshouding deed hem mislukken.

Zo is een lastig begin noodzakelijkerwijs geen nadeel op lange termijn. Voor iemand met pit vormen moeilijke omstandigheden juist een prikkel en een uitdaging. Hij beseft dadelijk dat hij zich ten volle moet geven om veel terug te krijgen.
Een ander staat misschien negatief tegenover ongunstige omstandigheden. Hij raakt verbitterd, zet zich minder in en leeft verder met een gevoel van mislukking.

Niet de gunstige of ongunstige omstandigheden, maar wel de instelling en de manier van aanpakken bepalen het succes in een levenstaak. Het overwinnen van de vele moeilijkheden bij de aanvang geeft nog het meest uitzicht op een geslaagd leven. Men is beter voorbereid dan indien alles van in het begin meeloopt.

Gedurende de eerste levensfase wordt de persoonlijkheid gevormd. Vooral moeilijkheden leren de mens zijn mogelijkheden te onderkennen. Ze prikkelen zijn strijdlust en oefenen zijn volharding. Ze dwingen hem na te denken hoe hij creatief met zijn bekwaamheid de beste resultaten bereikt. Slappe mensen wachten de gelegenheid af. Wie vooruit wil, schept zelf de gelegenheid.

H6. *Kwaliteit in je arbeid*

Je bent geboren om te lukken en gelukkig te zijn. De hele wereld staat voor je open. Binnen de grenzen van je aanleg kun je alles bereiken. Door een positieve levenshouding werkt op den duur ook alles daaraan mee. Van een positief gestemd en bekwaam mens verwacht iedereen dat hij slaagt. Die verwachting maakt dat anderen al bij voorbaat bereid zijn daaraan mee te werken. Elke dag verover je een deel van de wereld. Door de volle maat van je bekwaamheid en energie aan je werk te geven, bewijs je elke dag opnieuw dat je je taak in de samenleving waard bent. Door de kwaliteit van je werk en de toewijding waarmee je het verricht, verdien je elke dag je plaats.

De mogelijkheid om zijn positie sterk en veilig te maken, heeft de mens in eigen handen. Hierin voelt de slappe en negatieve persoonlijkheid een bedreiging van zijn bestaanszekerheid. Hij kijkt immers het meest naar het gevaar dat hij loopt door tekort te schieten. De werker met pit die vooruit wil komen, vindt daar een grote geruststelling en een bron van zelfvertrouwen in. Hij ziet in zijn dagtaak meer en meer de weg naar zijn levensdoel. Zijn werk is de sleutel van de poort naar een betere toekomst.

Als je iets doet, doe het dan goed. Zo voel je je prettig en opgewekt. Nooit iets afhaspelen! Neem rustig de tijd voor je werk. Velen zoeken een verontschuldiging voor slecht en slordig werk in het excuus van te weinig tijd. In normale omstandigheden is er ruim voldoende tijd om alles behoorlijk uit te voeren. Als je de gewoonte aanneemt elk detail van het begin af aan goed te doen, win je veel tijd die anders verloren gaat met het verbeteren van al te haastig lapwerk. De ervaring leert immers dat slordig en onnauwkeurig werk achteraf veel bijkomend werk veroorzaakt!

Vooral voor jezelf is het noodzakelijk elk onderdeel van je werk volledig en zo goed mogelijk uit te voeren. Vraag je voortdurend af: hoe kan het beter? Hoeveel iemand kan presteren, hangt sterk af van hoeveel hij dénkt te kunnen presteren. Binnen redelijke grenzen is prestatievermogen een geestesgesteldheid. Als je werkelijk gelooft dát je meer kunt doen, gaat je geest scheppend denken en vind je automatisch hóé je meer kunt doen. Misschien kun je je huidige werk beter voorbereiden en organiseren, of je routinewerk vereenvoudigen of overdragen.

Zowel je leven als je persoonlijkheid is één geheel. In de verschillende levensgebieden speel je wel een andere rol. Op je werk ben je verkoper, directeur, arbeider, boekhouder, schoonmaker, chef, leraar... In je gezin treed je op als huwelijkspartner, moeder of

vader... In je liefhebberijen ben je sportmakker, vriend of vriendin... Maar er is een sterke samenhang tussen deze gebieden. Ze gehoorzamen aan hetzelfde centrale bestuur: je persoonlijkheid, jezelf zoals je bent.
Je bent immers niet op het ene gebied accuraat en plichtsgetrouw en op het andere slordig en zonder verantwoordelijkheidsgevoel; eerlijk aan de kaarttafel en een doortrapte deugniet in de zaak. Overal en bij alles wat je doet, ben je dezelfde mens, hoe verschillend je op al die gebieden ook bij anderen overkomt.

De kwaliteit van je werk heeft een beslissende invloed op je hele leven. Door de directe opwekkende invloed van één dag vlotte, goed geslaagde arbeid, sta je als een positief gestemd mens in je gezin. Het eten smaakt beter, je bent veel vriendelijker, een hartelijk woord voor de gezinsleden komt je vanzelf over de lippen. Je bent dadelijk te vinden voor een grapje of wat gestoei met de kinderen. Je hebt zin wat muziek te maken, met je partner uit te gaan of rustig een boek te lezen. Op termijn is de indirecte invloed van goed verrichte arbeid eigenlijk nog groter en doordringender.

In de kwaliteit van je werk herkent men als het ware de stempel van je persoonlijkheid en je karakter. Wanneer je iets hebt afgemaakt, moet je aan jezelf kunnen zeggen: 'Voor dit stuk werk sta ik in. Ik draag er de verantwoordelijkheid voor. Iedereen mag mij naar dit werk beoordelen. Het is zo goed als ik kan.' Je kunt je niet veroorloven minderwaardig werk af te leveren of iets half en half te doen. Je reputatie staat op het spel bij alles wat je presteert.

De eerbied die je voor jezelf behoort te hebben, dient in al je werk tot uiting te komen. Een waarlijk vrij en zelfstandig mens werkt – zowel in als buiten zijn beroep – in de eerste plaats uit persoonlijk verantwoordelijkheidsgevoel.
Besef je hoeveel je werk voor jezelf betekent? Hoe de kwaliteit van je arbeid haar stempel drukt op elk onderdeel van je leven: je levensvreugde, je goede humeur, je gezondheid, je huwelijksgeluk, je hobby's, je ontspanning, je gemoedsrust en al je uitingen?

Arbeid dien je met toewijding, volharding, nauwkeurigheid en enthousiasme te verrichten. De dag dat je de waarde en de noodzaak hiervan leert kennen, is een belangrijk moment in je bestaan. Voor menig cursist betekende het een ommezwaai in zijn leven. Dit besef is ook het beste dat je als opvoeder aan je kinderen kunt meegeven. Het is meer waard dan geld en zelfs meer dan kennis. Bovendien imiteren mensen makkelijk hun leiders en chefs. Zoals jij over je werk denkt, beginnen ook de mensen rondom je over hun werk te denken.

Snel en nauwkeurig werken is een prachtige kunst. Maar nauwkeurigheid moet altijd aan snelheid voorafgaan. Een violist of pianist die een moeilijke snelle passage vlekkeloos wil vertolken, speelt de noten eerst langzaam en nauwkeurig, tot ze zo 'in zijn vingers' zitten dat ze er als vanzelf zuiver van klank uitrollen. Echte snelheid bereik je alleen, als je de onderdelen van je werk zo nauwkeurig beheerst dat je je rustig op het tempo kunt concentreren. Daarom eerst nauwkeurig en zonder fouten beginnen, dan komt later de snelheid vanzelf. Rustige beheersing en snelheid gaan altijd samen.

Klaasje had enkele gitaarlessen gevolgd. Hij wilde reeds snel spelen wat hij nog niet langzaam en nauwkeurig kon. Het werd een gestuntel! Klaasje hoopte met het hoge tempo een gemakkelijk applausje te halen. Dit verdiende hij nog lang niet. In zijn kinderlijke kortzichtigheid meende hij dat dit heel wat indruk zou maken. Zijn spel werd er knoeierig en onzuiver door.

Ook volwassenen bezwijken soms voor de verleiding van het hoge tempo. Zij hopen op een gemakkelijk en onverdiend applaus. Door snelheid proberen ze, ten koste van de kwaliteit, een schijn van hoge bekwaamheid te wekken. De zucht naar applaus, hoe menselijk ook, belemmert de ontplooiing van de persoonlijkheid en verhindert maatschappelijk succes.

H7. Zet je energiekraantje open

Ken jij ook mensen die altijd 'zo moe' zijn? Met hun voortdurende vermoeidheid geven zij iedereen een deprimerend gevoel. Ze kunnen nergens enthousiast voor lopen en zetten prompt de domper op de gezelligste avond.
Natuurlijk zijn er voor moeheid fysiologische oorzaken aan te wijzen: te weinig slaap, overdadig werk en stress, tekort aan bepaalde vitamines... Doch negentig procent van de chronische vermoeidheid heeft een geestelijke, psychologische oorzaak. De futloosheid is dan niet het gevolg van een tekort aan energie, maar van het onvermogen de beschikbare energie vrij te maken.

In onze streken heeft bijna iedereen tienmaal zoveel energie als hij ooit hoeft te gebruiken. Het is helemaal niet nodig altijd 'zo moe' te zijn. Waarom is die energie dan niet beschikbaar? Een heel bijzonder kraantje regelt als het ware onze energietoevoer. *Gaat het energiekraantje toe, dan worden we spoedig doodmoe.*

Wat draait ons kraantje dicht en belet ons over onze eigen energievoorraad te beschikken? *Tegenzin*, verveling, gebrek aan interesse, iets ongaarne doen, evenals allerlei negatieve gedachten en gevoelens: ze *sluiten onze energie af* en maken ons moe.
Wat zet ons energiekraantje wijd open? *Belangstelling*, geloof in wat we doen, enthousiasme, plezier in iets nieuws en een positieve instelling: ze *maken onze energie vrij* en houden ons fit.

Als we ons werk niet meer leuk vinden, protesteert ons lichaam. We ervaren een gevoel van vermoeidheid, lang voordat onze spieren reden hebben om moe te zijn. Begin maar eens aan een nieuwe bezigheid waar je helemaal in opgaat. Die valse vermoeidheid is op een geheimzinnige manier volkomen verdwenen. *Al naar gelang van de belangstelling komt er energie vrij.*

Je onderbewustzijn is als een goede dienaar die steeds jouw zijde kiest en voor je zorgt. Sta je negatief tegenover een karwei, dan is het alsof je onderbewustzijn zegt: 'Aha, mijn baas is bezig met

dingen die hij niet graag doet. Hij behoeft geen energie voor wat hij verafschuwt. Ik draai de kraan maar dicht.' Na korte tijd ben je doodmoe.
Doe je echter iets met genoegen, iets waar je voor kiest, dan zegt dat trouwe onderbewustzijn: 'Aha, mijn baas vindt die zaken belangrijk en ze interesseren hem. Ik draai de energiekraan wijd open, want hij is er enthousiast over.' Je kunt dan uren na elkaar werken zonder een minuut moe te worden.

Op een avond corrigeerde ik examens. Zacht uitgedrukt: het was niet mijn leukste bezigheid. Het vlotte niet, mijn ogen vielen dicht en ik begon te knikkebollen. Ik stelde voor: 'Laten we vanavond maar eens vroeg gaan slapen.' Voor ik uitgesproken was, ging de bel. Heel onverwacht kwamen onze beste vrienden op bezoek. Het was alsof een veer in mij opsprong. We raakten in een geanimeerd gesprek. Het was omstreeks middernacht toen ze vertrokken. Ik kon niet geloven dat het zó laat geworden was. Toch bleven we nog een poosje napraten. Bij mij was alle moeheid geweken.

Toen ik vooraan in de veertig was, wachtte ik op een bus die nogal wat vertraging had. Dat wachten verveelde me vreselijk en mijn benen werden moe. Ik steunde even op mijn ene been, dan een tijdje op mijn andere, maar het bracht niet veel soelaas. Ik vroeg mijzelf af: hoe kan dat nu? Ik sta zovele uren per dag recht – voor mijn klas of bij een conferentie – en word niet moe. Nu wacht ik hier nog geen kwartiertje of ik ben bekaf. Het is duidelijk dat de verveling toen mijn energiekraantje dichtdraaide.

Michel, een voetballiefhebber, overtuigde Gerard om eens een echte match in het stadion bij te wonen. Tot zijn verbazing werd Gerard van het rechtstaan op de tribune zo vreselijk moe! Nogal logisch: hij interesseerde zich immers helemaal niet voor voetbal.

Bij de les over 'moeheid' schrijven onze cursisten in grote blauwe letters het woord *tegenzin* op een kartonnen bord. Met een dikke stift trekken ze er dan een knalrode streep door. Weg met de tegenzin! Sommigen plaatsen dit in de keuken, goed zichtbaar tij-

dens de vaat... en waarlijk, het helpt. Zodra ze het bordje zien, relativeren ze automatisch de last van het afwassen. Anderen zetten het plaatje op hun bureau, weer anderen op hun werkbank. Allen ondervinden ze dat het werkt.
Eliane hangt het bordje zelfs boven het echtelijk bed. 'Weg met de tegenzin!' Waar je het ook plaatst, je kunt het niet negeren.

Woede, wrok, afgunst... negatieve gevoelens maken ons heel moe. Die verbruiken werkelijk al onze energie tot wij uitgeput zijn. Een onopgelost conflict is vermoeiender dan het zwaarste lichamelijk werk. Men dient er een eind aan te maken – desnoods met een wapenstilstand – om de energie weer vrij te krijgen.

Verder zijn ongerustheid en angst eveneens enorm vermoeiend. Deze geestelijke stress spant de spieren en put de mens nodeloos uit. Bij een nachtmerrie ligt iemand soms, ineengerold als een foetus, met al zijn spieren gespannen. Geen wonder dat hij zich 's morgens niet echt uitgerust voelt.

Voldoende slaap, op tijd ontspanning en geschikt voedsel vormen de brandstof voor onze menselijke motor. Maar de vonk die deze brandstof ontsteekt en er de energie uit vrijmaakt, is het plezier waarmee we ons werk verrichten. Laten we de strijd aanbinden tegen verveling en tegenzin, door een goede motivering te zoeken voor al wat we doen. We kunnen ons werk boeiender maken en alle negatieve gedachten erover uit onze geest bannen, opnieuw geloven in onze taak en er enthousiast over zijn.

Het leven is te kort en te mooi om het 'zo moe' door te brengen. Daarom: schep vreugde in je dagelijkse activiteiten. Geniet ten volle van de ontmoetingen met je medemensen. Weiger nog langer 'zo moe' te zijn!

H8. De twee factoren van ieder resultaat

In ieder 'resultaat' onderscheiden we twee factoren. Vooreerst de 'kwaliteit van de prestatie'; uit het voorafgaande begrijp je al hoe belangrijk deze factor is. Ten tweede de 'manier om het aan de man te brengen' (de presentatie); aan deze laatste factor besteden de school en de opvoeding veel te weinig aandacht.

1. ***De kwaliteit van de prestatie.*** Niet alle werk is even belangrijk. Het is echter altijd en overal belangrijk en ook noodzakelijk elke taak goed en nauwkeurig te volbrengen. Vooral het eenvoudige werk eist nog meer toewijding doordat men er makkelijker bij verstrooid raakt en fouten maakt.
De sfeer verslechtert zienderogen en de irritaties nemen toe, als er voortdurend kritiek op de kwaliteit van het werk komt.

Ook in de gezinnen handelen veruit de meeste opmerkingen – al of niet terecht – over wat een gezinslid niet goed deed. Moeder berispt haar dochter die de schaar gebruikte maar niet teruglegde. Vader vindt zijn tang niet en geeft zijn zoon een uitbrander omdat hij ze even leende en niet terugbracht. Moeder maakt zich kwaad op de dochter omdat ze na haar feestje de vaat liet staan. Zus geeft grote broer een opmerking omdat die de badkamer in een onmogelijke toestand achterliet. Moeder zeurt op vader; hij pleisterde een gat in de wand van de zitkamer mooi dicht, maar de plint en de vloer liet hij besmeurd achter. Vader stuurt zijn zoon naar de zolder om er iets uit de koffer te halen. Dit is zo gebeurd maar... de koffer staat open, het licht op zolder brandt, het luik is niet dicht, de gangdeur blijft open... Vader verwijt de zoon: 'Wat baat mij jouw bereidwilligheid, als ik toch alles opnieuw moet doen!'

Je voelt dat er aan de 'kwaliteit van de prestatie' een sociale dimensie verbonden is. Anderen dragen er nogal dikwijls de positieve of de negatieve gevolgen van. Dan geldt het principe: pas als er door je prestatie niemand extra werk krijgt, is je werk volledig af. Als je wat je doet, goed en volledig doet, wordt je eigen

stemming er beter op. Je neemt ook de grond onder de voeten weg van hen die de gewoonte hebben te reclameren.
Een cursist getuigt: 'Sinds we daarop letten in ons gezin, kennen we veel minder irritaties en is de sfeer heel wat aangenamer.'
Op slordig werk kan niemand trots zijn. Integendeel, je zit met ontevredenheid en schuldgevoelens, wanneer je de dingen te haastig en maar half doet.

Onverwacht bel ik aan bij mevrouw Van Doorn: 'O, wie er daar is! Kom binnen. Maar je mag niet te nauw kijken. Ik heb vanmorgen een beetje haastig afgestoft.'
Waarom zegt ze dat? Ik kom toch niet de netheid inspecteren? Niet ik maar haar onderbewustzijn stuurt haar het verwijt: flauw van je, je kon wel beter! Dat maakt haar wat onzeker. Had zij kwaliteitswerk geleverd, dan zou haar inwendige stem zeggen: 'Flink zo, dat heb je mooi afgewerkt!' en kon ze mij met rustige zelfverzekerdheid ontvangen.

Door je werk zo goed te doen als je maar kunt, verzamel je schatten in je herinnering waarop je later met vreugde en trots kunt terugblikken.

We bezochten onlangs Lucien en Monique, een echtpaar waarmee we vijfendertig jaar geleden naar Zwitserland reisden. Lucien haalde zijn prachtige fotoalbum van toen te voorschijn. Hij genoot zichtbaar, niet alleen van de foto's, maar vooral van de teksten die hij destijds, in gotisch schrift, zorgvuldig bij elk beeld had neergepend. Zoveel jaar later kon hij nog fier op zijn werk zijn.

Een kleine aannemer bouwde lang geleden met vier à vijf medewerkers ons huis. Later kwam hij, als gepensioneerde, op zijn fiets even langsgereden. We zagen hem van zijn fiets stappen en rustig het gebouw in ogenschouw nemen. Trots kon hij nagenieten van het kwaliteitswerk dat hij twintig jaar ervoor had geleverd.

In het Engelse Lagerhuis riep een spreker, in het vuur van een woordentwist, zijn tegenstander toe: 'Heb maar niet zoveel

praats, jij. Ik weet nog goed dat jij de schoenen van mijn grootvader poetste.'
'Zeker,' antwoordde de ander, 'maar poetste ik ze niet goed?'
De eerste spreker probeerde zijn tegenstander in een ongunstig daglicht te plaatsen, door te wijzen op het soort werk dat deze vroeger verrichtte. De ander sloeg deze aanval op de enig juiste wijze af: hij beriep zich op de kwaliteit van zijn werk. Hij kon er eer van hebben een goed huisknecht te zijn geweest. Geen wonder dat deze man het verder bracht!

2. ***De manier om het aan de man te brengen.*** Talloze mensen bezitten genoeg capaciteiten en ook voldoende opleiding en vakkennis om een goed werk af te leveren. Ze missen echter de bekwaamheid om belangstelling en waardering voor die prestaties op te wekken of de medewerking van anderen te verkrijgen. Vaak zien zij er zelfs de noodzaak niet van in. Er komen minstens evenveel teleurstellingen voort uit dit gebrek aan praktische levenskennis als uit gebrek aan bekwaamheid. Deze ontgoochelingen zijn bijzonder bitter, omdat de persoon ervan overtuigd is dat hij ten volle aan zijn plicht heeft voldaan en dus recht op succes heeft, vermits zijn werk in orde is.
Ik ken moeders van 50 jaar die hun huishoudelijk werk kwalitatief enorm goed doen. Maar ze brengen hun prestaties zo onhandig, bijna kwetsend, aan de man dat de huisgenoten er hun waardering of dank niet voor kunnen uitdrukken. Het is een hele kunst om wat je gedaan hebt ook goed over te brengen.

Zowat een eeuw geleden brachten rijke dames in hun grote handtas een brood mee naar de zondagse hoogmis. Na de mis schonken ze het aan de armen. Buiten het kerkportaal bleven ze dan even boven aan de trappen staan en wierpen met grote zwaai het brood naar de hongerige mensen.
Eén dame deed dit met enorm veel pretentie. Een van de armen kon de vernedering niet langer verdragen. Hij wierp het brood, ondanks zijn honger, met geweld naar het hoofd van de geefster terug. Die had haar 'goede daad' wel heel slecht aan de man gebracht!

Wat je ook te bieden hebt, het respect voor de ander is daarbij belangrijk. Zorg dat de medemens er zich niet klein, maar wel groot bij voelt. Zet niemand met beschaamde kaken. Laat niemand zijn gezicht verliezen. Wek met je gift niet de indruk dat je de ander met je rijkdom, je kennis of je bekwaamheid wilt overtroeven.

Je prestaties brengen je slechts voor de helft naar je doel. Het verwerven van belangstelling en medewerking in wat je presteert, is even noodzakelijk en belangrijk als de prestatie zelf:
- Kwaliteitsprodukten in je fabriek of winkel hebben blijkt niet voldoende. Je dient er nog de belangstelling en de medewerking van het publiek voor op te wekken.
- Een uitstekende reorganisatie is maar een eerste stap naar een nieuwe bloei van het bedrijf. De medewerkers voor die veranderingen winnen is de tweede stap.
- Een bediende met bekwaamheid en ijver komt er niet, als hij bij zijn chefs geen interesse voor zijn persoon en zijn capaciteiten weet op te wekken.
- Een student die voldoende kennis heeft verzameld, moet zijn kennis nog produktief maken en zijn examinatoren ervan overtuigen dat hij het verdient te slagen.
- Een stevige wetenschappelijke bagage is voor een leraar niet genoeg. Hij moet zijn leerstof nog goed overbrengen en de interesse van de studenten opwekken.
- Een huwelijkspartner is weinig gebaat met zijn edele gevoelens van liefde, als hij zich niet weet bemind te maken of als hij verzet uitlokt en misverstand doet ontstaan.
- Een vader of moeder kunnen als opvoeder – met de beste bedoelingen – maar weinig bereiken, als ze hun kinderen niet tot medewerking weten te prikkelen.

In dit verband liet de Amerikaanse psycholoog Overstreet zich ooit ontvallen: 'Indien ouders hun kinderen voortdurend "veroverden" zoals zakenlui hun klanten, en indien de ouders bang waren de "klandizie" van hun kinderen te verliezen, dan zou er in de meeste gezinnen een heel wat betere toon tegenover de kinderen worden aangeslagen.'

H9. Verlangen en geloven doet lukken

Niet elke dagdroom is een 'vluchtdroom': een surrogaat voor het niet aankunnen van het leven. Dagdromen kunnen ook schemeren als morgenrood!
Goethe noemde dagdromen: 'Voorgevoelens van de mogelijkheden die in ons liggen, voorboden van wat wij ooit kunnen worden.'
Ernst Bloch schrijft over dagdromen: 'Over de drempel van het bewustzijn heen, richten ze de mens naar het "nog-niet-bewuste", naar het mogelijke. Ze wekken nieuwe hoop en een sterk verlangen naar het betere, naar de vervulling.'

Als je je een geslaagd en gelukkig leven droomt, wordt dit een 'werkelijke mogelijkheid'. Koester je die droom in jezelf, dan wordt hij meer en meer een innerlijke stuwende kracht. De sterkte van je *verlangen* bepaalt of je bereikt wat je droomt.

Daarnaast is er het *geloof* dat aan je gedachten een fabelachtige kracht en een creatieve impuls geeft. Je krijgt een nieuw zelfvertrouwen en je onderbewustzijn wordt enthousiast. Dan durf je bruggen achter je op te blazen en schepen achter je te verbranden. Dan steven je recht op je doel af. Want gedachten, gedreven door geloof, dringen diep in je onderbewustzijn door en worden onweerstaanbaar in hun materieel equivalent omgezet.

Laat de omstandigheden je nooit overwinnen. Geloof dat je je problemen kunt oplossen. *Je kunt, als je denkt dat je het kunt!* Denk na. Het idee dat succes oplevert, is altijd al in je geest aanwezig. In de bijbel staat dat geloof bergen verzet. Pas op! Je kunt een berg niet weg wénsen, geloof kan dit wél. Want geloof wekt in je de kracht, de vaardigheid en de energie om te doen wat je gelooft. Geloof is de voornaamste drijfveer voor je geest en meteen het grote tegengif voor mislukking. Al zijn de omstandigheden nóg zo moeilijk, je kunt alles wat met je aard en aanleg overeenkomt bereiken, op voorwaarde dat je erin gelooft. Meer nog dan je bekwaamheid bepaalt je positieve mentale instelling je 'lukken'.

> *Het menselijk brein probeert altijd te realiseren wat het zich kan verbeelden en waarin het sterk gelooft. Het kent alleen de limieten die het zichzelf voorhoudt.*

Het is dan ook zeer gevaarlijk het idee te koesteren dat je een pechvogel bent, dat juist jij altijd pech en ongeluk hebt. Het is beter dat je je steeds het welslagen verbeeldt, hoe slecht het op het ogenblik ook met je gaat. Van mensen die ergens faalden, hoor je veelal de terloopse opmerking: 'O, ik heb altijd wel gedacht dat het niet zou gaan', of: 'Ik zag er al niet veel in toen ik eraan begon', of: 'Nee, het verbaasde me heus niet toen het misliep.'
Zulke uitingen van twijfel getuigen van ongeloof. Het zijn negatieve krachten. Een ongelovige of twijfelende geest trekt zelf 'redenen' aan die dit ongeloof ondersteunen.

> *Denk twijfel en je mislukt. Denk overwinning en je lukt!*

Een jong paar liet zich – half tegen zijn zin – door de ouders overhalen om toch maar een winkelzaak te beginnen. Zij geloofden er niet in. Twee gezinnen hadden het al vóór hen geprobeerd, maar zonder succes. De concurrentie was te sterk, zij kenden daar niemand... Toen ze de eerste dagen inderdaad bitter weinig verkochten, zuchtten ze 's avonds: 'Zie je wel dat we gelijk hadden, de mensen komen hier niet...' Na drie maanden gaven ze het op.
Kort daarna kwam er in diezelfde winkel een echtpaar dat er wél in geloofde. Na een paar maanden werd het een bloeiende zaak.

Geloof dat iets mogelijk is en je geest helpt je vanzelf de manier te vinden om het te realiseren. Geloof dat iets onmogelijk is en je geest gaat aan het werk om te bewijzen dat het onmogelijk is. Als je iets – wat dan ook – doen wilt, geloof dan dat het gedaan kán worden. Dat geloof brengt je geest ertoe een methode te vinden om het inderdaad te doen. Geloof doet je automatisch scheppend denken, maar ongeloof remt je scheppende kracht. De twijfel, het ongeloof, de onbewuste wil om te falen: ze zijn verantwoordelijk voor de meeste mislukkingen in het leven.

Niet wat je wenst, of zomaar wilt, realiseer je in je leven, maar wat je in de grond van je hart gelooft.

Met het volgende gefantaseerd verhaal lichten we dit toe:
Tijdens een training op de twaalfde verdieping van een torenflat leggen we een lange, stevige, 30 cm brede plank op de vloer.
De vraag is: 'Kun je zonder wankelen over de hele lengte van die plank lopen?'
'Natuurlijk, wat denk je wel?'
'Wil je het even doen?'
Iedereen voert de proef met succes uit. Niemand twijfelt. Ze geloven erin en het lukt hen ook. Geen enkel probleem.

De koffiepauze gaat door op de twaalfde verdieping, maar aan de overkant van het smalle straatje. We nemen een kortere weg en schuiven daartoe de plank door het raam naar de overkant. Nu nog stevig sjorren. Gelukkig is er geen wind.
De vraag is: 'Wie gaat eerst?'
Ze kijken even door het raam en zien in de diepte de auto's als mieren door het straatje bewegen. 'Brrr... ik word duizelig als ik naar beneden kijk.' De meesten hebben last van duizeligheid.

We spannen een paar brede banen inpakpapier over de hele lengte onder de plank. Ziezo, geen straatje meer te zien, alleen bruin papier en van bruin papier wordt niemand duizelig.
De vraag is: 'Wie schuift op de plank naar de overkant?'
Niemand durft het.
'Hoezo, je kunt het toch? Je hebt het bewezen!'
Bij iedereen is er twijfel ontstaan. Men leerde het ons van kleins af: wie hoog klimt, kan diep vallen!

Veronderstel nu dat iemand zijn wilskracht inschakelt en ondanks zijn angst toch de overtocht aanvangt. Dapper zet hij zijn eerste passen. Bij de vierde stap aarzelt hij: waarom beeft mijn been, waarom trilt mijn knie? De twijfel wordt sterker: is het toch waar wat moeder zei...? Hij wankelt en valt door het papier naar beneden.
In een conflict tussen wil en geloof, haalt geloof het altijd.

Toen ik zelf een leerling van 16 was, kwam de inspecteur in onze klas binnen. De leraar die nochtans een goed lesgever en opvoeder was, deed plots zo stuntelig! Hij veranderde zijn methode en riskeerde dingen die hij anders nooit deed. Tot onze verbazing verloor hij al zijn zelfvertrouwen. Het werd zo erg dat de klas medelijden met hem kreeg.
Een van de haantjes-de-voorste troostte hem nadien: 'Meester, trek het u niet aan als de inspecteur het niet goedvindt. Wij vinden u een toffe leraar.'
Je merkt hoe twijfel aan zichzelf en ongeloof doen mislukken.

Een gids leidt een groepje van drie heren en twee dames over de gletsjer. Door een sprong over een gletsjerkloof kunnen ze hun weg inkorten. Als voorbereiding daarop laat de gids hen op een vlak stuk oefenen. De zwakste springt 1,50 m ver. 'Jullie hebben ruim overschot,' zegt de gids, 'straks moeten we over 60 cm.'
Aan de barst van de gletsjer kijken ze in die peilloze diepte. Twee mannen springen er gezwind over. De derde man en de dames slaat de schrik om het hart: 'Moet ik daarover? Dat kan ik niet.'
Als ze er niet in geloven, dan kunnen ze het inderdaad niet. Als ze echter onder zware druk toch de sprong wagen, dan is de kans groot dat hun spieren weigeren en dat ze in de afgrond storten. Dan maar liever de omweg genomen.

Destijds nam ik examens af in het graduaat. Vaak kon ik van het gezicht van de student aflezen of hij niet in zijn succes geloofde. Bij het horen van de vraag tekende die onzekerheid zich nog meer af. Meestal zette zo iemand wat algemeenheden op het bord en verklaarde dan: 'Het zal niet gaan, meneer.'
'Probeer eens het omgekeerde. Overtuig mij ervan dat je het wél kent. Heb je je leerstof bestudeerd?'
'Jawel meneer, maar het slaat allemaal door elkaar.'
'Jongeman, ik merk hier twee dingen. Vooreerst: jij gelooft zelf niet dat je voor mijn vak kunt slagen. Waarom zou ik het dan geloven? Ten tweede leg je je al te gemakkelijk bij een nederlaag neer. Probeer tenminste wat je wel kent duur te verkopen. Je krijgt nog een kans om te bewijzen dat je het verdient te slagen.'

En soms zorgde zo'n student ervoor – tot zijn eigen verbazing – dat hij wel slaagde, met de hakken over de sloot.

Op een podium, door een gordijn van de zaal gescheiden, bracht men vier mensen aan tafel voor een gesprek. Gedurende een kwartier praatten ze om beurt over een hen vertrouwd thema. Rustig vertelden ze zinvolle dingen. Ze wisten niet dat in de zaal vijftig mensen muisstil hun gesprek beluisterden.
Na tien minuten schoof het gordijn open en men vroeg hen gewoon verder te gaan. Geconfronteerd met het publiek kon geen van de vier nog een zinnig woord uitbrengen. Van het moment af dat zij beseften dat ze voor een volle zaal praatten, waren ze als verlamd. In hun hoofd zat die limiet: ik kan niet voor een publiek spreken. Omdat ze niet geloofden dat ze het konden, lukte het ook niet. De mensen in de zaal merkten duidelijk het verschil.

Tiny reed al tien jaar met haar wagen. Door allerlei omstandigheden leerde zij nooit fietsen. Tijdens de cursus stelde zij een paar keren met grote nadruk dat dit haar helemaal niet kon schelen. Zij reed immers met de wagen. Maar iedereen voelde dat Tiny er toch onder leed. Als haar vriendinnen een tochtje maakten, kon zij er nooit bij zijn. Eigenlijk was zij er al jarenlang diep van overtuigd dat zij het nooit zou kunnen.
Onze eerste taak was dus die limiet uit haar hoofd te krijgen. Pas na maanden begon Tiny te geloven dat het wellicht toch mogelijk was. Van dan af ging zij bij bereidwillige medecursisten oefenen.
Op de laatste cursusavond bracht een medecursist een fiets voor haar mee en zei: 'Je mag deze fiets hebben op voorwaarde dat je blijft oefenen tot je het kunt.'
Met de fiets achter in de wagen reed zij die avond nog naar het nieuwe shopping-center, waarvan de parking en de verlichting net klaar waren. Tot twee uur in de nacht oefende zij daar helemaal alleen, telkens opnieuw, tot het eindelijk lukte. Met een gelukkig gevoel kwam ze thuis.
's Morgens, om kwart voor zeven, belde Tiny me wakker. Enkel om te zeggen dat ze kon fietsen.

H10. Resultaten van activiteit

De 'grenzen' van je aandeel in het nuttige en het feestelijke van het leven zijn bepaald door de mogelijkheden die liggen in je aanleg en bekwaamheid. Maar de meeste mensen benutten slechts een klein procent van hun rijke mogelijkheden. De 'grootte' van je levensaandeel hangt af van de *moeite die je doet* om je aanleg en je bekwaamheden produktief te maken.
Daarvoor dien je actief te zijn en je persoonlijkheid te uiten op volle kracht. Dit geeft een gevoel van vitaliteit en welbehagen, van volop deelnemen aan het leven. Werken aan een prestatie, stap voor stap opschieten naar de voltooiing, geeft je veelal meer voldoening dan het resultaat zelf. Drie grote vijanden willen je echter afhouden van echte activiteit:
1. tegenzin;
2. zelftwijfel;
3. beuzelarijen.

1. ***Tegenzin***. 'Moeite voor iets doen' doet ons denken aan de last en de opoffering die die taak met zich meebrengt. Ons onderbewustzijn reageert daar prompt op door een gevoel van 'tegenzin' naar ons bewustzijn te sturen. Dit lijkt onschuldig, maar is hoogst gevaarlijk. Beseffen we goed dat onze levensvreugde niet vermindert door ons ergens flink voor in te spannen? Integendeel, inzet is een rijke bron van voldoening.
Wees altijd scherp op je hoede voor dit gevoel van tegenzin. Het is de geniepige innerlijke vijand van je vooruitgang, de krachtige rem voor je activiteit. Vaker dan je denkt belet de tegenzin je om dingen te doen. Veelal zijn die voor je welzijn en geluk noodzakelijk en kun je ze ook makkelijk volbrengen.

2. ***Zelftwijfel***. Hoe dikwijls durven we, door gebrek aan zelfvertrouwen, geen expressie te geven aan wat er in ons leeft? Soms aarzelen we net zo lang om onze stem te laten horen tot de goede gelegenheid weer voorbij is. Hoe vaak capituleren we niet voor

ons gevoel van angst en minderwaardigheid? Een opwelling van angst voor wat we willen zeggen, verlamt onze gedachten. We denken alleen aan de kritiek die onze woorden opwekken en de verbazing bij onze toehoorders over onze 'brutaliteit'. Toch is het dapperder met enig gehakkel ons woord te doen dan uit dwaze angst onze mond te houden.

3. ***Beuzelarijen***. Een makkelijke verontschuldiging voor het verzaken van zijn plicht is het vluchten in beuzelarijen. Je bent dan druk bezig met dingen die op zichzelf misschien wel nuttig zijn, maar die voor het eigenlijk belangrijke werk er minder op aankomen. Deze zelfmisleiding is gevaarlijker dan luiheid. Een lui mens voelt zijn gebrek aan activiteit als een tekortkoming aan en heeft een innerlijke drang om zich te beteren. Zijn omgeving spoort hem daar ook toe aan.
Daarentegen vindt iemand die in beuzelarijen een goed klinkende verontschuldiging ziet om het echte werk niet te doen, zichzelf een ijverig mens. Ook zijn omgeving kent hem als zodanig. Een terechtwijzing is in zijn ogen onrechtvaardig. Hij werkte immers zo hard! Hij vindt het erg dat zijn ijver niet behoorlijk op prijs wordt gesteld.

Het probate middel tegen deze drie vijanden is:

dadelijk, zonder aarzeling of uitstel, flink aanpakken.

Doe zoals de zwemmer die een angstige aarzeling voelt als hij het water ingaat. Toch weet hij uit ervaring dat hij het prettig zal vinden. *'Duik erin!'*

Uit activiteit komen altijd resultaten voort. Soms zijn die anders dan verwacht. 'Zoek en gij zult vinden...' staat in het Nieuwe Testament. Wie met volharding werkt en zoekt, vindt niet alleen datgene waar hij naar zocht; door zijn zoeken vindt hij ook andere dingen waaraan hij oorspronkelijk niet had gedacht.

Columbus zocht een kortere handelsweg naar Indië en ontdekte een nieuw werelddeel. Heel wat geneesmiddelen zijn veeleer bij toeval ontdekt door onderzoekers die eigenlijk iets anders aan het zoeken waren. Charles Good-Year experimenteerde met rubber en ontdekte het vulcaniseren, doordat hij toevallig een stukje rubber in het vuur liet vallen.

Daarom: wees actief! Gebruik je bekwaamheden! Zet je geest en je lichaam aan het werk! Ga elke moeilijkheid of conflict krachtig te lijf! Werk met toewijding en doorzettingsvermogen aan je taak! Lever in alles de hoogste kwaliteit! De moeilijkheden waar je voor staat, worden kleiner als je ze aanpakt. Een lange weg leg je af in kleine etappes. Een groot probleem los je op door het in beheersbare deelprobleempjes te verdelen. Staar je nooit blind op het probleem als geheel. Zodra je eraan begint, valt dit uiteen in onderdelen die je stuk voor stuk kunt afwerken. Meestal kun je die onderdelen heel wat makkelijker de baas dan je aanvankelijk dacht. Motiveer jezelf om door te zetten, want je hebt vaker de wind op kop dan in de rug.

Hier heb je in een notedop de *methode om te slagen:*

- geef je er rekenschap van *wat* je precies te doen hebt (je doel stellen);
- bezin je erover *hoe* je het zult doen (plannen en organiseren);
- begin eraan zonder aarzeling of uitstel (direct aanpakken);
- doe het met volle inzet, zo goed als je maar kunt (kwaliteit leveren);
- blijf je inspannen tot het werk is volbracht (doorzetten).

H11. Dit éne doe ik

Zo klinkt de leuze van Sint-Paulus, die het leven van veel cursisten grondig heeft gewijzigd. Deze vier eenvoudige woorden verdienen ingelijst en opgehangen te worden in elk huis, elk kantoor,

elke werkplaats, elke school, elke kliniek... overal waar menselijke arbeid wordt verricht.
Bijna tweeduizend jaar geleden werd geschreven: ***dit éne doe ik***. Het is de kern van ieders vooruitgang en het punt waar elke samenwerking om draait.

Dit éne dat nú gedaan moet worden, volbreng ik met alle toewijding, alle bekwaamheid en alle volharding waarover ik beschik.

In 'dit éne doe ik' heeft ieder woord zijn eigen belangrijke inhoud, zoals blijkt uit het volgende.

– ***Dit***. 'Dit' heb ik te doen en niet wat ik plezierig of gemakkelijk vind. Ik doe wat *nu* echt gedaan moet worden. Het lezen van een literair meesterwerk net vóór de maaltijd is voor een kok gewoon beuzelarij: koken moet hij.

– ***Ene***. Met één ding bezig zijn. Waar je voor kiest, dat doe je ten volle. Geen twee of drie dingen – die elk afzonderlijk je volle aandacht vragen – tegelijk willen doen. Gelukkig zijn heel wat van je handelingen, door de veelvuldige herhaling, automatismen geworden. Ze vragen geen bewuste aandacht meer en je geest komt vrij om aan iets anders te denken. Zo kun je met iemand praten tijdens het wandelen, fietsen of met de wagen rijden.

– ***Doe***. Aanpakken en niet uitstellen is de boodschap. Wat je uitstelt, blijft immers zwaar op je wegen. Een delicaat werk, een emotionele brief, een moeilijke telefoon schuif je makkelijk voor je uit. Je weet niet goed hoe het aan te pakken of te verwoorden. Je koestert de ijdele hoop dat je het straks beter zult kunnen. Die neiging tot uitstellen wordt veelal ingegeven door een onbewuste angst.

– ***Ik***. Dit doe 'ik' op mijn geëigende manier. Ik neem er de verantwoordelijkheid voor. Ik sta voor dit werk in. Een goed evenwicht is evenwel noodzakelijk tussen 'alles zelf willen doen' en 'alles delegeren'. In het eerste geval raak je overbelast en verlies je het overzicht; in het tweede geval wankelt de zin van je bestaan. Je territorium wordt al te klein en je draagt nog te weinig verantwoordelijkheid.

Op het tweede woord, ***éne***, gaan we nog wat dieper in.
Mensen die veel hebben volbracht, verstonden altijd de kunst hun aandacht niet te versnipperen. Zij richtten zich met volle toewijding op het werk dat zij onder handen hadden. Zolang ze daarmee bezig waren, bestond er voor hen niets anders. Pas na voltooiing hielden ze zich met dezelfde toewijding met het volgende bezig.

Doe één ding op ieder ogenblik en concentreer je er zo intens op dat je niet meer kunt denken aan andere dingen die nog op je wachten.

In een primitief oorlogshospitaal ging een oude dokter van bed tot bed tussen de gewonden door. Een jonge assistent vergezelde hem en was erg onder de indruk van het gehuil en gekerm van al die gewonden. Hij trok de oude dokter aan zijn mouw en fluisterde: 'Maar dokter! Hoor toch eens en zie eens rondom je! Hoe kun je in deze situatie nog werken? 't Is om gek van te worden!'
De oude dokter bekeek hem rustig en antwoordde: 'Ik hoor en ik zie dat niet, jongen. Al mijn concentratie heb ik nodig voor de patiënt waar ik mee bezig ben. Die heeft mij helemaal nodig en niet hálf. Als ik straks bij de volgende ben, bestaat voor mij op dat ogenblik nog alleen die volgende. Eén voor één, mijn vriend, je kunt ze niet allemaal tegelijk helpen.'

Dale Carnegie schrijft: 'Doe zoals bij de onderzeeërs: breng waterdichte tussenschotten in je geest aan. Leer leven in "dagdichte" compartimenten.'
Napoleon zei het zo: 'Ik heb honderden kastjes in mijn hoofd, doch ik open er nooit meer dan één tegelijk.'
Indien we die wijze raad in praktijk konden brengen, zouden we ieder moment honderd procent beleven, er uithalen wat er inzit en nooit overspannen raken.

In een naburig dorp woont Vera, een oud-cursiste, met drie kinderen. Heel onverwacht kwam ik op een hete zomerdag langs. Door de open deur hoorde ik geschrei van kinderen en nerveuze uitroepen van Vera. Marleentje (7 jaar) had ruzie met haar broertje. Ze weende luid omdat ze geen aandacht kreeg. Dirkje (5 jaar)

stampvoette van woede omdat moeke niet luisterde. Timke (1 jaar) lag in zijn box met zijn beentjes omhoog zo te huilen dat hij er hees van werd.
Ik klopte op de openstaande deur. Vera merkte mij op en poogde te glimlachen: 'Wie er daar is! Jij komt nu wel op een moeilijk moment, zeg... Maar ik weet wat je gaat zeggen!'
'Hoezo?'
'Ja, ja, ik ken het nog: dit éne doe ik.'
'Vera, waarom doe je het eigenlijk niet?'
'Ja, zie eens naar mijn drie kwajongens... ze zijn toch zo lastig...! Hoe pak je die aan?'
Ik sprak een tijdje met Vera... over één voor één volle aandacht geven... en vervolgde mijn wandeling.
Onderweg zag ik duidelijk – als een sketch in mijn geest – hoe zij het had kunnen aanpakken:
'Wel Marleentje, wat scheelt eraan, mijn kind? Kom eens dicht bij moeke en vertel het eens.' Zodra Marleentje voelt dat moeder alle aandacht naar haar richt, is dat kinderverdriet gauw gestelpt. 'En straks, meisje, kom ik eens naar je tekening kijken, hoor! Doe maar je best!'
Dan nummer twee: 'En wat is er met jou, Dirkje? Wat gaat er niet, mijn jongen? Zeg het maar aan moeke.' Nu voelt de jongen dat moeder honderd procent aandacht voor hem heeft en ook hij is vlug getroost. Een kinderhand is gauw gevuld. 'Kleur maar mooi jongen. Ik kom dan kijken, hé!'
Nu nog Timke: 'Wat is 't, broertje? Heeft er niemand aandacht voor jou? Kom eens bij moeke.' Ook Timke voelt nu heel duidelijk: moeke is helemaal van mij. Terwijl moeder haar kind een verse luier aandoet, knuffelt zij hem en glimlacht naar hem. Zij praat met hem alsof hij al een grote jongen is en ze is met haar volle aandacht met hem bezig. Nadat ook die zijn portie affectie heeft gekregen, zet ze hem in zijn stoeltje.
De vrede is weergekeerd. Drie tegelijk tevreden stellen kan niet. Eén voor één is wellicht haalbaar.

Piekeren over de klussen die nog gedaan moeten worden, is vaak vermoeiender dan de voorbije, afgewerkte karweien. Een goede regel is: staar je niet blind op wat je nog allemaal te doen hebt; kijk aandachtig naar de dingen die al afgewerkt zijn en geniet er even van.

Basiel maakt prijsoffertes in een groot textielbedrijf. Op een maandagmorgen, in zijn kantoor, wijst hij me op een hele stapel omslagen op de hoek van zijn bureau: 'Zie je die prijsaanvragen? Wel, als ik flink doorwerk, ben ik er vrijdagavond nog niet mee klaar. De klanten wachten er allemaal op en elke dag komen er nieuwe bij.'
'Kijk jij echt heel de week tegen het werk aan dat je nog moet doen? Dat zal je wel op je zenuwen gaan werken! Heb je geen lade in je bureau?'
'Jij bent goed, zeg! Het werk wordt er echt niet minder op met het in een lade bergen.'
'Het werk niet, maar jij zult er je beter bij voelen. Daarom: klasseer de aanvragen in volgorde van belangrijkheid en daarna gaan ze onverbiddelijk uit je ogen, de lade in. Op de hoek van je bureau komen nu de afgewerkte produkten. De hele dag zie je de stapel groeien en je geniet ervan.'

In de cursus hoort Mariette het verhaal over Basiel. 'O, maar,' zegt ze, 'nu zie ik dat ik mijn strijk heel verkeerd doe. Ik zet altijd mijn mand wasgoed vlak vóór mij op de tafel. Het ergert mij dat die hoeveelheid zo tergend traag vermindert. Mijn afgewerkte produkten zie ik niet; ik leg ze achter mij. Maar van nu af aan wordt het anders! Mijn mand gaat onder de tafel en mijn gestreken wasgoed komt in stapeltjes, vlak vóór mij, op de tafel.'
Als Mariette nu strijkt, trekt ze zich niets meer aan van wat er nog in de mand zit. Zij ziet de stapeltjes vóór haar steeds groter worden en bekijkt met voldoening het werk van haar handen.

Veel huisvrouwen hebben honderden malen hun wasgoed aan de drooglijn opgehangen. Ze kennen zo goed de weg van de keukendeur naar de achterkant van de tuin! Zodra de laatste wasknijper is aangebracht, keren velen zuchtend naar hun keuken terug. Hun hoofd is vol met de vele dingen die ze nog te doen hebben. Welnu, die weg terug zouden ze beter achterwaarts lopend afleggen. Met de blik gericht op hun wapperend wasgoed genieten ze dan even van de mooie aanblik van hun kwaliteitswerk.

Wellicht besteedde je er weer uren aan om je woonkamer piekfijn in orde te brengen. Schakel niet onmiddellijk op iets anders over. Geniet eerst enkele minuten van de resultaten van je werk. Je mag er terecht trots op zijn. Waarom laat je je huisgenoten niet delen in je vreugde om het gepresteerde werk?
In een restaurant waar men iets speciaals heeft bereid, toont men eerst aan de gasten hoe mooi het geheel eruitziet. Waarom zou je je gerecht dat je met liefde bereidde, ook niet even presenteren en genieten van het resultaat van je inspanningen?

H12. Je levensdroom uitbouwen

Enkel de mogelijkheden die wij ooit in onze verbeelding zagen, kunnen we in ons leven benutten. Onze stoutste dromen en verwachtingen ontstonden in onze kinderjaren. Soms leken het toen 'onmogelijke dromen'. Maar diep in ons hart blijven ze leven. Durf ik er nu nog in te geloven?

Pierre Curie schreef ooit: 'Droom je leven mooi en maak van die droom een realiteit.'
En Allan Fromme: 'Je hoeft je fantasieën voor de werkelijkheid niet op te geven. Streef ernaar de werkelijkheid op je fantasieën te doen lijken.'

Maar al te vaak smoort de omgeving elke poging tot realisatie van een droom in de kiem. Verschillende 'dooddoeners' zetten de domper op iemands mooiste plannen en verwachtingen. De naastbestaanden vinden het allemaal te riskant en tijdverlies. De ideeën noemen ze 'onpraktisch, kinderlijk of dwaas'. Ze beweren:

'Dromen zijn bedrog'; 'Om te slagen heb je geld nodig'; 'Het is allemaal een kwestie van geluk'; 'Je bent nog veel te jong... al veel te oud'; 'Kijk maar hoe die faalde'; 'Het haalt toch nooit iets uit.'

Al deze deprimerende invloeden en gezegden vormen een stevige hindernis om boven de middelmaat uit te stijgen. Ze geven iemand het gevoel niet in staat te zijn om iets groots tot stand te brengen. Verzet je tegen deze negatieve invloeden. Geef positieve suggesties aan je onderbewustzijn tot je weer in jezelf en je toekomst kunt geloven.

Vorm je een denkbeeld van wat je wilt worden en geloof dat je dat ook zult worden. Het resultaat is al van tevoren in de geest van hen die iets willen bereiken. Vermijd het woord 'onmogelijk' in je denken en spreken, want dat woord zet je geest in beweging in een verkeerde richting. Concentreer je niet op redenen waarom het zogezegd niet kan. Som liever de redenen op waarom het wél mogelijk is. Succes is gewoon de progressieve verwezenlijking van een waardevol ideaal.

Laat je nooit ontmoedigen door omstandigheden, moeilijkheden of tegenslagen. Blijf proberen. Elke nederlaag draagt in zich de kiem van de overwinning. Laad de batterijen van je geest op met verlangen, geloof en enthousiasme. Dan ontstaat een stille onweerstaanbare kracht in je om te vechten tegen de ontmoediging. Doorzettingsvermogen wordt een van je karaktereigenschappen.

In de strijd *voor* het dagelijks brood – en al wat erbij hoort ter veraangenaming en verbetering van het leven – ervaren wij een gezonde, tot grotere prestaties prikkelende tegenstand. Het wordt gevaarlijk als we deze strijd opvatten als een worsteling *tegen* de mensen en de omstandigheden. Soms lijkt het erop dat de mensen en de omstandigheden ons beletten datgene te bemachtigen waarvoor wij strijden. In feite vormen onze vijandige houding en ons negatief gedrag de enige beletselen.

Dokter Semmelweiss, een Hongaarse arts, ontdekte het middel tegen kraamvrouwenkoorts. Ondanks de prachtige resultaten in zijn kliniek bleven vele collega's sceptisch en verzetten ze zich

tegen zijn ontdekking. In plaats van zich helemaal aan de bekendmaking van de feiten te wijden, viel dokter Semmelweiss in zijn geschriften zijn collega's aan. Hij zag hen slechts als vijanden. Daarmee joeg hij hen tegen zich in het harnas en maakte hen tot 'bestrijders' van zijn ontdekking.
Het leven van dr. Semmelweiss mislukte omdat hij tégen zijn ongelovige, conservatieve collega's streed in plaats van vóór zijn ontdekking.

Vecht altijd vóór iets, nooit tégen iemand.

H13. Doel en plan

Veel mensen lopen rond met een vage wens: 'Ik zou graag willen dat ik dit of dat kon...' Maar de prikkel die van een slechts vage wens uitgaat, is veel te zwak om iemand in beweging te brengen naar de verwerkelijking van die wens toe.
Om te slagen moet je een ***doel*** hebben dat scherp en duidelijk omlijnd is: 'Dit is het waarvoor ik werk.'
Kies bovendien je doel zó dat het:
1. je de vervulling waarborgt van je diepere wensen en verlangens;
2. je in staat stelt alle kennis, vaardigheid en ervaring te gebruiken die je bezit.

Pas dan kan je onderbewustzijn er echt enthousiast voor worden. Wie weet waar hij naartoe wil en het alles overheersende verlangen heeft om daar te komen, is echt niet tegen te houden. Niemand weerstaat de enthousiaste mens die gelooft in zichzelf en bezieling legt in al wat hij doet.

Maar een doel moet vorm krijgen door een heel nauwkeurig ***plan***. Bij het uitwerken van een plan in zijn onderdelen komt het vooral op bijzonderheden aan. Concretiseer je doel door er jezelf vragen over te stellen en die te beantwoorden. Het aanleggen van een degelijke losbladige ***plannenmap*** is een van de nuttigste dingen om je vooruitgang praktisch te organiseren. De omschrijving van je doel in je plannenmap komt neer op een reeks opdrachten die je jezelf geeft. Met een zeer concreet 'doel' en een heel nauwkeurig 'plan' ben je reeds voor meer dan de helft geslaagd.

Om jezelf aan je eigen opdrachten te houden, maak je een goed ***werkprogramma***, concreet met dag en uur. Zo raak je op het einde niet overbelast. Geef, op zijn tijd, aan elk onderdeel je volle aandacht. Denk niet te gauw dat het allemaal maar doodgewone dingen zijn.
John Rockefeller benadrukte: 'Om te slagen komt het eropaan de gewone dingen buitengewoon goed te doen.'
Daarvoor is 'karakter' nodig. De verleiding is groot om het nu en dan wat minder nauw te nemen. Toch zal het genoegen van een 'toegeving' nooit opwegen tegen de schade en teleurstelling van een karakternederlaag.

In alles 'hoogste kwaliteit' leveren is natuurlijk een subjectief begrip. Het betekent in deze context een werk zo goed afhandelen als je het kunt. Iemand met meer talent dan jij doet het wellicht nog beter, maar daar hoef je niet van wakker te liggen. Weiger met iemand te concurreren, behalve af en toe met jezelf. De vraag is: doe ik het vandaag kwalitatief beter dan vroeger? Of toch in elk geval zo goed als ik het vandaag echt kan?

Belangrijk is dat we *telkens deugd beleven aan wat we doen.*
Zo is Pierre in zijn vrije uren een echte automecanicien. Tijdens het weekend knutselt hij met een intens genoegen aan zijn wagen terwijl hij erbij fluit. Als zijn zoontje ziet met welk plezier vader aan de wagen werkt, wil hij er ook al aan sleutelen. Vaders arbeidsvreugde werkt aanstekelijk.

H14. Actief blijven, ook als je ouder wordt

Ouder-worden gaat vanzelf, maar zinvol ouder-worden is een menselijke opdracht. Al beslist niemand eigenmachtig over de genade van een gelukkige oude dag, toch kunnen we tot op zekere hoogte zelf voorbereiden op welke manier wij het oud-zijn zullen beleven.
In plaats van 'ouder-worden' als een neergang te zien, kunnen we het ook beschouwen als een opgang naar een geestelijke voleinding, naar een uiteindelijke levensvervulling.

Zeker voor de ouder-wordende mens geldt wat Libert Vander Kerken schrijft: 'Het leven is een reis naar de Oneindigheid. Wie goed wil reizen moet vier dingen doen: *kijken, genieten, voorbijgaan* en *loslaten*.'

Je kunt de pensioneringstijd vele jaren vooraf voorbereiden door nu reeds dingen te doen, alleen maar omdat je ze graag doet. Neem nu al tijd voor dingen waarmee je later kunt doorgaan. 'Zin in iets hebben' ontstaat immers zelden plotseling, meestal wordt het langzaam verworven.
Bij talrijke gepensioneerden verdwijnt opeens alle fut. Ze krijgen onvoldoende kansen om hun persoonlijkheid te uiten. Alleen door zijn mogelijkheden verder uit te bouwen, neemt de mens deel aan het leven. Actief-blijven is de boodschap, opgaan in een of andere speelse of ernstige liefhebberij, die onze volle toewijding vraagt en waar we onze persoonlijkheid in kunnen leggen.

Blijf jezelf verplichtingen opleggen, al mag het tempo gerust wat trager verlopen. Niets is zo afstompend als een eenzaam en al te comfortabel bestaan, waarin van 's morgens tot 's avonds voor alles gezorgd is. Inactiviteit doet geestelijk inslapen. De mens kan zeer lang geestelijk actief blijven.
Norman Vincent Peale, de auteur van *De kracht van positief denken*, schreef op 86-jarige leeftijd zijn autobiografie *De kracht van positief leven*. Toen hij 88 jaar was, publiceerde hij *Het geheim van positief denken*. Voor de actieve mens begint elke dag een nieuw leven.

De derde bouwsteen voor het geluk omvat niet alleen de positieve houding jegens de menselijke activiteiten, maar ook de *zin voor het speelse* en de *kunst van het genieten*. Drukte, haast, efficiëntie, zakelijkheid en gejaagdheid domineren ons leven. Er is niet veel tijd voor dromen en fantaseren, vertellen en spelen, mediteren, zingen, feesten en genieten.

Gelukkig de oudere mens die de kans krijgt om rustig en schouwend te midden van de dingen te staan, zonder directe doelgerichtheid en met een gezindheid die niets hoeft op te brengen. Hij beseft dat alle grote dingen langzaam groeien. Hij kan stilaan loslaten en de werkelijkheid laten zijn zoals die is.

In haar boek *Ervaring en betrokkenheid* schrijft Edith Cardoen: twee moeilijkheden maken het ouder-worden lastiger. Enerzijds is er het overbenadrukken van activiteit en de ophemeling van het jong-zijn... en anderzijds het overwaarderen van toekomst en belofte, ten koste van wijsheid en ervaring. Zij stelt dat we, als voorbereiding op het ouder-worden, het beste bepaalde correcties in onze levensstijl en waardenbeleving aanbrengen.

Vooreerst het waarderen van 'rust en vertrouwen' tegenover de gebruikelijke 'haast en activiteit'. Verder het integreren van de 'ervaring van fysieke en andere grenzen die de ouderdom meebrengt' tegenover de 'cultus van het jong-zijn'. Ten slotte het opwaarderen van 'verbondenheid, stilte en herinnering' tegenover 'individualisme, overprikkeling en vervlakking'.

Ouder wordend ziet men dat niet alleen de activiteit aan het leven inhoud en waarde geeft. Leven is ook: van elkaar afhankelijk zijn, het voor elkaar opnemen en elkaars lasten helpen dragen. Diep in zichzelf voelt de oudere mens zich niet zo eigenmachtig en actief, maar in hoge mate ontvangend en afhankelijk. Hij merkt dat leven meer is dan een jachtig werken en een autonoom zichzelf-zijn. Hij beseft dat alles wat in het leven echt waardevol is, je als een geschenk ten deel valt: leven, gezondheid, liefde, vriendschap, kinderen...

'De avond van het leven,' zegt Libert Vander Kerken, 'is een uitnodiging tot bezinning, een terugkeer naar de innerlijkheid, die als een rijkdom wordt ontdekt. Herinneringen (liefst zonder nostalgie) verschaffen meer genoegen dan felle sensaties. Her-innering (dit is: het opnieuw in de innerlijkheid brengen van vroegere belevingen) maakt alles nieuw, alsof we het voor de eerste keer zagen. Misschien ziet men het ook voor de eerste keer, want vroeger stonden we er wellicht te dichtbij om het werkelijk te begrijpen. Bij het ouder-worden komt de gejaagdheid tot rust. Alles gaat trager. De geluiden worden zachter. Het licht mildert en kondigt de schemering aan. De lamp wordt aangestoken.'

POSITIEVE SUGGESTIES

Ik wil mijn levensdroom waarmaken.
De eerste stap is het ***verlangen****. Eigenlijk hangt mijn hele toekomst af van de kracht van mijn verlangen om te bereiken wat ik droom.*

De tweede stap is doelgericht ***denken****. Alleen dankzij een betere kennis en meer inzicht blijft mijn droom geen irreële wens, maar wordt hij een vaste 'hoop'. Mijn gedachten zijn slechts een sterke stimulans, als ik ze richt op een welbepaald doel. Met een duidelijk doel voor ogen kan ik plannen en organiseren.*

De derde stap is het ***geloof****. Dit is de grote stuwkracht voor mijn geest. Het geeft aan mijn gedachten een fabelachtige kracht. Geloof maakt het onmogelijke mogelijk en is het enige tegengif voor mislukking.*

De vierde stap is ***enthousiasme****. Velen mislukken, niet omdat ze onbekwaam zijn, maar omdat ze geen 'liefde' voor hun werk hebben. Als mijn hart erbij is, word ik enthousiast voor mijn taak. Met een enthousiast onderbewustzijn bereik ik sneller en zekerder mijn doel dan met mijn bewuste wilskracht.*

De vijfde stap is ***aanpakken****. Ik blijf niet langer afwachtend wénsen dat mijn levensdroom in vervulling gaat, maar ik zet er mij voor in. Mijn sterk verlangen, mijn doelgericht denken, mijn krachtig geloof en mijn enthousiasme voor mijn doel nestelen zich in mijn onderbewustzijn en sporen mij voortdurend tot actie aan.*

De zesde stap is ***doorzetten****. Ik leer uit mijn tegenslagen. Mislukking is voor mij een oproep om mijn inspanningen te verdubbelen. Op de moeilijke momenten voel ik die stille en onweerstaanbare kracht in mij om de ontmoediging aan te kunnen. Nooit laat ik me verleiden om te vechten tégen iemand, doch altijd vóór iets.*

EVEN OPFRISSEN H

- De eenvoudige dingen van elke dag goed doen, schept diepe tevredenheid.
- Men kan zo gelukkig zijn als iets lukt en zo ongelukkig als iets mislukt.
- Arbeid is een bron van inkomsten, een vorm van dienen en een kans tot ontplooiing.
- Zowel successen als mislukkingen blijven lang en diep in ons nawerken.
- Je steunt het 'ik' van de ander, als je hem de kans geeft zich ten opzichte van jou te onderscheiden.
- Elke impressie zonder expressie betekent depressie. Heb je dus een goed idee, doe er dan wat mee.
- Slappelingen wachten de gelegenheid af. Mensen met pit scheppen zelf de gelegenheden.
- Door de kwaliteit van je werk en door je toewijding verdien je elke dag je plaats.
- Slordig en onnauwkeurig werk veroorzaakt achteraf veel nieuw werk.
- De eerbied voor jezelf komt in al je werk tot uiting.
- Nauwkeurigheid is de eerste voorwaarde en moet altijd aan snelheid voorafgaan.
- Verveling en tegenzin draaien ons energiekraantje toe. Interesse en enthousiasme zetten het open.
- Het leven is te kort om het 'zo moe' door te brengen. Schep dus vreugde in je activiteiten.
- De kwaliteit van de prestatie en de manier van presenteren zijn de twee factoren van elk resultaat.
- Het brein realiseert wat het zich kan verbeelden en waarin het sterk gelooft.
- De moeite die we doen om onze mogelijkheden produktief te maken, bepaalt ons levensaandeel.
- Drie vijanden van echte activiteit zijn: tegenzin, zelftwijfel en beuzelarijen. Daarom: pak ze alle drie direct flink aan.
- Activiteit geeft altijd resultaten, al zijn het soms andere dan je verwacht.
- Dit éne doe ik! Eén ding op ieder ogenblik! Wat ik doe, doe ik goed!
- Staar je niet blind op wat je nog moet doen. Geniet liever even van wat je gedaan hebt.
- Droom je leven mooi. Geloof in die droom en maak er een realiteit van.
- Vecht altijd vóór iets en nooit tégen iemand.
- Zorg voor een doel, een plan en een werkprogramma en doe de gewone dingen buitengewoon goed.
- Leven is reizen naar de Oneindigheid. Goed reizen is: kijken, genieten, voorbijgaan en loslaten.
- Blijf bij het ouder-worden jezelf uiten in het toegewijd beoefenen van een liefhebberij.

I. Bevestigen maakt gelukkig

I 1. Liefdevol met elkaar omgaan

Een mens heeft behoefte aan individuele expressie. Hij verlangt naar zelfstandigheid, naar vrijheid en ook naar ruimte om zichzelf te zijn en om zijn taak in de wereld aan te kunnen. Daarnaast kent hij een even sterk verlangen naar geborgenheid en teder samen-zijn met anderen. Ooit zong Zjef Vanuytsel: '... alleen ben je te klein en te bang. Je kunt niet zonder de anderen...'
Leven zonder medemensen is inderdaad niet mogelijk: je zou niet kunnen spreken, niet kunnen denken, niet kunnen beminnen... ja, niet eens geboren zijn! We leven samen met anderen. We zijn 'samen' onderweg.

De vierde bouwsteen gaat eigenlijk over 'het omgaan van mensen met elkaar'. We proberen dit op zulke wijze te doen dat we er zo gelukkig mogelijk bij worden. Ons uitgangspunt is: om een mens echt blij te maken, moet je hem graag zien. Dit uit zich in oprechte belangstelling en een groot respect voor zijn persoonlijkheid. Iedereen wil zich 'erkend' weten, en met waardering en interesse geef je iemand dát gevoel van belangrijkheid waarnaar hij zozeer hunkert.

Hoe toon je belangstelling en waardering voor een ander? Vooreerst door vriendelijkheid. Echte vriendelijkheid komt altijd over als een blijk van waardering. Ten tweede door hem de gelegenheid te geven zich te uiten. Informeren naar iets dat de ander na aan het hart ligt, is een attentie die steeds op prijs wordt gesteld. Ten slotte door actief naar hem te luisteren. Inlevend luisteren is een zeldzame gave die door iedereen wordt geapprecieerd. Wie dat kan, steekt ver boven de middelmaat uit.

Terwijl ik dit hier neerschrijf, toont de televisie beelden uit het leven van wijlen koning Boudewijn. Onlangs overleed hij, getroffen door een hartstilstand, in het Spaanse Motril. Het valt op hoe de vorst – zowel bij politici als bij armen en behoeftigen – nergens het hoogste woord voert. We zien hem zonder uitzondering minzaam glimlachend, geïnteresseerd en bekommerd, op actieve wijze luisterend. Hij toont ons letterlijk hoe wij ons op een eenvoudige manier bemind kunnen maken. Een prachtige leefregel paste koning Boudewijn toe: *'vriendelijk, geïnteresseerd luisteren'*.

Wanneer twee mensen elkaar ontmoeten – hoe kortstondig ook – gaat er steeds iets van de een op de ander over en vice versa. De blik, de houding, de inhoud en de intonatie van de woorden worden via de zintuigen opgevangen en door de hersenen geïnterpreteerd. Of dit gepaard gaat met positieve of negatieve gevoelens, hangt niet alleen af van de persoon die uitzendt, maar ook van hem die ontvangt. Wat we naar de ander toesturen en hoe we zijn signalen uitleggen, dat is onze verantwoordelijkheid. Hoe hij onze stimuli interpreteert, daar is hij verantwoordelijk voor.
Indien we negatieve gevoelens bij de ander opmerken, is het belangrijk daar onze volle aandacht aan te schenken. Een mogelijk misverstand proberen we best direct recht te zetten.

Veel oud-cursisten maakten zich een gewoonte eigen die stilaan een vaste leefregel en een spontane reflex geworden is. Na elke ontmoeting vragen ze zich af:

Hoe gaat die mens van mij vandaan?

Een stuk blijer en gelukkiger dan daareven? Met meer moed en een groter zelfvertrouwen? Of zette ik, met mijn grote mond, een domper op zijn enthousiasme? Gaat hij ontgoocheld en ongelukkig heen? Ondermijnde ik zijn zelfverzekerdheid en vernederde ik hem?
Doordat we onszelf telkens dergelijke vragen stellen, worden onze contacten warmer en aangenamer. We hebben er alle belang bij te proberen onze verhouding tot de medemensen te verbeteren.

Anita, een jonge moeder, woont pas in een nieuwe wijk. Als lid van de vrouwenbeweging schrijft ze voor een reeks gymnastieklessen in. Julia, een ouder kernlid, brengt haar voor de eerste maal het maandelijks ledenblad.
'Ah, ben jij de verantwoordelijke voor de wijk?' vraagt Anita. En trots vertelt zij dat ze de turnlessen wil volgen. Ze heeft haar trainingspak al aangeschaft.
'Och, kind,' zegt Julia meewarig, 'heb jij je echt ook laten inpalmen? Die kunnen een mens nogal opdraaien, zeg! Vier jaar geleden was er ook al zoiets. Mijn turnpak hangt nog steeds in mijn kast. Hoe is het mogelijk?' En hoofdschuddend gaat Julia verder naar het volgende lid.
Anita, helemaal onder de indruk van Julia's afkeuring, blijft verbouwereerd achter. Nee, ze gaat niet naar die gymlessen. Zij is de moed kwijt. Die korte ontmoeting zet er de domper op.

Zo zijn er mensen die altijd maar 'dompers opzetten' in plaats van te bemoedigen en blij te maken.
Een moeder had de slechte gewoonte steeds 'nee' te zeggen. Ze was wat nerveus toen haar zoontje vroeg: 'Mama, mag ik...?'
'Nee, nee en nog eens nee!'
'Maar mama, je zegt al nee en je weet nog niet eens wat ik wil gaan vragen.'
Het is belangrijk elke vorm van wrevel of irritatie de baas te blijven. Proberen we liever de ander een goed gevoel te geven.

12. *Je omgang met mensen verbeteren*

Uit een universitair onderzoek bij enkele duizenden gelukkige, in het leven geslaagde veertigers bleek dat hun levensgeluk voor 15 procent afhing van hun schoolse kennis en bedrevenheid in hun beroep. De resterende 85 procent ging naar hun persoonlijkheidseigenschappen en vooral de bekwaamheid in het omgaan met mensen.

Werd er in onze eigen opleiding wel voldoende aandacht aan die 85 procent besteed? Ik meen dat wij in onze jonge jaren al onze tijd en energie staken in dat relatief kleine vak van 15 procent. Het grote vak van 85 procent werd aan het toeval overgelaten.

Natuurlijk geeft de dagelijkse omgang met mensen ons wel enige ervaring. Maar dit werkt te langzaam. Ervaring dient te worden aangevuld met de studie van de praktische mensenkennis en het bewust in praktijk brengen van de grondregels ervan.

Dale Carnegie was pionier in de studie van de omgang met mensen. We gaan nu wat dieper in op een drietal van zijn principes:
1. niet kritiseren en veroordelen;
2. aanmoedigen en waarderen;
3. kijken door de bril van de ander.

1. ***Niet kritiseren en veroordelen.*** In de Schrift staat: 'Oordeelt niet, opdat gij niet geoordeeld wordt.' Toch staan we zo snel klaar met onze afbrekende kritiek.
Telkens als we met een idee of een handelwijze niet akkoord gaan, zijn we geneigd die persoon af te keuren en te veroordelen. Maar mensen geven hun ongelijk erg moeilijk toe. Wie bekritiseerd wordt, voelt zich gedwongen om zich te verdedigen en zichzelf te rechtvaardigen. Door die kritiek op zijn persoon is immers zijn gevoel van eigenwaarde aangetast en zijn trots gekwetst.

Nooit hebben scherpe kritiek en veroordeling de vriendschapsbanden verstevigd of de harten van de mensen dichter bij elkaar

gebracht. Integendeel: kritiek kan vijanden voor het leven maken. Daarenboven keert kritiek als een boemerang steeds naar de lanceerder terug. Degene die wij veroordelen, rechtvaardigt zichzelf en veroordeelt ons. Het is als een omhooggeworpen steen, die op ons eigen hoofd terugvalt.
God zelf oordeelt de mensen niet voordat zij gestorven zijn. Waarom doen jij en ik het dan wel?

Merkte je al dat veel 'waarom'-vragen heel wat bedekte kritiek in zich dragen? De ander voelt zich dan aangevallen: 'Waarom heb jij de vuilniszak niet buitengezet?'; 'Waarom liet je het licht branden?'; 'Waarom bleef je zolang weg?'
'Hoe'-vragen daarentegen werken communicatiebevorderend: 'Hoe was het op de vergadering?'; 'Hoe voel je je in je nieuwe job?'; 'Hoe heb je daaraan gedacht?'

In het oude Duitse leger van keizer Wilhelm bestond een interessante maatregel. De soldaten mochten nooit onmiddellijk reclameren, kritiek geven of een klacht indienen. Ze moesten er eerst een nacht over slapen. Het gevolg hiervan was: veel minder klachten.
Zou zo'n maatregel in ons burgerleven ook niet erg nuttig zijn?

Voor een kind kan het heel erge gevolgen hebben als de ouders voortdurend negatieve kritiek geven: 'Je hebt er weer wat van gemaakt! Doe toch eens als je broer. Van jou komt niets terecht.'
Als vader en moeder nauwelijks voor het positieve, het originele, het creatieve oog hebben, kan het gebeuren dat het kind inderdaad uit de band springt. Dan hoor je: 'We hadden het wel gedacht: hij was altijd al een buitenbeentje.'
Als je een kind voortdurend negatieve dingen voorspelt, dan gaat het op den duur daarnaar leven en handelen. Het brengt de voorspelling vanzelf tot vervulling ('self-fulfilling prophecy').

2. ***Aanmoedigen en waarderen.*** De smeerolie voor de menselijke relaties is: erkend worden en erkenning opbrengen. Mensen verlangen waardering voor hun werk en hun goede eigenschappen. Ze willen niet zozeer 'gelijk krijgen' als wel begrepen en 'gezien'

worden. Het verlangen 'iets te betekenen en mee te tellen' is een diep menselijke behoefte. Gebrek aan erkenning kan tot extreme gedragingen leiden. Enkelen proberen in de misdaad een surrogaatwaardering te vinden.
Zo stak de Griekse slaaf Herostratos de tempel van Artemis te Efeze in brand, alleen maar om bekend te worden en te blijven.

Je bent op je best als iemand iets van je verwacht. Dat gevoel 'er nodig te zijn' is voor jou zeer belangrijk. Zonder erkenning en begrip van je omgeving word je ziek. Alles wat je ten opzichte van jezelf en van anderen in een gunstig daglicht stelt, geeft je grote voldoening. Het prikkelt je zelfvertrouwen en je werklust.

Waardering is als een toverstaf waarmee we licht en kleur in het leven van onze medemensen brengen. Hun positieve eigenschappen worden ermee opgewekt.
J.B. Priestley drukte het zo uit: 'Ze was niet knap, maar ze had het kunnen zijn, als iemand haar voortdurend had verteld dat ze het wás.'

Waardering stimuleert de mensen om met meer ijver en toewijding hun taak te vervullen. Het is tijd dat we afleren om dingen die we niet goedvinden, te bekritiseren. We bereiken meer als we voor de zaken die we wél goedvinden, onze waardering uitdrukken.
Maar om eerlijk onze waardering te uiten, dienen we speciaal op de positieve aspecten van de mensen om ons heen te letten.

De Amerikaanse filosoof Ralph Waldo Emerson merkte op:

> *'Ieder die wij ontmoeten, is werkelijk in een of ander opzicht onze meerdere en in dit opzicht kunnen wij van hem leren.'*

Het komt eropaan te 'zien' waarin die ander boven ons uitsteekt. Dan geven we hem spontaan de waardering die ons uit het hart komt. Als je oog er eenmaal op gericht is, vind je wel de goeie kwaliteiten, zowel in de persoon als in zijn werk.

De manier om het beste in de mensen tot ontwikkeling te brengen is: vriendelijke belangstelling tonen, waardering uiten, en aanmoedigen. Dit is niet alleen toepasselijk ten opzichte van medewerkers, ook in het gezin bevordert het de vertrouwelijkheid en de ontplooiing van de jongeren. De kinderen hunkeren instinctief naar erkenning en aanmoediging. Soms realiseren we ons beschaamd hoeveel kansen van waardering we, vandaag alleen al, achteloos lieten voorbijgaan.

3. ***Kijken door de bril van de ander.*** De ezel van boer Sanders was verdwenen. Iedereen werd opgetrommeld om hem te zoeken. Na een tijdje kwamen ze terug: nergens was er ook maar een spoor van het dier te ontdekken. Opeens verscheen van achter de schuur de oude stalknecht, de ezel aan zijn hand. Verbazing bij de anderen: 'Hoe heb jij die gevonden?' 'Wel, ik dacht... als ik een ezel was, waar zou ik dan naar toe gaan? Ik ging naar die plek en daar stond hij.'
Dit bijzonder leerrijke verhaal illustreert dat we pas resultaten bereiken, als we ons op het standpunt van de ander plaatsen.

We zijn van nature erg egocentrisch. We voelen ons het middelpunt van onze eigen wereld en bekijken alles vanuit ons eigen oogpunt. Als we iets niet mooi vinden, zeggen we: 'Het IS niet mooi.' Vinden we iemand niet sympathiek, dan verklaren we: 'Hij IS antipathiek.'
Al wie van onze opvattingen en gevoelens afwijkt, is per definitie verkeerd. Jammer genoeg hebben de meeste anderen dezelfde instelling. Daardoor kunnen wij, vanuit onze zelfzuchtige geesteshouding, nooit een brug naar de ander slaan.

Maar zodra we door de bril van de medemens kijken, worden we voor hem belangrijk. We krijgen onmiddellijk zijn belangstelling en sympathie. Het loont echt de moeite eens in de huid van de ander te kruipen: een ogenblik niet meer te denken aan wat wijzelf willen, maar aan wat hij wil. Luister met interesse naar wat hij te vertellen heeft. Normaal gesproken schenken we te weinig aandacht aan wat er in de ander omgaat, terwijl we ook die belangstelling onvoldoende tonen.

Scheldende chefs, standjes gevende ouders, mopperende mannen en treiterende vrouwen moeten begrijpen dat mensen hun opvattingen niet wensen te veranderen. Wanneer wij onze wensen en bedoelingen tegenover die van een ander plaatsen, zet hij zich schrap en kan de discussie hoog oplopen. Daarom haalt een verzoek altijd meer uit dan een bevel. Commanderen ontneemt de ander een stukje van de eerbied voor zichzelf. Dit geeft hem het gevoel dat hij onvoldoende wordt gewaardeerd. Wil je van een ander medewerking verkrijgen, verplaats je dan in zijn wereld en ga van zijn wensen en verlangens uit.

Elza, de oude keukenmeid, keek toe hoe de grote wijsgeer Ralph Waldo Emerson en zijn zoon trokken en duwden om een kalf de stal in te krijgen. Ze dachten daarbij alleen aan wat zijzelf wilden. Het kalf verzette zich echter en vertikte het de malse wei te verlaten. Elza, met haar praktisch levensinzicht, vroeg zich af wat het kalf wilde. Ze ging erheen en stak haar wijsvinger in de muil van het dier. Het kalf ging aan haar vinger zuigen en zo leidde zij het jonge beest zachtjes en gewillig de stal in.

13. Wees diplomatiek

Weet je wat de oude Egyptische farao Akhtoi vierduizend jaar geleden aan zijn zoon zei? 'Wees diplomatiek, jongen, het is de beste manier om je zin te krijgen.' Die oude wijsheid heeft nog niets van haar waarde verloren.

Bij een conflict in je gezinsrelatie moet dit je eerste zorg zijn. Toon de ander dat je hem belangrijk acht en bereid bent hem zoveel mogelijk terwille te zijn. Zo niet, dan krijgt hij het gevoel dat hij de waardigheid van zijn ik tegenover jou moet verdedigen, door te tonen dat hij zich kan doen gelden. Hij vecht er dan met alle felheid voor om gelijk te krijgen, ook in de onbenulligste bijzaken. Pas zodra hij voelt dat het meningsverschil niet voortkomt uit een gebrek aan waardering voor zijn persoonlijkheid, zal hij een welwillende houding jegens jou aannemen.

Een oud-cursist ontwapende een erg ontevreden klant door een 'aanval' van vriendelijkheid. Hij ging hem tegemoet en sprak zelf het eerste woord. Daardoor bepaalde hij de toon van het gesprek. Hij liet duidelijk blijken hoezeer hij de gevoelens van de klant begreep en dat hij, in een dergelijk geval, zich eveneens zo zou opwinden. Hij drukte zijn spijt over het gebeurde uit. Vooral het feit dat juist hem, als goede klant, dit was overkomen, was bijzonder spijtig. Hij beloofde dat de firma alles zou doen om hem tevreden te stellen. Ze dronken samen nog een glaasje en de woedende klant ging gerustgesteld naar huis.

Esther was een flinke vrouw. Na de dood van haar man zette zij moedig de zaak voort en breidde die zelfs uit. Ze wist wat ze wilde. Maar met haar zoon van 13 kon zij niet overweg. Haar verhaal:

'Voor Rudi's opvoeding doe ik al het mogelijke. Op geen enkel gebied komt de jongen iets tekort. Hij kan aan alles meedoen en net als voor mijn zaak geldt: alleen het beste is goed genoeg. Over gebrek aan leiding kan hij niet klagen. Wat hij doet, moet hij helemaal goed doen. Ik rust niet voor ik hem zover heb, al stribbelt hij nog zo tegen. Dat lukt meestal wel, want Rudi is een ijverige jongen met een flink stel hersens. Maar hij verzet zich steeds meer en dat maakt mij wanhopig. Als "dank" voor al de zorg en leiding die ik hem geef, is hij voortdurend onhebbelijk en tegendraads. We konden het samen zo prettig hebben, maar hij behandelt me als zijn vijand.'

Wat was de oorzaak van Rudi's 'onmogelijke' houding? Eerst en vooral steunde Esthers opvoedingsmethode op commanderen. Hij had haar opdrachten maar uit te voeren, dadelijk en zonder protest. Daarnaast moest de jongen haar instructies 'goed' uitvoeren. Deed hij dat niet, dan maakte zij hem krachtig duidelijk dat het anders moest. Aangezien een 13-jarige zich nog duchtig moet oefenen in allerlei dingen die voor volwassenen eenvoudig zijn, regende het standjes en terechtwijzingen.

Het eerste resultaat van deze krachtige en systematische opvoeding was dat de zoon veel dingen inderdaad goed leerde. Moeders hand zorgde ervoor dat hij zijn huiswerk tijdig maakte, zijn pianoles leerde en een taak correct uitvoerde.
Een ander gevolg was minder gunstig. Talloze malen per dag werd de jongen gekrenkt en in de hoek gedrukt. Daar stonden slechts zelden blijken van waardering tegenover. Deze zakelijke moeder kwam daar meestal niet aan toe. Er viel altijd wel iets aan te merken.

Esther bedoelde deze standjes en terechtwijzingen niet als iets krenkends. Maar Rudi voelde ze wel degelijk zo aan, al gaf hij zich daar op zijn leeftijd niet echt rekenschap van. Alhoewel de jongen een grote behoefte had aan af en toe een bemoedigend schouderklopje, ontving hij nog geen tiende van de waardering die hij nodig had. Daardoor verloor hij zijn zekerheid. Die opmerkingen verdoofden zijn ontwakend zelfvertrouwen. Diep in zijn binnenste groeide een gevoel van minderwaardigheid. Intuïtief verdedigde Rudi zich hiertegen op de manier van een 13-jarige. Hij stribbelde tegen, werd onhebbelijk en zelfs vijandig.

Maar toen Esther, een vrouw met karakter, eenmaal haar fout inzag, begon zij positiever te reageren. Het was natuurlijk moeilijk om de toon van haar opvoeding te veranderen. Het duurde enige tijd voor Rudi gunstig reageerde op die nieuwe sfeer in huis. Zijn moeder toonde echter dat zij, ook tegenover zichzelf, van doorzetten wist. En het lukte. Op den duur kwam er tussen hen die warme vertrouwelijkheid waarover zij later weleens met een prettige glans in haar ogen vertelde. Ze was ervan overtuigd dat de moeilijkheden met haar zoon haar veel hadden geleerd over de omgang met haar personeel en met andere mensen.

Lang geleden vond Dale Carnegie in *The People's Home Journal* een klein stukje proza. Geschreven in een ogenblik van intens gevoel, spreekt het tot het hart van velen. Toen ik het in een sessie gebruikte, getuigde een man: 'Met dit artikel begon voor mij de cursus echt.'

Vader, vergeet door W. Livingston Larder

Luister, mijn jongen. Ik zeg je dit terwijl je in je bedje slaapt; je vuistje onder je blozende wang en je blonde haar helemaal in de war. Een paar minuten geleden las ik mijn krant in de huiskamer en een gevoel van berouw overviel me. Met dit schuldige gevoel kwam ik naar je bedje.

Deze dingen speelden door mijn hoofd, mijn jongen. Ik was niet aardig tegen je. Ik gaf je een standje toen je je aankleedde om naar school te gaan, omdat je je gezicht maar even met je waslapje aaide. Ik nam je onder handen omdat je met vuile schoenen de deur wilde uitgaan. Ik werd boos op je toen je boeken op de grond vielen.

Aan het ontbijt had ik weer veel op je aan te merken. Je liet je brood vallen. Je schrokte je eten naar binnen. Je zette je ellebogen op tafel. Je smeerde de boter te dik op het brood. En toen jij de straat opging en ik naar het station, wuifde je me met de hand toe en riep: 'Dag, vader!' Ik fronste mijn wenkbrauwen en riep je als antwoord na: 'Loop toch wat meer rechtop!'

Vanmiddag begon het weer van voren af aan. Toen ik de straat inkwam, zag ik hoe je op je knieën aan het knikkeren was. Er waren al gaten in je kousen. Ik kleineerde je voor je vriendjes en stuurde je naar huis. 'Kousen zijn duur. Als jij ze zelf moest betalen, zou je er voorzichtiger mee zijn! Denk daar eens aan!' Dat verweet ik je waar al die jongens bij waren.

En weet je nog toen ik de krant las... hoe je binnenkwam en wat verlegen met een beetje verwijtende blik in je ogen keek. Als ik wrevelig reageerde omdat je me stoorde, weifelde je op de drempel. Ik snauwde je toe: 'Wat moet je nu weer?'

Jij sprak geen woord, maar ineens liep je op me af, sloeg je armpjes om mijn hals en gaf me een dikke zoen. En je armpjes klemden zich met een genegenheid vast, die God in je hartje liet openbloeien; een genegenheid die door veronachtzaming zelfs niet verschrompelde. En toen was je ineens weg en huppelde je de trappen op.

Wel, mijn jongen, kort daarna gleed de krant uit mijn handen en een akelige angst overviel me. Wat had een verkeerde gewoonte mij laten doen? De gewoonte om fouten te zoeken en standjes te maken was mijn beloning voor je jeugd en je jong-zijn. Ik maakte al die aanmerkingen niet omdat ik niet van je hield. Ze kwamen doordat ik te veel van je jeugd verwachtte. Ik mat jou met de maat die ik bij volwassenen gebruik.

Er is zoveel dat goed en mooi en waar is in je karakter. Dat kleine hartje van jou is onmetelijk groot. Je toonde het toen je spontaan naar me toeholde en me die nachtzoen gaf. Niets anders komt er vanavond op aan, mijn jongen. Ik ben hier in het donker bij je bedje en ik kniel, beschaamd over mezelf!

Dit is maar een zwakke boetedoening. Indien ik het je vertelde als je wakker was, zou je er niets van begrijpen. Maar morgen zal ik een echte vader voor je zijn! Ik zal je ware vriend zijn en lijden als jij lijdt en lachen als jij lacht. Ik zal op mijn tong bijten als ik ongeduldige woorden wil zeggen. Ik zal telkens en telkens weer tot mezelf zeggen: 'Hij is nog maar een jongen – een kleine jongen!'

Ik weet dat ik je beoordeelde als een grote man. Maar ik zie nu, mijn jongen, terwijl je moe in je bedje slaapt, ik zie nu dat je nog slechts een baby bent. Gisteren lag je nog in je moeders armen, je hoofd op haar schouder. Ik heb te veel van je verwacht, te veel.

Voor wie in deze prachtige gevoelvolle tekst een pleidooi mocht zien voor de 'natuur'-opvoeding van J.J. Rousseau – waaruit alleen egoïstische volwassenen groeien – willen we duidelijk stellen: een opgroeiend kind behoeft wel degelijk leiding, maar liefdevol en tactvol.

I 4. *Mijn ontvangst afstemmen op jouw uitzending*

Mensen hebben in hun omgang vaak dovemansoren. Ook wij hebben al te gauw dovemansoren, onze eigen blinde vlek. We raken moeilijk op dezelfde golflengte doordat we krampachtig vasthangen aan onszelf en geduld tot luisteren tekort komen. Zo komen we zelden tot wederzijdse 'erkenning' en enkel met een minimum aan erkenning is er communicatie mogelijk.

Erkennen betekent niet noodzakelijkerwijs akkoord gaan met wat de ander uitdrukt. Men kan ook erkennen en begrijpen zonder die mening te delen. Of er al dan niet erkenning is, blijkt vooral uit de intonatie van de stem. In de stemklank van een geïrriteerde hoort de ander makkelijk veroordeling, afkeuring of kritiek.

Om de kunst van 'erkennen' onder de knie te krijgen, ontwikkelde Nand Cuvelier een methode in vier punten:

1. mijzelf loslaten;
2. luisteren;
3. reflecteren;
4. toetsen.

1. ***Mijzelf loslaten.*** Ik schakel mijn eigen gedachtenmolen uit en reageer niet verder vanuit mijn eigen associaties en invallen. Ik probeer te zwijgen, mezelf even te parkeren om stil te staan bij wat de ander eigenlijk zegt. Ik richt ook mijn lichaam naar de ander, kijk naar hem en geef door mijn houding te kennen dat ik echt geïnteresseerd ben.

2. ***Luisteren.*** Door vertrouwend luisteren doe ik moeite om mij in de situatie van de ander in te leven en door zijn bril te kijken. In plaats van te kijken wat er echt aan de hand is en dat au sérieux te nemen, interpreteren we meestal onmiddellijk. Het komt eropaan de achterliggende belangen op tafel te brengen, ze duidelijk in het vizier te krijgen en daar rekening mee te houden.

3. ***Reflecteren***. Ik breng respect (erkenning) voor de leef- en zijnswijze van de ander op. Ik druk deze erkenning uit door te 'reflecteren'. Dit betekent dat ik op mijn eigen wijze de kern herhaal van wat de ander uitdrukt.
Als Thea bezorgd laat horen: 'Ho... het is al elf uur en hij is nog niet thuis', kan ik reflecteren met: 'Je bent ongerust over zijn lang wegblijven?' De ander voelt zich dan gehoord, gezien in zijn eigenwaarde. Als je niet 'erkend' wordt, is er geen uitdrukking van jezelf mogelijk.

4. ***Toetsen***. Ik vraag of dit klopt, of de ander zich door mij begrepen voelt. Door dit 'toetsen' weet ik of ik hem juist begrijp. Indien ik de ander verkeerd begreep, geef ik hem een nieuwe kans om zich beter uit te drukken alvorens te reageren. Ik gun hem het plezier te ervaren dat ik hem werkelijk begrijp.

'Erkenning' is het juist aanvoelen en begrijpen van de ander en dit kernachtig uitdrukken. Het brengt de wisselwerking op gang. Dat 'uitdrukken' hoort erbij, omdat we heel vaak menen te begrijpen ('Ik ken je'). Maar als de gedachten en gevoelens van de ander niet door ons zijn uitgedrukt en getoetst, weten we niet of dit wel klopt. Daarom nemen we even de tijd om rustig te reflecteren en te toetsen. Dit 'erkennen' vertraagt het communicatieproces en vraagt dus tijd. Zolang de ander niet helemaal akkoord gaat met wat wij terugzeggen (reflecteren), voelt hij zich door ons nog niet echt erkend, dit is: nog niet ten volle begrepen.

I 5. Hoe reageer je op mislukkingen van huisgenoten?

Een echtgenote merkt thuis wel als manlief op zijn werk een fout heeft gemaakt: hij is misnoegd. Terwijl zijn mislukking vanbinnen blijft knagen, denkt hij: hoe kon ik toch zo verstrooid zijn? Misschien vertelt hij het aan zijn vrouw. Dan zijn er twee mogelijkheden.

Ofwel toont zij begrip en daarmee helpt zij hem om het te verwerken. Hij is haar dankbaar... en de liefde groeit.

Ofwel geeft zij hem een preek: 'Hoe kun je op jouw leeftijd en na zoveel dienstjaren nog zo dom doen? De schade zal ons wel aangerekend worden... en die promotie kun je ook vergeten. Hopelijk kun je je werk behouden. Schaam je!'
Zodoende versterkt zij zijn schuldgevoelens, geeft zijn gevoel van eigenwaarde een deuk, vermindert zijn liefde voor haar en blokkeert zijn openheid. En waarschijnlijk neemt hij zich voor, haar nooit meer iets over zijn mislukkingen te vertellen.

Ook een echtgenoot ziet het, als zijn vrouw een tegenslag heeft.
'Scheelt er iets, vrouwke?'
'O neen... helemaal niets!'
Maar er scheelt wél iets. In haar verstrooidheid stopte ze gekleurd wasgoed bij het wit. Haar mooie witte was komt er met gekleurde vlekken uit. Ze is ontevreden over zichzelf en de mislukking is van haar gezicht af te lezen.
Misschien spreekt zij er toch met haar man over: 'Wat stom van mij! Mijn mooie bloes verkleurde in de was.'
Als die man daar begrip voor toont, is er geen probleem. Zij is hem dankbaar voor de liefdevolle steun en herwint haar zelfvertrouwen.

Misschien maakt hij zich echter kwaad en scheldt op luide toon: 'Wanneer let jij nu eens op je zaken? Meen je dat het geld op onze rug groeit? Als ik zoiets op mijn werk zou doen, gooien ze me eruit. Je doet al zolang de was. Zelfs een beginneling doet het beter!'
Zo maakt hij haar zelfbeeld negatiever, haar zelfvertrouwen wordt ondergraven, haar liefde voor hem vermindert en hij zorgt ervoor dat zij hem haar volgende mislukking verzwijgt.

Ouders zien op het gezicht van hun kind als er iets is misgegaan: ruzie met een schoolvriendje, te lage punten op een toets, een vermaning van de leerkracht... Wat een geluk voor het kind als de ouders voor zijn problemen begrip opbrengen en bemoedigende

woorden spreken! Wat zielig als ze met bazig gepreek het kind een domper opzetten en daardoor het verwerken van de tegenslag bemoeilijken!
Steeds komt het eropaan begrip te tonen voor een mislukking van je huisgenoten. Dit laat hen hun zelfvertrouwen herwinnen en doet de liefde groeien.

I 6. Toon vertrouwen in je medemensen

Alleen, zonder de belangstelling en medewerking van anderen, slaag je op geen enkel levensgebied: noch in je gezin, noch op je werk, noch in je hobby's. Zonder andermans hulp kun je niet bereiken wat je wenst. Niemand hoeft, tegen zijn wil, een ander te steunen. Ofwel helpt hij je uit vrije wil, ofwel helpt hij je helemaal niet. Stem wat je doet dus af op de interesse en de medewerking van anderen.

Opdat de mensen je graag mogen, is het nodig dat je *zelf echt van de mensen houdt*. Je bereikt dit als je op de juiste, positieve wijze over de mensen denkt. Ook hier geldt de regel:

> *Naarmate jij de anderen geeft wat zij graag willen, geven zij jou wat jij graag wilt.*

Laat je medewerkers en vrienden ervaren hoe je hen apprecieert, laat je gezinsleden aanvoelen hoe je van hen houdt, en je ontvangt vanzelf interesse voor je plannen, geloof in je prestaties en medewerking voor je pogingen.

> *Een mens probeert altijd diegene te zijn waarvoor je hem aanziet.*

Als men je aanziet voor een kindervriend, maak je meer werk van het contact met kinderen dan je normaal zou doen. Ziet men je als een humorist, dan tracht je vanzelf vrolijker te zijn. Ziet men je – door je kleding, baard, staf en mijter – als Sinterklaas, dan probeer je je ook als Sinterklaas te gedragen.

Vertrouwen laten blijken is een hoge vorm van 'waardering tonen'. Laat iemand blijken dat je hem betrouwbaar vindt, dan zal hij alles doen wat in zijn vermogen ligt om je vertrouwen te behouden. Als je je kinderen telkens hun onhandigheid verwijt, zullen ze zich in jouw bijzijn stuntelig gedragen.

Dat was het geval met de 11-jarige Mario. Zijn moeder liet hem vaak horen hoe stuntelig hij was. Ze verbood hem zelfs de tafel af te ruimen, omdat hij ooit per ongeluk enkele glazen had gebroken.
Een bevriend echtpaar vroeg Mario mee op vakantie. Gedurende veertien dagen in het Franse zuiden maakte de jongen zich verdienstelijk door de tafel te dekken en af te ruimen. Die vrouw prees hem hiervoor en stelde zijn hulp erg op prijs. Ze liet hem horen dat hij het steeds beter deed.
Terug thuis feliciteerde ze Mario's moeder: 'Proficiat met je handige zoon. Ongelooflijk hoe die jongen de tafel kan dekken en afruimen! Ik had er veel hulp van.'
'Van onze Mario?' vroeg moeder vol ongeloof. 'Hoe is dat mogelijk? Hier laat hij alles vallen.'
Je merkt: door wantrouwen en ongeloof presteert de jongen niet eens normaal. Door vertrouwen en geloof overtrof hij zichzelf.

Heel wat kunstenaars beleven – soms na jaren van miskenning – een doorbraak doordat er enkelen zijn die in hen blijven geloven.
Als je vertrouwen geeft, wek je in de ander een sterk verlangen dit vertrouwen niet te beschamen. De waardigheid van zijn 'ik' is er immers mee gemoeid.
Ook in het negatieve gaat de regel op. Als je je twijfel over iemand aan de betrokkene uit, dan belet je hem dát te presteren wat hij, gestimuleerd door een uiting van vertrouwen, wél had gekund. Vandaar dat standjes en onvriendelijke aanmerkingen steeds een omgekeerd effect hebben.

Een muziekleraar had de slechte gewoonte zijn leerlingen bij voorbaat alle zelfvertrouwen te ontnemen. Van het begin af maakte de toon van zijn stem duidelijk dat hij er sterk aan twijfelde of zij er iets van terecht zouden brengen.

Toen Hannes zich klaarmaakte, kwam de sarcastische opmerking: 'Nou, 't zal wel weer wat wezen. Vooruit dan maar.'
Voordat Hannes ook maar met spelen was begonnen, kreeg zijn zelfvertrouwen al een flinke knauw. Na de tweede of derde maat gaf de leraar, dwars door het spel heen, op luide toon zijn aanmerkingen. Het duurde niet lang of de leerling raakte hopeloos in de war en hij moest opgeven.
'Zie je wel dat je er niets van terechtbrengt!' besloot de leraar met voldoening in zijn stem.
Het omgekeerde: van de mensen houden, hun mogelijkheden erkennen en vertrouwen laten blijken in hun capaciteiten, doet wonderen.

17. *Je vertrouwen op prikkelende wijze uiten*

Laat steeds duidelijk blijken dat je op de goede eigenschappen van de mensen vertrouwt. Wil je eerlijk of vriendelijk worden behandeld, toon de ander dan dat je hem als een eerlijk of een vriendelijk mens beschouwt. Wil je het verantwoordelijkheidsgevoel van een medewerker versterken, laat hem dan ook verantwoordelijkheid dragen en laat hem merken dat je dit met een gerust hart doet. Een psychologische regel luidt:

> *Het 'ik' grijpt elke gelegenheid aan om aan waarde te winnen – of meer waard te schijnen – tegenover zijn omgeving.*

Ook in de media en bij aankondigingen en opdrachten, bestemd voor het grote publiek, proberen de verantwoordelijken steeds meer de goede eigenschappen van de mensen op te wekken. Zo halen slogans als: 'Hou je stad rein' en 'Dank je wel dat je niet rookt', meer uit dan: 'Streng verboden vuilnis te storten' en 'Verboden te roken'.
Als het vertrouwen in die goede eigenschappen uit de mededelingen spreekt, is de uitwerking groter dan het effect van een verbod of van het dreigen met straffen en boetes. Instructies die

ervan uitgaan dat de mens het verkeerde wil doen, sporen hem juist tot die verkeerde dingen aan.

Het heeft zeker een gunstige invloed, als we geloof en vertrouwen laten blijken in iemands positieve eigenschappen. Dat uiten van vertrouwen hoeft daarom nog niet te gebeuren met zoetsappige loftuitingen. Integendeel, je verkrijgt meer van de ander als je je vertrouwen op een meer prikkelende wijze tot uitdrukking brengt.
We bekijken drie sterke stimuli tot medewerking:
1. de macht van de uitdaging;
2. het beroep op de strijdlust;
3. de prikkel van de nieuwsgierigheid.

1. ***De macht van de uitdaging.*** Je prikkelt iemand zijn uiterste best te doen, als je hem uitdaagt dat te presteren waartoe hij zich wel degelijk in staat acht en waarmee hij ten opzichte van zichzelf en van anderen gunstig kan opvallen. Zo zijn de mensen. Ze blijven niet bij de pakken neerzitten, als zij de hen toegeworpen handschoen met kans op succes kunnen oprapen.
'Het zou geweldig zijn als je dit vanavond nog gedaan krijgt!' Met zo'n mengsel van uitdaging en waardering wordt iemand tot zijn beste prestaties aangespoord. Het 'ik' neemt immers elke gelegenheid te baat om te tonen wat het waard is.

'Je gaat toch niet beweren dat je die training acht dagen volhoudt.' Op zich is dit een negatieve zin, maar je blik, je gelaatsuitdrukking en de intonatie van je stem leggen er de waardering in. Hetzelfde geldt voor: 'Het bestaat niet dat jij dit alleen klaarspeelt.'
Zulke uitdagingen willen eigenlijk zeggen: 'Ik geloof werkelijk dat je dit moeilijke werk aankunt. Voor je succes neem ik mijn hoed af.' Zo laat je op prikkelende wijze blijken dat je het een prestatie vindt, als de ander de opdracht goed uitvoert. Je laat tevens doorschemeren dat je er wel op vertrouwt dat hij die opdracht zal volbrengen.

Zelfs zonder waardering heeft een uitdaging als: 'Dit kun jij nooit aan', al dikwijls een verbeten antwoord uitgelokt als: 'Dat zullen we weleens zien!' Hierop volgde een enorme inzet met uiteindelijk een positief resultaat.

2. ***Het beroep op strijdlust.*** Geef iemand het gevoel dat er vóór iets te strijden valt en dat overwinnen belangrijk is. Laat hem daarbij merken dat hij degene is die deze overwinning kan bevechten. Ook dan zal hij met enthousiasme zijn krachten tot het uiterste inspannen. In sport en spel wordt een geweldige inzet opgebracht om te overwinnen, zowel individueel als per ploeg. Ik zag hoe jongeren buitengewone aandacht, interesse en inspanning opbrachten bij een tv-quiz over dezelfde onderwerpen die ze op school met matige belangstelling volgden.

Door op iemands strijdlust een beroep te doen, kan men medewerking verkrijgen voor het bereiken van belangrijke en waardevolle doelstellingen. Ook voor jezelf kun je dit element van strijd en overwinning als aansporing gebruiken om een negatieve eigenschap of een slechte gewoonte de baas te worden. Jezelf belonen voor een overwinning is een krachtige stimulans om vol te houden.

3. ***De prikkel van de nieuwsgierigheid.*** Laat de mensen niet dadelijk weten waar het je om te doen is. Zorg voor een aardigheidje, een onverwachte wending. Daarmee boei je hen altijd. Laat hen benieuwd uitkijken naar wat je zult zeggen of doen, naar wat er gaat gebeuren. Dan zijn ze er met hun hele aandacht bij en is het makkelijk om hun volle medewerking te krijgen.

De prikkel van de nieuwsgierigheid maakt verrassingsuitstapjes zo boeiend. Als je je kinderen eens mee naar de stad neemt, vertel hen dan niet vooraf wat je er gaat doen. Houd hen nieuwsgierig naar de verrassingen die je op het programma hebt staan. Zij zullen dadelijk genieten en je blijft hun aandacht vasthouden. Zo kweek je hen tot 'actieve doeners' die met plezier meewerken.

Om je vertrouwen op prikkelende wijze te uiten, kun je iemand uitdagen, zijn strijdlust aanwakkeren en zijn nieuwsgierigheid prikkelen.

I 8. Bevestiging: kern van vriendschap en liefde

Wij geloven in de fundamentele evenwaardigheid van alle mensen, ongeacht hun herkomst, huidkleur, geslacht, bekwaamheid, positie of leeftijd. Veel moeilijkheden in de omgang ontstaan doordat men zich ófwel meerderwaardig, ófwel minderwaardig voelt en zich als zodanig gedraagt.

Alhoewel wij ons best doen iedereen als mens te respecteren, vinden wij niet iedereen even sympathiek. Enkele mensen wimpelen we af of dulden we gewoon. Een groot aantal aanvaarden en waarderen we; sommige erkennen en begrijpen we. Slechts enkele mensen, met wie we door banden van vriendschap en liefde verbonden zijn, bevestigen en beminnen we spontaan.

Mensen die samen in een oprechte liefde gelukkig zijn, bevestigen elkaar voortdurend op een fijnzinnige manier. De leer van de 'bevestiging' – het levenswerk van dr. Anna Terruwe – verschaft ons meer inzicht in het wezen van de liefde. Eenvoudig gezegd komt 'bevestiging' hierop neer:

Vanuit een gevoel van welbehagen laat de ander mij blijken dat ik goed ben. Vol vreugde ervaar ik de ander ook als goed en laat dit eveneens blijken.

Ik voel mij bevestigd als ik uit de houding, de blik, de woorden en het hele gedrag van de ander mag ervaren dat ik de moeite waard ben, dat ik er mag zijn, dat ik belangrijk, tof, ja beminnenswaardig ben. Vanuit dit besef van eigen goed-zijn waarbij mijn hele wezen openbloeit in welbehagen, vloeien dezelfde gevoelens terug naar die ander toe.

Bevestiging is dus meer en dieper dan een erkenning en waardering vanuit verstandelijk inzicht. Zij is een positieve gerichtheid en bewonderende betrokkenheid op de ander, vanuit hart, verstand en wil, kortom vanuit ons hele wezen. Met je hele persoon, vooral met je ogen, laat je je medemens ervaren dat hij goed en beminnelijk is. De respons hierop behoort tot de vrijheid van de ander. We kunnen immers onze eigen bevestiging niet afdwingen, afkopen of afsmeken. Als de ander bereid is ons in goedheid te naderen, ontvangen we die gratis.

Wie niet ontplooid is in zijn gevoelsleven, blijft een min of meer gesloten mens. Als de ander je als goed ervaart en je bij hem het welbehagen van die schouwende en minnende mens kunt waarnemen, kom je meer en meer open. Die ervaring van eigen goedzijn, met het welbehagen dat ermee samengaat, ligt aan de basis van je *zelfliefde* en je gevoel van eigenwaarde.

De mens die meestal negatief benaderd wordt en onvoldoende bevestiging ontvangt, voelt zich eenzaam en ongelukkig. Zijn gevoel van eigenwaarde krijgt een deuk. Er komt een rem op zijn werkvermogen, op zijn concentratie en op zijn innerlijke vrede.

De vrucht van de bevestiging is de psychische menswording. Alleen door bevestiging ontvangen wij onze identiteit. Er groeit in ons een gezond gevoel van eigenwaarde en een positief zelfbeeld. Zo leren we onze echte waarde als persoon kennen en geloven we dat we waardevol en beminnenswaardig zijn. 'Met de ander kunnen zijn' is een fundamentele behoefte. Enkel als we liefdevol benaderd worden, durven we het risico van de openheid aan.

Indien we de bevestiging van de ander geregeld ervaren, hoeven we geen energie te steken in het op peil houden van onze eigenwaarde. Dan stijgen we uit boven de betrokkenheid op onszelf en komt er ruimte vrij om ons aan onze taak te wijden en ons naar de anderen te richten.

Ken je het fabeltje van de dominee die een gekke droom had?
Hij mocht van Onze Lieve Heer een kijkje door het raam van de hel nemen. Het was het uur van de maaltijd en iedereen zat aan tafel. Heerlijke spijzen stonden dampend voor hen. Maar hun armen zaten in kartonnen kokers, zodat ze ze niet konden buigen. Elk voor zich trachtte het voedsel naar de mond te krijgen. Ze bleven hongerig: hoe ze het ook probeerden, niemand kon zijn eigen mond bereiken. Wat triestig, zo zuchtte de dominee.

Daarna mocht hij ook even door het venster van de hemel kijken. Ze waren er ook aan tafel en kregen dezelfde heerlijke gerechten. Tot zijn verbazing zaten ook hun armen in kartonnen kokers en konden ze zichzelf niet voeden. Maar dat bleek daar helemaal geen probleem te zijn. Niemand leed honger: ze gaven immers elkaar te eten.
De dominee had de boodschap begrepen.

Waarom maken wij ons zorgen over onze eigen bevestiging? Dat doen de anderen wel voor ons. Als wij tenminste voortdurend de anderen bevestigen en leven geven.

I 9. Leven geven door bevestiging

Bevestiging sluit in zich die onvoorwaardelijke positieve kijk op de geliefde, op de partner, op de kinderen, ook als ze afwijken van de droom die wij over hen hebben. Ze mogen gewoon zijn zoals ze zijn. Uit diep respect voor hun eigenheid wil ik hen niet veranderen of verbeteren. Ik streef er niet naar iets in hen te bereiken. Dit betekent: ik laat de ander het recht 'anders te zijn', dat wil zeggen: anders te denken, te voelen, te spreken en te handelen. Ik kan me over dat anders-zijn verwonderen, doch ik hoef er mij niet aan te ergeren.

Dit komt sterk tot uiting in de bekende *Liefdesverklaring* door dr. Anna Terruwe. Zovele jaren citeerde ik deze in de verloofdenbegeleiding. Toch beseft men pas na lange tijd samenleven ten volle de geweldige opdracht, maar ook de fantastische mogelijkheden ervan. Hier volgt ze:

> *'Mijn dierbare, je mag zijn wie je bent en zoals je bent, met je fouten en gebreken, opdat je zou kunnen worden wat je in aanleg bent, maar zoals je je nog niet kunt vertonen. En je mag het worden op jouw wijze en in jouw uur. Ik reken het tot mijn verantwoordelijkheid daarvoor het goede klimaat te scheppen en je de nodige ruimte te geven.'*

'... je mag zijn... zoals je bent, met je fouten en gebreken...' Voor mij hoef je niet volmaakt te zijn. Ik ben het immers ook niet.
'... opdat je zou kunnen worden wat je in aanleg bent...' Nog zoveel mogelijkheden zitten in jou verborgen.
'... maar zoals je je nog niet kunt vertonen...' Te veel geremd: vroeger thuis, ook op school, nu op het werk, helaas ook door mij.
'... je mag het worden op jouw wijze...' Ik wil je niet in een of andere richting duwen. Het is jouw leven en ik respecteer je.
'... en in jouw uur...' Al duurt het vijf jaar, mijn dierbare, ik ben niet ongedurig en zet je niet onder morele druk.

Zelf voeg ik eraan toe: *'Ik reken het tot mijn verantwoordelijkheid daarvoor het goede klimaat te scheppen en je de nodige ruimte te geven.'* Ik hoop dat je openkomt, dat je het risico van de openheid aandurft. Bovendien beloof ik je: als je eens klein bent en fouten maakt – en dat doen we toch allen – zal ik je niet vermanen of je iets verwijten. Ik zal niet 'Beschuldigde, sta op' zeggen, want ik wil niet je rechter en oordeler zijn. Wie ben ik dat ik jou zou oordelen? Ik weet hoe ellendig een mens zich voelt nadat hij dom deed. Ik zal je niet met je neus in je fouten duwen. Ik wil naast je staan en helpen dragen. Dan ben je morgen opnieuw groot en geloof je weer in jezelf.

En dat verwacht ik ook van jou, mijn geliefde: dat ook jij mij niet verwerpt en veroordeelt als ik klein ben en fouten maak, dat je begrip voor mijn zwakheid opbrengt, zoals ik begrip voor jouw zwakheid tracht te hebben.
Wat is zo'n wederzijdse bevestiging toch mooi! Ze doet ons elke dag meer naar elkaar toegroeien en maakt ons in onze intense verbondenheid diep gelukkig.

Door bevestiging *'leven geven'* is: dat sprankeltje kloppende, goede leven van God in onze partner, in onze kinderen, in ieder mens helpen ontluiken. We laten hen door onze houding voelen: ik vertrouw je, je bent gedragen, je groeit tot volheid van leven. Je bent de ander zo nabij dat zijn eigen bron van goed-zijn sterker opwelt.

We hebben soms een 'ideaalbeeld' van onze dierbaren. Met zachte dwang willen we hen richten naar het beeld dat wij van hen hebben. Maar we mogen enkel zorgen voor gepaste omstandigheden en een goede sfeer, zodat zijzelf naar hun eigen beeld kunnen groeien.

Meester Daniël houdt van rozen. In zijn zesde leerjaar vertelt hij zo sappig over de verschillende soorten: Bachara's, Felicia's, Queen Elisabeths... Van enkele types beschikt hij over prachtige kleurenfoto's. Gul deelt hij enkele hiervan aan zijn leerlingen uit.

Toby krijgt zo'n foto van een roos die ook bij hem thuis groeit. De bloeitijd is aangebroken en hij hurkt met zijn kleurenmodel bij de rozestruik neer. Hij bekijkt een pas ontloken roos aandachtig en vergelijkt ze met de bloem op de foto. Toby schudt bedenkelijk het hoofd en zucht hardop: 'Moet jij zó worden? Nee, hoor, je bent er nog niet.' Met zijn handen buigt hij de tere kelkblaadjes om, één voor één, naar de vorm van het model. Hij probeert de roos tot haar juiste proporties te brengen. Dan merkt hij hoe zijn gepruts de roos verminkt.

Toby krijgt wroeging en zegt: 'Waar bemoei ik me mee? Waar staat geschreven dat die roos moet worden zoals het model? Er kan enkel uit groeien wat er in aanleg en mogelijkheid in aanwezig is.' Hij herinnert zich wat meester Daniël vertelde over een dwaze tuinman die aan zijn planten trekt, opdat ze sneller zouden groeien. Dat groeien moet de plant toch zelf doen!

De jongen vraagt zich af: 'Wat kan ik voor mijn andere rozen doen? De grond is zo hard. Met mijn spade maak ik hem wat losser. Is de bodem droog? Ik besproei hem. Is de grond arm? Ik geef rozenmest. De grote struik ernaast hangt met zijn takken en brede bladeren over de rozen heen. Ik snoei een deel weg, opdat de rozen meer licht en zonnewarmte krijgen. Wat doe ik tegen de koude noordenwind? Ik plaats een rietmat die de koudste wind wat afsluit. Ziezo roosjes, nu is het jullie beurt. Laat er maar uitkomen wat erin zit. Ik ben benieuwd!'

Zo is het ook in het gezin. Het belangrijkste dat wij voor elkaar kunnen doen, is zorgen voor een goed klimaat en een aangename sfeer. Vader en moeder bekijken hun oude huwelijksfoto. Dan gebeurt het dat vader zich afvraagt: 'Waar is dat schuchtere meisje waar ik mee trouwde? Wat een vrouw is dat geworden! Ik heb haar, goddank, de ruimte en het goede klimaat geschonken.' En dan moeder: 'Maar zie eens dat broekventje waar ik mee trouwde. Wat een formidabele man is dat geworden! Ik heb er ook nooit een domper op gezet. Integendeel: hij kreeg alle ruimte, zodat hij zich in zijn taak kon uitleven.'

Met glanzende ogen blikken ze samen naar de foto's van de kinderen: 'Flinke volwassenen zijn het geworden, hé moeder? We hebben hun ruimte en geloof in zichzelf gegeven, zodat er kon uitkomen wat erin zat.'

I 10. Het wezen van de liefde

Als elk gezinslid meevoelt en meeleeft, komt er makkelijk een klimaat van bevestiging. Je ervaart dan dat je er steeds welkom bent. Aan het warme onthaal merk je dat iedereen je positief tegemoet treedt. Je hoeft er je beste kant niet op te poetsen en je zwakste niet te verstoppen. Je mag er klein zijn en fouten maken. Men bekijkt je altijd positief (al noemt men niet recht wat krom is).

Je weet dat je nooit afgeschreven bent. Je kunt er altijd terecht met wat je weleens kwijt wilt. Je krijgt de kans het allemaal te zeggen: je gedachten en opvattingen, je gevoelens van angst of vreugde, wat er ook door je heengaat. Het 'moet' niet, het 'mag'. Wil je erover praten, het kan. Niemand doet sussend of vermanend. De anderen zien je voor vol aan.
In zo'n sfeer zijn mensen belangrijker dan hun opvattingen en krijgt 'helpen gelukkig worden' voorrang op 'gelijk halen'.

Het hoogste goed voor een mens is dat hij in een persoonlijke relatie iemand ontmoet, die hem totaal gratuit en onverplicht bevestiging aanreikt. De diepste vreugde ontvang je van iemand aan wie je ziel verknocht is en die jou liefheeft als zichzelf. Je kunt er met je verdriet terecht en je hoeft je niet over je tranen of je fouten te schamen. In een sfeer van bevestiging wordt alle pijn draaglijk en ga je niet aan je tegenslagen ten onder. Dan durf je het risico van het waarachtig- en oprecht-zijn aan.

Het is niet makkelijk om, zonder berekening en zonder bekommernis om wat je ooit terug zult ontvangen, echte liefde te geven. Met de ander leven in een warme, liefdevolle relatie, jezelf trouw blijven en ruimte overhouden voor je persoonlijke groei en daarbij de groei van de ander niet belemmeren, dit alles is een hele opdracht.

Graag bij de ander zijn mag immers nooit betekenen die ander door je aanwezigheid te begrenzen. Dit veronderstelt levensruimte schenken en de ander helpen zichzelf te worden. Het is een hele kunst om zonder te kwetsen open en eerlijk tegenover elkaar te staan, samen te zijn zonder elkaars persoonlijk leven aan te tasten, te vertrouwen zonder blind te zijn, respect te hebben zonder elkaar te idealiseren, deel aan elkaar te hebben zonder aan banden te leggen, lief te hebben zonder te willen bezitten.

Beminnen is ook een *beslissing*. Ik wil er honderd procent voor je zijn. Ik wil dicht bij jou leven. Ik wil je aanvaarden, je hele persoon, met al wat er in jou omgaat. De christelijke liefde gaat nog verder: je hoeft mijn liefde niet eerst te verdienen. Eigenlijk hangt het niet van jou af of ik je bemin. Ik beslis van je te houden, zoals je bent. Wel maakt je houding het mij makkelijker of moeilijker. Maar ik blijf voor je kiezen, zelfs op de momenten waarop je nukkig en lastig bent.

Ik weet wel dat ik door menselijke onvolkomenheid vaak tekortschiet. Maar dit 'kiezen voor jou' blijft voor mij een appel, een oproepend ideaal. Ik wil je, ook met mijn daden, blijven zeggen: 'Ik hou van je.'

Als een mens dit puur geschenk van bevestiging niet van een ander ontvangt, zoekt hij compensatie door zichzelf te bevestigen. Maar zelfbevestiging – hetzij door bezit, macht, roem of genot – maakt een mens nooit gelukkig. Zozeer heeft de ene mens de andere nodig dat hij niet eens zichzelf kan openen. Hiervoor hangt hij van de bevestiging door een ander af.

Het is bemoedigend te beseffen dat wij het in eigen handen hebben een medemens zijn eigenwaarde te schenken. We laten hem ontdekken hoe waardevol hij is, zodat hij kan openkomen en liefhebben.

I 11. De positieve feed-back

Steeds meer besef ik hoe belangrijk mensen voor elkaar zijn, hoeveel zij van elkaar kunnen leren en hoeveel zij aan elkaar kunnen geven. Daartoe moeten zij zich durven openstellen en uit zichzelf treden. Een prachtig hulpmiddel om een mens te helpen 'openkomen' is de positieve feed-back. Het is de woordelijke uitdrukking van je bevestiging, de concretisering van 'Ik zie iets goeds in jou'.

Twintig jaar lang, tijdens ieder cursusjaar, trainden de deelnemers zich om steeds beter het positieve in elkaar op te merken: hun goede kwaliteiten, hun treffende woorden en hun karaktervolle daden. Van al de goeie dingen die ze opmerkten, wat ze bewonderden en wat hen speciaal trof, hielden ze een dossier bij. Pas na maanden observatie stelden zij voor elke deelnemer de tekst van de feed-back op.

Indien je voor iemand een positieve feed-back wilt schrijven, is het belangrijk dat al wat je uitdrukt echt is en uit het hart komt. De minste huichelarij maakt de feed-back waardeloos. Op een viertal punten dien je speciaal te letten:

1. Positieve feed-back is *gericht tot iemand* en gaat dus niet 'over' iemand. Je gebruikt dus niet 'hij' (of 'zij') 'Lucy is... zij heeft dit of dat...', maar wel 'jij' (of 'je') 'Lucy, jij hebt... je was toen...'

2. Positieve feed-back is *geen definitie* van iemand. Dus niet: 'Bert, jij *bent* een gelukkig... eerlijk... gezellig mens.' Om zoiets te stellen hebben we zeker onvoldoende informatie. We zien immers enkel hoe iemand overkomt, niet hoe hij *is*.

3. Positieve feed-back is *geen oordeel* over iemand. Dus niet: 'Tiny, ik vind dat je veel te mild... te vrijgevig... te eerlijk bent.' Niemand wordt graag beoordeeld.

4. Positieve feed-back is *geen raad* aan iemand. Dus niet: 'Carl, jij zou meer aan sport moeten doen... niet op alles ja zeggen... minder tv kijken.' Ongevraagde raad komt veelal over als ergerlijke bemoeienis.

Het vraagt wat oefening om deze vier klippen te omzeilen. Met zinnen die als volgt beginnen, zit je makkelijk op het goede spoor: x (naam), ik ervaar je als... Bij mij kom je over als... Ik vind het tof dat jij... Ik zal niet licht vergeten hoe jij... Het trof me toen je... Ik bewonder in jou... Het raakte me diep toen jij... In jouw aanwezigheid voel ik mij... Het verbaast me telkens als je... Ik waardeer het bijzonder dat je... Ik apprecieer speciaal in jou... Ik stel het zeer op prijs als je... Enzovoort.

De meeste mensen zijn het niet gewoon positieve dingen over zichzelf te horen. Meestal krijgen zij, zowel thuis als op het werk, negatieve opmerkingen te verwerken. Vandaar dat cursisten, toen ze voor feed-back aan de beurt kwamen, veelal stomverbaasd en met tranen in de ogen luisterden naar een twintigtal mensen die hun brieven met hun goede kwaliteiten voorlazen. Sommige onder hen haalden jaren later, toen ze het even moeilijk hadden, hun positieve feed-backs weer boven om hun batterijen terug op te laden.

Voor echtparen was de positieve feed-back dubbel ontroerend. Ze hoorden niet alleen hun positieve eigenschappen vanuit het standpunt van hun medecursisten, maar ook vanuit dat van hun huwelijkspartner. Heel dikwijls waren dit aangrijpende publieke liefdesbrieven.

Raf en Ginette hadden reeds hun feed-backbeurt gehad. Liesje, hun dochtertje van 12, werd binnenkort jarig. Het kind kreeg de laatste tijd nogal wat kritiek. Vader en moeder vonden een positieve feed-back wel een mooi verjaardagscadeau. Ze werkten er samen een avond aan en Raf schreef die dan heel verzorgd over.
'sMiddags lag de grote envelop met het strikje klaar naast Liesjes bord. Verbaasd opende het kind de brief en las... ze werd heel bleek. Halverwege keek ze even op en vroeg: 'Menen jullie dit echt?' Ze las verder... en dan stortte ze zich wenend in mama's armen: 'Ik heb nog nooit zo'n mooi verjaardagscadeau gekregen!'

Het goede dat je in de ander opmerkt, verwoorden, is de sterkste uitdrukking van je bevestigende liefde voor hem.

I 12. Ontkenning sluit – bevestiging opent

Kleine Wim is 14 maanden en kruipt over de vloer naar zijn geliefkoosde plekje onder het salontafeltje. Het vierkante tafelkleed ligt er diagonaal overheen en bovenop staat de kostbare antieke vaas, een erfstuk van oma. Wimke ontdekt iets nieuws: als je aan de hoek van het tafelkleed trekt, komt het naar beneden... en het ventje trekt maar. Opeens kantelt de vaas en valt aan stukken. Wimke schrikt en begrijpt niet wat er gebeurt.
Moeder komt aangelopen en ziet het onheil. Over haar toeren in verband met het onherstelbare, roept zij woedend uit: 'Jij stoute jongen!' Onthutst ziet Wimke moeders boze blik. Dit is voor hem de totale ontkenning. Hij trekt zich ineen als een mossel in haar schelp. Dat is de vrucht van de ontkenning: ze doet iemand ineenkrimpen, zich afsluiten en ontoegankelijk maken.

Kaatje van 7 ruimt de tafel af en doet zorgvuldig de vaat. Onmiddellijk na de maaltijd werd moeder aan de telefoon gevraagd.

Kaatje dacht: mama heeft het zo druk, ik help haar wat. Ze droogt net het laatste bordje af, als moeder in de keuken verschijnt: 'Maar Kaatje, wat zie ik? Heb jij echt de vaat gedaan?' Met stralende ogen kijkt zij haar dochtertje aan: 'Wat is mama blij dat jij zo flink helpt! Nu kan ik dadelijk iets anders beginnen.'
Kaatje voelt moeders bevestiging sterk aan en glundert erbij. Ze is precies groter geworden en ze komt helemaal open. Dat is de vrucht van de bevestiging: openkomen, het risico van de openheid aandurven.

Vader Odiel, een reus van een vent, is gloeiend kwaad op zijn 8-jarig zoontje. Dreigend, met zijn vuisten in de lucht, staat hij voor de jongen en buldert hem toe: 'En je zult verdomme de waarheid zeggen, hoor je, de waarheid!' De jongen staat daar, wit van schrik en met zijn mond halfopen. Hij is niet in staat ook maar iets te zeggen. Onder de dreiging van geweld, een brute vorm van ontkenning, klapt hij helemaal toe.

Wanneer verloofden elkaar benaderen, zien zij het goede in elkaar en ze laten dat met heel hun wezen blijken. Jammer dat de meeste onder hen dat in hun huwelijk niet volhouden.
Aan verliefde paartjes kan iedereen zich blijven inspireren. Die hebben met de wederzijdse bevestiging helemaal geen moeite. Hun blik, vol bewondering naar elkaar, is goud waard. Als ik zo'n stel aan een tafeltje zie, dan kan ik echt genieten van de manier waarop ze tonen hoe formidabel zij elkaar vinden. Wij kunnen er iets van leren.

Robert en Alice zijn vooraan in de 60. De wijk waar zij wonen was twintig jaar geleden heel kinderrijk. Nu zijn de meeste van die jongeren gehuwd en weg. Schuin tegenover hen woont nog een meisje, Sonja. Onlangs is ze verloofd met Johan. Haar huis staat op een tiental meters van de straat. Het heeft een bijzonder mooie voordeur met omlijsting als van een oud klooster. Vanuit hun keuken zien Robert en Alice nu elke zondag de verloofde aankomen. Maar ik laat Robert het zelf vertellen:

'Omstreeks halfdrie arriveerde hij, niet met de wagen zoals gebruikelijk, maar met de fiets. Johan was een ietwat verlegen jongen. Hij plaatste zijn fiets tegen het muurtje vooraan en tot onze verbazing begon hij aan de pedalen te prutsen. We dachten aanvankelijk dat er iets aan zijn fiets mankeerde, maar we hadden het vlug door. Johan was de enige man die niet hoefde aan te bellen. De deur ging om zo te zeggen vanzelf open. Door met zijn fiets bezig te zijn, gaf hij haar een beetje meer tijd.

'Stel je dat eens goed voor: die zware deur ging open en tegen de achtergrond van een donkere hal kwam Sonja in de deuropening staan. Twee treden hoog stond zij daar, net een madonna in een kapel. Ze kwam echt mooi over, veel mooier dan wij haar gewoonlijk zien. Ze had er ook een beetje werk van gemaakt. Sonja keek naar Johan. De bedeesdheid viel van hem af en hij richtte zich helemaal op. Zijn fiets interesseerde hem niet langer. Gevangen in haar blik struikelde hij even over een losse steen en kwam dan op het pad naar de voordeur. Nog vier à vijf meter... wat was dat mooi! De jongen naderde met geheven hoofd... ze hadden alleen oog voor elkaar. Niets anders bestond er nog. Je zag Johan haast groeien terwijl hij dichterbij kwam. Geweldig was de kracht van die bevestigende blik...'

In een andere straat wonen Gaston en Claire. Gaston is klein en tenger en hij praat stil en gedwee. Claire daarentegen is groot van gestalte. Ze heeft een bazig temperament en een stem als een klok. Ze neemt geen blad voor de mond en weet altijd iets op haar man aan te merken. Als ze Gaston hoort thuiskomen, moppert zij al: 'Ah, daar is hij weer, de onnozelaar', en zij kijkt hem misprijzend aan. Gaston denkt angstig: waarover zal ze nu weer vitten? Als hij dichter bij Claire komt, zie je hem als het ware nog krimpen, en hij is al niet groot. Precies het omgekeerde van wat bij die verloofden gebeurt.
Vreselijk is het effect van de ontkenning; ze doet ineenkrimpen en zich afsluiten.

Ik herinner mij een fabel over de wind en de zon.
De wind en de zon zagen een oude man en kibbelden erover wie van hen de man het vlugst uit zijn jas kreeg. De zon verschool zich even achter een wolk en de wind blies tot hij een orkaan werd. Maar hoe harder het waaide, hoe dichter de man zijn jas toeknoopte. Ten slotte was de wind uitgeraasd, hij kalmeerde en gaf het op.
Toen kwam de zon van achter de wolk vandaan. Haar vriendelijke stralen verwarmden de oude man. Spoedig nam deze zijn zakdoek en wreef het zweet van zijn voorhoofd. Even later trok hij zijn jas uit. De zon won.
Vriendelijkheid en warmte zijn sterker dan kwaadheid en machtsvertoon.

I 13. Zachter met elkaar omgaan

Ouder-worden maakt meestal milder. In de fouten van mensen erken je veeleer zwakheid dan boze bedoelingen. Zelf ben je niet zo hoekig en vierkant meer. Anderen kwetsten je vaak en daaruit trok je lessen voor je eigen gedrag. Je treedt bedachtzamer op. Je probeert niemands eigenwaarde te verminderen en je vermijdt hevige discussies.

Michel, 65 jaar, raakte in een twistgesprek met zijn vrouw verwikkeld en voelde dat het uit de hand liep. Hij herpakte zich: 'Kom, kom, vrouwke, laten we mekaar geen pijn doen. Voor de tijd dat we nog samen hebben, laat ons zacht voor mekaar zijn.'

Grootouders zijn begripvoller en milder voor hun kleinkinderen dan ze ooit voor hun eigen kinderen waren. Je hoeft echter niet te wachten totdat de leeftijd je vanzelf milder maakt. In de groei naar grotere rijpheid observeer je je handelingen beter, ga je het effect ervan op de anderen na en trek je je conclusies. Viel het mee, dan wil je het nog doen. Kwetste je iemand of viel het tegen, dan vermijd je het in de toekomst.

Norbert zegt iets en merkt dat het gezicht van zijn vrouw betrekt. Ze is er niet gelukkig mee en hij denkt: ik had beter mijn tong ingeslikt. Een volgende keer wil hij dat voorkomen.

Alida zegt iets en het gelaat van haar man bloeit open tot een brede glimlach. Zij denkt: hij hoort dit graag, ik zal er later nog op terugkomen. Een volgende gelegenheid grijpt zij opnieuw aan.

Je leert steeds beter waarmee je je dierbaren pleziert en waarmee je hen kwetst. Je ontdekt wat voor de ander aangenaam is en wat niet. Het is verstandig hiermee rekening te houden.

Moeder Anna belooft: 'Vanavond bakken we pannekoeken!'
'Ha geweldig!' De kinderen zetten zich aan tafel, praten luid en smullen heerlijk.
Moeder denkt: kijk eens hoe goed ze zich voelen! Dat herhalen we nog.
's Anderendaags zegt Anna met evenveel enthousiasme: 'Vanavond eten we spinazie!'
'Spinazie...' mompelen de kinderen. Ze eten met lange tanden, de borden staan nog halfvol en het is veel stiller dan gisteren.
Moeder trekt haar conclusie: het is best mogelijk dat spinazie gezond is, dat ze veel ijzer en vitaminen bevat, maar ik zal ze slechts af en toe klaarmaken.

De samenwerking in een gezin, een zaak of een instituut levert meer resultaten op als er eerbied en waardering voor het werk van anderen bestaat. Dit is makkelijker in een klein samenwerkingsverband dan in grotere. Wie zich gewaardeerd en geprezen weet, toont meer werklust en brengt meer tot stand.

Goed samenwerken vraagt dat we houden van de mensen *zoals ze zijn* en dat wij innerlijk met hen sympathiseren. Slechts dan zullen onze woorden en gebaren, onze gelaatsuitdrukking en de klank van onze stem de eerlijke vertolkers zijn van een liefdevolle geesteshouding, van een begrijpend en beminnend hart voor onze medemensen.

Naast belangstelling en zorg voor elkaar zijn eerbied en hoffelijkheid van bijzonder belang. Als men hartelijkheid hoffelijk uit, dan toont men: jij bent belangrijk voor mij, jij bent mij veel waard. Gezinsleden laten dat best bij elke gelegenheid blijken, maar meestal gebeurt het omgekeerde: thuis neemt men het minder nauw dan buitenshuis.

De grote vijand van het huwelijk is onverschilligheid. De natuurlijke kleine beleefdheden en de voortdurende blijken van attentievolle aandacht bestrijden die. Onverwachte kleine attenties, vanuit volle vrijheid gebracht, houden de aandacht voor elkaar op een creatieve manier levend. Het zijn de vitamines voor de liefde.

Op een stralende meimorgen plukte een jonggehuwde man in zijn voortuintje een ruikertje bloemen. Glimlachend ging hij de bergplaats in, liep naar de fiets van zijn vrouw en bevestigde het tuiltje op het stuur. Dan startte hij zijn bromfiets en reed goedgeluimd naar zijn werk.
Even later begaf ook de vrouw zich naar haar werk. Zij liep naar de bergplaats en zag de bloemen op haar fiets. Haar gelaat toonde wat er in haar hart omging. Het jubelde: wat een lieve man heb ik toch! Op zo'n fijne manier heeft hij aan mij gedacht. Hij ziet me nog graag!
Ze kuste de bloemen en reed diep gelukkig weg.
Inderdaad, zo'n kleine attentie vanuit zijn vrijheid aangeboden, was het zuiverste teken van zijn grote liefde voor haar.

Diederik beging de flater van zijn leven. Zijn vrouw liet doorschemeren dat ze het 's avonds in bed koud had als hij bleef tv-kijken. Hij begreep het signaal blijkbaar niet goed en kocht voor haar een elektrische deken.

Henk en Anna wandelden met hun 3-jarig zoontje. Ze waren druk in gesprek en de kleine zeurde: 'Ik heb het koud, mama.'
'Kom, jongen, ik heb je jasje mee. Je kunt het aantrekken.'
'Ja maar, mama, ik heb het nog koud...'
Vader begreep het en nam de kleine op zijn arm.

I 14. Elkaar beter kennen en meer respecteren

Je kunt een mens onmogelijk in zijn diepste wezen echt kennen. In een persoonlijke relatie is het nochtans belangrijk elkaar zo goed mogelijk te kennen. Het enige middel hiertoe is mijn gedachten en vooral mijn *gevoelens* te uiten. Door het verwoorden van mijn gevoelens openbaar ik aan de ander wie ik eigenlijk ben. Als ik kwaad, angstig, verdrietig of opgewekt ben, is het belangrijk dat mijn partner weet hoe ik me voel. Hij kan het slechts weten als ik toelicht wat er in mij omgaat, als ik beschrijf hoe ik die angst, blijheid, gekwetstheid, eenzaamheid... beleef.

Gevoelens zijn goed noch slecht; ze zijn er gewoon. Ze treden spontaan op en ieder mens heeft het recht te voelen wat hij voelt. Gevoelens hoeft men ook niet voor elkaar te verbergen. Ik mag mij kwaad, jaloers, opgewonden... voelen, als ik maar niet kwaad, jaloers, opgewonden... handel. Bij het verwoorden ervan dienen we op te passen dat er geen element van beschuldiging in steekt. Onbewust kan daarin – vaak in bedekte vorm – de neiging schuilen de partner te manipuleren.

Geef daarom nooit een oorzaak of reden op vanuit het gedrag van de ander: 'Ik voel me zo of zo, omdat jij altijd...'
Het gedrag van de ander is enkel de aanleiding om je zo te voelen. De bron van onze steeds terugkerende negatieve gevoelens is vaak een verborgen 'grondhouding' bij onszelf, een automatisme waarvan we ons niet bewust zijn.

Een liefdesrelatie staat of valt met de onderlinge communicatie. Door mijn gevoelens te verwoorden wil ik mijzelf bij jou brengen, zodat jij me beter leert kennen. Door naar je te luisteren, wil ik jou bij mijzelf brengen, zodat ik je beter leer kennen. Wederzijds *luisteren* is de sleutel van de relatie. Opdat ik zou weten wie jij voor me bent, moet ik naar je luisteren. Je bent kwaad! Ik word niet eveneens kwaad. Ik wil naar je kijken en luisteren, zodat ik weet wat er in je omgaat. Angst belet mij soms jou echt te horen. Ik ben dan bang om te moeten veranderen. Daarom probeer ik te achterhalen wat mij het meest verhindert om echt naar jou te luisteren.

Werken aan 'relatievorming' betekent:
1. de 'zin' die de partner aan zijn leven geeft verkennen en de klemtonen erin waarderen;
2. proberen op dezelfde golflengte te komen en elkaar echt te 'ontmoeten';
3. in groeiende aandacht voor elkaar samen optrekken naar 'meerwaarden' in het leven.

Het moeilijkste in een relatie is die ander voor de volle honderd procent te aanvaarden en lief te hebben *zoals die is*. Diep in ons zit dat moeilijk te bedwingen 'duiveltje van de bemoeizucht'. Door de hardnekkige neiging mekaar te 'verbeteren' hebben sommige echtgenoten – veelal onbewust – mekaar zodanig 'gesnoeid' dat ze als twee verminkte bomen treurend in het leven staan.

In plaats van de ander te snoeien, probeer je beter zelf een 'scheutje dat bij de ander past' aan je eigen stam bij te kweken. Hoe meer dingen jullie samen kunnen beleven, hoe beter het is voor jullie relatie. Voor dat nieuwe 'scheutje' moet er echter wel een 'oogje' gereed zitten. De man die helemaal niet muzikaal is en daarbij een stem heeft om 'cokes te kloppen', moet niet per se met zijn vrouw in het gemengd koor willen meezingen. Niemand kan 'alles' voor zijn partner zijn.

Ik ken heel wat mensen die beweren dat ze van mekaar houden en die toch mekaar voortdurend willen veranderen (verbeteren noemen zij het).
Pol was voetballer. In Annies ogen was voetbal een bruut en gevaarlijk spel. Wat zachte druk van haar kant en hij heeft het dan maar gelaten. Annie speelde graag piano, maar het werkte op Pols zenuwen. Er was al genoeg lawaai op de wereld. Zij musiceert al lang niet meer.
Op verloofdensessies drukte ik jonge mensen op het hart om mekaar niet te veel dingen af te nemen, maar integendeel om hetgeen er was aan te moedigen.

Een meisje toonde zich wat ontgoocheld dat ze haar jongen niet mocht 'bijwerken' (klinkt mooier dan snoeien, hé?). Ik argumenteerde dat een relatie nooit beter wordt door takken bij de ander weg te snoeien. Toen riep ze uit: 'Meneer, de wilde scheuten mag je toch wel wegsnoeien, zeker?'
Ik sta verbaasd hoe diep de neiging om de ander te veranderen er bij veel mensen inzit.

Mensen zijn soms ontgoocheld doordat de werkelijkheid niet beantwoordt aan het beeld dat zij van hun huwelijkspartner, van hun kind of van hun medewerker hebben. Zij zien enkel wat er niet is. Maar naast dat ene 'onhaalbare' beeld van die ander zijn er nog tientallen andere beelden, die toch echt de moeite waard zijn.

Hoe kun je je relatie versterken of er nieuw leven inbrengen? Herontdek elkaars positieve eigenschappen en aantrekkelijkheden. Stel je voor de ander open en verras die met kleine attenties en hoffelijkheden.

Felix bewijst zijn vrouw allerlei kleine diensten. Hij maakt haar een compliment over haar uiterlijk en over haar speciale vaardigheden. Elza doet haar man uitgeleide als hij weggaat. Zij schenkt hem koffie als hij van kantoor thuiskomt en zet wat sfeermuziek op. Die kleine wederzijdse attenties dient men evenwel als vrijwillige uitingen te aanvaarden. De houding van 'dat komt mij toe' of 'dat is je plicht' doodt alle voldoening die het bewijzen van een attentie geeft. Ze vernietigt de lust om 'werk van elkaar te maken'.

Je leert elkaar beter kennen door je gevoelens te uiten en te luisteren naar die van de ander. Je drukt je respect voor elkaar uit door elkaar niet te snoeien en door spontane, liefdevolle attenties.

I 15. De ander niet kleineren en veroordelen

Soms maak je mensen gelukkig door hen een dienst te vragen. Daardoor worden zij immers groot en jij klein. Het omgekeerde – een mens helpen of een dienst bewijzen – is normaal gesproken een daad van naastenliefde. Zeker als de ander er direct of indirect om vraagt, of laat blijken dat hij ermee gediend is. Maar indien je je hulp aan hem opdringt, dan geef je toe aan je bemoeizucht. Dergelijke betuttelingen vernederen en kleineren. Je helpt er een mens niet mee groeien. Integendeel, je houdt hem klein.

Ik zag een kind stampvoeten van woede omdat hij zijn schoenveters niet mocht rijgen. 'Ik kan het zelf, mama,' sputterde de jongen terwijl zijn vriendjes toekeken.
'Tut, tut, tut,' zei moeder, 'voor je honderd meter ver bent, zijn ze alweer los.'
Achteraf lachten de kameraadjes hem uit omdat moeder hem nog moest helpen.

Niemand is zo goed als op zijn beste momenten en niemand is zo slecht als op zijn slechtste momenten. Zie je iemand op zijn best, idealiseer hem niet; hij heeft ook zijn mindere ogenblikken. Zie je iemand op zijn slechtst, fixeer hem daar niet op; hij kent betere momenten.

Het is een enorme zegen voor een mens 'klein te mogen zijn' en niet onmiddellijk veroordeeld te worden. Dan nemen wijzelf onze verantwoordelijkheid op en trekken lessen uit onze fouten. Zo dragen onze onvolkomenheden indirect bij tot onze groei.

Maar de anderen begaan eveneens fouten. Waarom zouden wij het hen kwalijk nemen dat ze niet volmaakt zijn? Ook zij leren uit hun tekorten en vergissingen en proberen het een volgende maal beter te doen. Onze negatieve acties roepen bij hen negatieve reacties op. Wij hoeven niet uit te maken wie gelijk heeft. We zijn goddank, niet elkaars rechter en oordeler.

Waar het echt op aankomt is de vraag: hoe verbeteren we onze onderlinge relatie en worden we allebei gelukkiger?

Als je meestal negatief over iemand denkt, gebeurt het dat je opeens kwetsende woorden gebruikt. Je kunt ze niet terugtrekken, maar ze laten pijnlijke sporen na. Soms, in een kwade bui, flappen wij er dingen uit die twintig jaar later nog bij de ander zijn blijven hangen.
Raoul vertelde in de cursus: 'Ik vergeet nooit de kwetsende woorden die mijn vader sprak toen ik 16 was. Ik voel er nu nog de pijn van.' Die vader was het een kwartier later alweer vergeten.

Als iemand veel te laat thuiskomt, zijn we soms kwaad omdat hij ons zo lang in angst liet wachten. In plaats van kwetsende woorden te spreken, kunnen we rustig zeggen: 'Het laatste uur maakte ik me zorgen dat er je iets overkomen was. Heeft iets je weerhouden om op tijd thuis te zijn?' Misschien deelt hij dan spontaan mee: 'Oh ja, ik ben stomweg blijven hangen.'
Waarom mag hij ook niet eens zwak zijn?

Als jij geregeld een steek laat vallen, dan is het zeer frustrerend met iemand te leven die dat nagenoeg nooit doet.
Eens hoorde ik een vrouw uitroepen: 'Haha, hij doet eindelijk ook eens iets verkeerd. Hij is toch ook God de Vader niet!'
Het wordt leefbaarder als je partner ook niet perfect is. Wees blij als je met een onvolmaakt iemand leven mag en gun die ander zijn drie, vier onvolkomenheden. Dan heb je alle kans dat hij jouw onvolmaaktheden ook niet al te kwalijk neemt. Als je mild voor de ander bent, wordt de ander mild voor jou.

Waarom zouden wij het elkaar moeilijk maken? Als ik jou waardeer en jij waardeert mij, dan kunnen we allebei gelukkig zijn. Door de jaren zit er echter veel roest op de relatie. In onze dringende behoefte aan bevestiging zoeken we onbewust compensatie in een machtsstrijd. Maar waarom zouden we proberen elkaar eronder te krijgen? In een machtsstrijd dienen we beiden voortdurend op de tenen te staan. Dan is er sprake van spanning en stress waar niemand zich goed bij voelt.

Gelukkig is er de positieve manier van naar elkaar kijken, de waarderende en bevestigende manier. We proberen niemand te overtroeven of te laten aanvoelen dat we boven hem staan. Integendeel, we vinden er vreugde in hem te laten blijken hoe goed hij is, hoe belangrijk en hoe tof. Zodra de ander dat echt ervaart, laat hij ook jou blijken dat je waardevol en de moeite waard bent.

Indien de relatie tussen de gezinsleden wat sleur vertoont, kun je je laten inspireren door de houding die je aanneemt als je bij vrienden op bezoek bent. Je probeert dan een goede gast te zijn en bemoeit je niet voortdurend met allerlei dingen. Je reageert hoffelijk en bent dankbaar en ontvankelijk voor al wat het ontvangende gezin te bieden heeft. Je eist niets en doet geen rechten gelden. Van hun kant doen gastheer en gastvrouw al wat ze kunnen om jou terwille te zijn.

Mietje en Leo vertelden mij dat, sedert de kinderen het huis uit waren, hun samenleven niet meer aangenaam was. Een vernieuwde houding van 'te gast zijn' bij elkaar heeft hun relatie weer opgetrokken en prettig gemaakt.

Vraag jezelf eens af: hoe voelen de anderen zich als ik bij hen ben? Kunnen ze zich ongeremd uiten en zich spontaan gedragen? Dwingen mijn woorden, mijn blik, mijn hele gedrag hen een houding aan te nemen die past bij mijn aanwezigheid?
En ook omgekeerd: hoe voel ik mij als ik bij de anderen ben? Ben ik dan eveneens echt spontaan en voor honderd procent mezelf?

I 16. Duw een mens niet met z'n neus op de fouten

Velen beweren dat zij van hun huisgenoten houden. Maar zodra die een stommiteit begaan, zijn zij er als de kippen bij om hen met hun neus op hun fouten te duwen. Sommigen vinden er zelfs een

bijna sadistisch genoegen in om de ander eens goed te laten voelen hoe verkeerd hij het deed.
Mensen van de dierenbescherming protesteren als je een hond die zich in de woonkamer ontlast, met zijn neus in zijn afval duwt opdat hij het zou afleren. Zijn we beter als we onze dierbaren met beschaamde kaken zetten en vernederen?

Toen Gust op stap ging, had hij niet de bedoeling om lang weg te blijven, een stuk in zijn kraag te drinken en veel geld te verteren, maar het kwam wel zo uit. Toevallig ontmoette hij oude vrienden. Ze dronken er eentje op, praatten honderduit en vergaten het uur.
Zijn vrouw Julia werd kwaad om zijn lang wegblijven. Uiteindelijk ging zij toch naar bed, maar ze kon de slaap niet vatten. Een stuk in de nacht hoorde zij gefriemel aan de voordeur. Gust, die méér dan beschonken was, probeerde het sleutelgat te vinden. Julia hoorde hem naar boven strompelen. Ze was klaar om hem een flinke uitbrander te geven. Toen ze zag in welke toestand hij verkeerde, dacht ze bij zichzelf: morgen, op zijn nuchtere maag, zal hij het horen, zeker weten.

Gust was het drinken niet gewoon en stond de volgende morgen op met een flinke kater. Hij had hoofdpijn en voelde zich te ziek om te gaan werken. Vol schuldgevoelens zette hij zich aan tafel bij een kop koffie; hij zag het echt niet zitten. Op dit moment kwam Julia naar binnen en trof hem aan de ontbijttafel.
'Ha, hij is daar. Nu zal hij het horen!' En al wat zij aan negatiefs over hem had kunnen bedenken, stortte zij als een koude douche over hem uit: 'Hé wel, wat was dat gisteravond? Ben je niet beschaamd voor zo'n grote vent?'

Gust was danig beschaamd. Hij voelde zich ellendig. Julia, die zijn stut en steun had kunnen zijn, duwde hem nog wat dieper in de put. Wist zij dan niet hoe sterk zijn geweten hem kwelde met gevoelens van spijt en ook ontgoocheling over zichzelf? Was dát eigenlijk de houding van een geliefde?

Jos haalde gewoonlijk goede cijfers op school. Maar die keer was hij toch verrast. Voor een belangrijke toets studeerde hij pas de avond ervoor. Tijdens de proef voelde hij dat het niets zou worden. Zijn vrees werd bewaarheid: met 8 op 20 zat hij in de rode cijfers. Hij werd er bleek van. Het flitste door zijn hoofd: ik begon er veel te laat aan. Zoveel leerstof was te veel voor één avond. Volgende maal start ik met mijn voorbereidingen vroeger.

Maar zo zag de leraar het niet. Hij gaf hem een flinke uitbrander en Jos moest zijn rapport door vader en moeder laten ondertekenen.
Thuis dacht hij: bij wie ga ik eerst? Bij moeder, die ziet er het minst gevaarlijk uit. Maar moeder was niet blind: 'Wel jongen, wat is dat met jou? Verwaarloos jij je studies? We zullen daar een stokje voor steken. Die voetbaltraining op woensdagmiddag, trek daar maar een streep door...' Moeder wond zich op en haar laatste zin was: 'En wacht tot vader thuiskomt. Hij zal niet mals zijn!'
Vader zag de rode cijfers en begon inderdaad ook met zijn vermaningen. Hij sleurde er zelfs zijn eigen jonge jaren bij: 'Wij waren blij dat we mochten studeren. Het is een schande zoals jij je kansen verprutst.'
Jos werd er niet goed van.

Wat bereikten die drie opvoeders met hun verwijten? Niets positiefs! Ze ontnamen de jongen zelfs een stukje geloof in zichzelf. Hij had het zo nodig om het de volgende maal beter te doen.
Jongeren hebben positieve opvoeders nodig die zeggen: 'Je weet de oorzaak? Ik ken je, dat overkomt jou geen tweede maal.'
'Nee hoor, ik was echt verrast. Volgende keer begin ik er vroeger aan.'
'Ik geloof het, Jos. Gelukkig doe je die ervaring nú op in plaats van volgend jaar aan de universiteit.'
Zo krijgt Jos nieuwe kansen en kan hij uit zijn fouten leren.
Ook volwassenen mogen uit hun foutieve benadering van jongeren hun lessen trekken.

Vijftig jaar geleden, aan het begin van mijn onderwijsloopbaan, dacht ik dat opvoeden was: goed kijken waar de leerling het verkeerd deed en hem dan duidelijk laten blijken hoe mis het was. Zo was het ook bij mijn collega's. Wij waren gespecialiseerde foutenverbeteraars.

Ik gaf toen onder meer technisch tekenen, een namiddag van vier uur aan een klas van vijfenveertig leerlingen. Op grote tekentafels maakten zij met Oostindische inkt werktekeningen van machineonderdelen op doorzichtig calqueerpapier. Het laatste uur gaf ik elke leerling aanmerkingen op zijn tekening: 'Die maat is verkeerd... die volle lijn moet een streeplijn zijn... in het onderschrift ontbreekt dit...' Geen woord had ik voor wat ze goed gedaan hadden.

Wat ging er toen in het hoofd en het hart van zo'n jongen om? Hij had drie uur naarstig getekend en was tevreden over zijn werk. Dan kwam de leraar. Die zag blijkbaar geen enkele goede lijn en praatte alleen maar over de foute zaken. Dat moet vreselijk ontmoedigend geweest zijn.

Hoe anders pakte ik het later aan. Eerst keek ik aandachtig naar al het goede van de tekening en drukte er mijn waardering over uit. Pas dan toonde ik dat een paar kleine details nog wat konden verbeteren. Daarna liet ik nog eens duidelijk horen dat het geheel prima was. Ik herinner mij dat ze zo trots op hun tekening waren dat ze er op zondag uit vrije keuze verder aan werkten.

Opvoeden sluit in dat men zoveel mogelijk fouten tracht te voorkomen. Duidelijke opdrachten en klare instructies kunnen hiertoe bijdragen. De fouten die toch gemaakt worden, dienen om er de nodige lessen uit te trekken. Soms leren we het meest uit de fouten die we maken. Fouten moet men niet opschroeven, maar plaatsen in het geheel van het positieve en het juiste.
Het is niet goed iemand met z'n neus op zijn fout te duwen en hem met beschaamde kaken te zetten.

I 17. Oog-, hand- en woordcontact

Voor een echt menselijke ontmoeting is er meer nodig dan de woorden die wij spreken. Ons hele lichaam, met al zijn zintuigen, doet eraan mee. Menselijk contact gebeurt vooral met: *O*gen, *H*anden en *W*oorden (OHW).

1. ***De ogen.*** 'Indien de ander ergens aanwezig is, dan is het in zijn ogen' (T. Lemaire). Onze ogen kunnen oplichten van liefde en bewondering, maar onze blik kan ook afkeuren en vernietigen. Oogcontact is bijzonder belangrijk in de menselijke ontmoeting. Ogen zijn als het ware de spiegel van de ziel.
Je moet al heel doortrapt zijn om te liegen terwijl je hem of haar in de ogen kijkt. Als de kleine je een foefje wil wijsmaken, kijkt hij niet naar je gezicht. Je voelt dat er iets niet klopt en je zegt: 'Kijk eens in mama's ogen!' Dan valt hij door de mand.

In een groot deel van ons leven verwaarlozen we oogcontact. Verloofden doen dat niet: zij kijken zo in elkaars ogen dat ze de rest van de wereld niet meer zien. Maar in het normale gezinsleven komt er van oogcontact niet veel terecht.

Moeder is een binnendeur aan het schilderen en vader komt thuis: 'Schatje, ik ben daar, hoor!'
'Ja, ja, ik hoor je wel!' Zonder opkijken schildert zij verder.
Terwijl vader met het eten bezig is, komen de kinderen aan: 'Papa, we zijn er!'
'Ja, ja, dek maar de tafel!' Zonder opkijken roert hij verder in de saus.
Iedereen zit aan tafel. Marleentje heeft al haar soep op en staart mistroostig voor zich uit.
Plots valt moeders oog op haar: 'Wat is er, meisje? Gaat er iets niet goed?'
'Juffrouw heeft gezegd...' Het kind is al twintig minuten thuis en moeder ziet het nu pas.
Bij verloofden is zoiets ondenkbaar. Het allereerste is bij hen het oogcontact.

2. ***De handen***. 'Aanraking is een primitief, direct en oprecht communicatiemiddel, in tegenstelling met de taal' (S. De Batselier). Misschien gebruiken we onze handen wel niet meer om te slaan, maar wellicht toch te weinig om te strelen.
Aanraking is ruimer dan handcontact. Eigenlijk gaat het over de 'tastzin'. Misschien spreken we beter van huid- of lichaamscontact, wat ook het zoenen insluit. Vooral bij sterke emoties is lichaamscontact veel belangrijker dan woorden.

Kijk eens hoe voetballers, na het maken van een goal, in hun enthousiasme rondspringen en elkaar vastpakken.
Als men treurt om een tegenslag, werkt een stevige knuffel als balsem op de wonde. Bij een groot verdriet druk je je innerlijke bewogenheid en je intens meeleven het sterkst met je handen uit. Of je legt je arm om de schouders. Bij een omhelzing zoeken de wangen contact en worden tranen met een zoen gestelpt.
Ook de pijn van Geertjes knie wordt door mama weggezoend.

Als twee mensen elkaar de hand drukken, wordt er onbewust heel wat informatie over beider gemoedsgesteltenis uitgewisseld. Denk aan de slappe hand van een wat depressief iemand en de krachtige handdruk van een enthousiast mens.
In het intiem samenzijn zijn hand- en huidcontact eveneens van bijzonder belang. De vormen van intimiteit dienen steeds aangepast te zijn aan de graad van nabijheid die op het moment zelf wordt doorvoeld. Hand- en huidcontact zijn dan in harmonie met de kwaliteit van het samen-zijn op dat ogenblik.

3. ***De woorden***. Het opbouwend en bemoedigend woord van waardering en bevestiging komt in de plaats van het vernietigend woord van reclamatie en kritiek. Maar zonder de informatie uit het oog- en handcontact, zitten we met onze woorden makkelijk op een verkeerde golflengte. De manier waarop iemand je aankijkt en je de hand drukt, openbaart je voor een stuk 'hoe de persoon zich voelt'. Zo kun je met gepaste woorden hierop inspelen.
Stel dat een kennis – die je in een halfjaar niet meer gezien hebt – op je afkomt. Je kijkt naar zijn gezicht en ziet de stralend enthou-

siaste ogen... of die sombere droevige blik. Je geeft elkaar de hand en je voelt die stevige druk... of die slappe hand. Die dubbele informatie helpt je het goede woord te vinden dat hem naar het hart gaat.

In het dagelijks leven zijn de belangrijke momenten van diep menselijk contact het *weggaan* en het *thuiskomen.*
In 1933 trok ik als kind te voet naar de lagere school. Meermalen was ik getuige van een vast afscheidsritueel.
Jules zat al op zijn fiets, met zijn voet op de drempel aan de voordeur. Vanuit de deuropening keek Marie hem liefdevol in de ogen en ze zei: 'Allé, Jules...' en terwijl zij hem een kruisje gaf: 'God zegene en beware je. Stel het goed vandaag en let op voor de ongelukken.'
Jules mompelde dan iets terug en reed naar zijn werk.

Het is een heilzame gewoonte een gezinslid uitgeleide te doen. Maar ook het thuiskomen is belangrijk. Als een kind, of vader of moeder, thuiskomt is de eerste vraag: 'Waar is...?'
Een beetje werk van het weerzien maken, kan zo'n deugd doen. Dan voelt men: 'Ik ben verwacht.'
Wie, al was het maar enkele minuten, aanwezig kan zijn op de kritieke momenten van weggaan en thuiskomen, draagt heel veel bij tot de liefdesverbondenheid van de gezinsleden. Het is veelal een kwestie van organisatie en... eraan denken.

I 18. Hoe het in relaties vaak misloopt

Beminnen betekent niet binden, maar vrijmaken. Door jou kan de ander meer mens worden, dat wil zeggen: meer vrij. Jij kunt hem de nodige ruimte schenken om echt zichzelf te zijn, om uit zijn schelp te komen, om zelf iets te doen. Het ideaal is: grotere *vrijheid,* gepaard met intensere *nabijheid.* De kunst is: op elkaar betrokken te blijven zonder bemoeiziek te worden. Zelfs overbezorgdheid kan verstikkend werken.

Om ons beter tegen 'mislukken' te wapenen, bekijken we een drietal vijanden van de relatie. Ze liggen steeds op de loer: *M*isleidende signalen, *O*njuiste gissingen en *N*egatieve interpretaties. Wees dus op je hoede voor MON!

1. ***Misleidende signalen.*** Zonder dat we er ons van bewust zijn, sturen wij misleidende signalen uit. De woorden die wij zeggen en de dingen die wij doen, komen af en toe heel anders over dan wij bedoelen. Het werkt ontmoedigend als we, ondanks de goede intentie, toch een ander effect sorteren dan wij beogen.

In de dorpen was er indertijd, om de tien jaar, de Week van de grote Missie. Speciaal daartoe opgeleide paters deden dan huisbezoeken en hielden elke avond, in een bomvolle kerk, de grote predikatie. Hoog op de kansel en met een stem als een klok gaven ze hun fameuze donderpreken.
Een weduwnaar en zijn zoontje zaten dicht bij de preekstoel. Ze keken naar de pater: een rijzige ascetische figuur in donkerbruine pij met een stevig wit koord in de lenden. Heel luid, in korte afgemeten termen, begon hij zijn sermoen.
De kleine schrok ervan en vroeg: 'Pa, is die man kwaad op ons?'
'Maar nee, ventje.'
De jongen was er toch niet gerust op en schoof wat dichter bij zijn pa. Opeens, in het vuur van zijn betoog, sloeg die pater zijn arm uit en zijn lendenkoord hing over de kansel.
Ontzet zag de kleine het gebeuren: 'Kom, pa... we zijn weg. Hij is losgebroken.'
Die pater wás niet kwaad, maar voor ons baasje kwam hij heel bedreigend over. Hij gaf een misleidend signaal.

Theo sprak met een jongeman. Hij ging niet akkoord met diens theorieën en maakte met zijn vlakke hand een afwerend gebaar.
De jongere antwoordde: 'Kijk... niet wát je zegt, stoort me... maar die afwijzende hand! Dit herinnert mij aan de hand van mijn vader. Die voegde eraan toe: "Zwijg maar, snotneus... je bent nog veel te jong om zo'n grote mond op te zetten." Ik weet dat jij het niet zo bedoelt, maar dit handgebaar roept dit nu eenmaal bij me op.'

Theo was hem dankbaar voor de informatie. Voortaan probeert hij dit misleidend signaal achterwege te laten.

Als Hendrik van iets overtuigd is en het in de groep wil brengen, doet hij dat meestal nogal heftig. Dan gebeurt het dat zijn vrouw, Betty, aan zijn mouw trekt en in zijn oor fluistert: 'Hendrik, jongen, je moet je daarvoor niet kwaad maken. Ze zullen het zo ook wel geloven.'
Dan kijkt Hendrik verbaasd op: 'Kwaad? Ik weet zeker dat ik niet kwaad ben. Maar wacht eens... ik moet toch boos overkomen, anders zou Betty dat niet zeggen.'
Hendrik zendt dus een boodschap uit die helemaal niet klopt met wat er in hem omgaat. Hij geeft op dat moment een misleidend signaal.

2. ***Onjuiste gissingen.*** Dat zijn veronderstellingen die onwaar zijn. Bij het interpreteren van de woorden en daden van een ander doen wij soms alsof we helderziend zijn: 'Ik ken je. Ik weet waarom je dit zegt of doet.'
Dit is gevaarlijk, want als de ander iets niet duidelijk toont of uitdrukkelijk zegt, kunnen we ons makkelijk vergissen. Veelal nemen we die veronderstellingen voor werkelijkheid aan en ontstaan er grondige misverstanden. Nadien hoor je dan: 'Ik dacht dat je het zo wilde... dat je het graag had... dat je kwaad was...'

Op zaterdagmiddag wil Bert een kleine reparatie aan de wagen uitvoeren. Mia wil met Bert naar kennissen gaan. Geen van beiden kent het verlangen van de ander. Ze veronderstellen dat de ander ook wil wat zijzelf willen.
Omstreeks drie uur gaat Mia de garage in en moppert: 'Je prutst nu al de hele middag aan je wagen.' Ze suggereert daarmee dat er iets egoïstisch in zit en zet hem onder morele druk.
Vanuit de schuldgevoelens waarin hij gemanipuleerd wordt, kan Bert ofwel ontkennen: 'Heel de namiddag? Ik ben amper een uur bezig', ofwel aanvallen: 'Nou, jij zit wel hele avonden aan de tv geplakt.'

Zo begint een twistgesprek en zadelen ze mekaar met negatieve gevoelens op. Waarom leggen ze de kaarten niet duidelijk op tafel? Kan Mia niet gewoon vragen: 'Bert, gaan we samen naar Jan en Trees?' Dan kan Bert antwoorden: 'Ja schat, maar ik wil graag eerst mijn wagen repareren. Gaan we na vier uur?' De onjuiste gissingen zetten hen vanaf het begin op het verkeerde spoor.

Door onjuiste gissingen ontstaan 'quadrilogen' in plaats van dialogen. De ene denkt iets, maar zegt wat anders. De ander denkt er het zijne van, maar zegt iets anders terug.

Fernand merkte dat Lieve er moe uitzag. Ze had zo hard gewerkt die week en hij dacht: ze zou van een rustig weekend aan zee zo'n deugd hebben. Het schikt wel niet zo goed met mijn werk, maar mijn vrouw gaat voor.
Vrijdagavond stelde hij haar voor: 'Wat denk je, Lieve, gaan we morgen naar vaders appartement? Ik haal de sleutel wel.'

Lieve schrok en dacht: het past eigenlijk niet zo best. Ik wilde nog dit en dat doen. Maar als hij het vraagt, is het omdat hij het nodig heeft. Hij zag er al heel de week wat bleekjes uit. En mijn man gaat vóór mijn werk.
Zij antwoordt: ''t Is in orde. Ik maak alles klaar.'

Zo trokken beiden naar zee. Ze wandelden langs het strand en in de duinen. Ze praatten samen en genoten er heerlijk van.
Ook op zondag liepen ze samen langs het water, maar elk was in eigen gedachten verzonken.
Fernand dacht: door naar hier te komen kon ik mijn gras niet maaien en die telefoons deed ik ook al niet. Mijn schrijfwerk blijft liggen...
Lieve denkt: die broek van de kleine is niet hersteld en mijn was is niet gestreken. En ik moet dringend dat verslag tikken...
Door een onhandigheid viel er een woord verkeerd en de ander reageerde: 'Hé wel, merci... en ik die speciaal met jou meekwam om...'
'Momentje,' antwoordde de ander, 'ík ben toch speciaal met jou meegekomen?'

Toen ontdekten Fernand en Lieve dat ze allebei iets voor de ander deden dat de ander helemaal niet wilde.
'Wat blijven wij hier nog hangen? Kom, we gaan naar huis.'

Stef en Christa aten maandenlang tegen hun zin spinazie. Zij lustte het niet, maar dacht dat Stef er verlekkerd op was. Hij dacht dat Christa er zo op gesteld was en wilde haar niet teleurstellen. Hij durfde niet zeggen dat hij ze niet lustte.

3. ***Negatieve interpretaties***. Het wordt heel moeilijk in een relatie, als alles wat de ene zegt of doet door de ander verkeerd wordt uitgelegd. Vertrouw er dan op dat die persoon in feite niet tégen jou is. Wat op een aanval lijkt, is veelal slechts een poging om zich te doen gelden, een poging om 'iemand' te zijn.

Begrijp je dat die ander onbewust volgens bepaalde patronen (grondhoudingen) met je omgaat? Laat jij dan bewust een oordeel over het 'waarom' van zijn gevoelens achterwege. Vertel hem niet hooghartig dat hij zich zo niet mag voelen. Het is belangrijk te beseffen dat zijn 'gevoel' niet iets is dat hij jou opzettelijk 'aandoet', maar iets dat op een bepaald moment 'binnen in hem zit'.

Het kan niet genoeg herhaald worden dat het direct inhaken op de feiten veelal tot heftige discussies leidt. Probeer liever te 'reflecteren', dat wil zeggen: laat in je wederwoord blijken dat je zijn 'emotionele boodschap' gehoord hebt. Je reflectie is bijvoorbeeld: 'Ik hoor je zeggen dat... je voelt je zo of zo...' zonder de ander te beschuldigen of te kwetsen.

Dit toont aan dat we respect hebben voor wat er in de ander omgaat. Iemand is pas vatbaar voor de feiten, als men duidelijk laat blijken dat men zijn gevoelens begrijpt. Eerst de emoties... en dan de feiten. Alles draait rond de interpretatie die wij aan de woorden, houdingen en gedragingen van de ander geven.

Jef schiet uit en zegt een lelijk woord. Onmiddellijk reageert Marie: 'Voilà, 't ligt weer aan mij... dat is hier altijd hetzelfde...'
Olie op het vuur... het twistgesprek kan echt beginnen. Meestal is

Jef er zich niet eens van bewust dat hij luid en kwetsend spreekt. Hij is helemaal niet kwaad op Marie.

In plaats van direct terug te schieten, kan Marie als volgt redeneren: waarom snauwt hij zo tegen mij? Ik ben ervan overtuigd dat hij niets tegen mij heeft. Integendeel, hij ziet mij graag. Dus moet ik niet doen alsof hij mijn vijand is. Ik wil mij in z'n situatie inleven. Schort er iets? Tegenslag op het werk? Aanmerkingen van de chef? Wat overwerkt? Weer last van z'n maag? Ik kom er wel achter. Met liefde en geduld valt alles op zijn plaats.

Marie is de hele dag thuis bij de kinderen. Er is geen school en door de regen kunnen ze niet naar buiten. Haar zenuwen krijgen het zwaar te verduren.
Jef komt thuis. Zij roept hem luid toe dat hij zijn schoenen beter mag afvegen; ze heeft zo al werk genoeg. Jef voelt zich gekwetst en reageert boos: 'Voilà, 't is weer niet goed! Als ik niet welkom ben, dan ga ik weer weg.' En hij gaat in het café op de hoek een pint drinken.

Marie schrikt van zijn reactie. Zo had ze het nu ook weer niet bedoeld. Met tranen in de ogen denkt ze: wat heb ik nu weer gezegd? Ik bega de ene stommiteit na de andere.
In plaats van zo snel te reageren, kon Jef ook denken: waarom heeft Marie aanmerkingen op mij van zodra ze mij ziet? Ze houdt van mij en ze heeft zeker niets tegen mij. Waarschijnlijk reageert ze zich onbewust af. Een lastige dag gehad met die kinderen thuis. Ik zal maar geduldig zijn en een handje toesteken, zodat ze weer rustig wordt... en tegen de avond zijn alle plooien gladgestreken.

Soms klagen moeders: 'De kinderen zijn weer zo lastig.' Als je zelf nerveus en gejaagd bent en te weinig aandacht aan de kinderen schenkt, kunnen ze echt onhebbelijk worden. Maar als je kalm en content bent en af en toe wat aandacht voor hen hebt, zijn de kinderen meestal net zo rustig en blij.

Ruzies tussen echtgenoten ontstaan dikwijls als ze het allebei moeilijk met zichzelf hebben. In hun gespannenheid reageren ze zich af door de houding van de partner negatief te interpreteren. Wat de ene zegt neemt de ander heel zwaar op. En toch... denk je nu echt dat je levensgezel je veroordeelt en je kwade dingen toewenst?

Het leven zit vol misverstanden tengevolge van misleidende signalen, onjuiste gissingen en negatieve interpretaties. Zeg niet langer: 'De ander kwetst mij.' Wie niet op de grond ligt, wordt niet als voetmat gebruikt. Je eigen interpretatie verwekt bij jou die gevoelens van gekwetstheid. De negatieve uitlatingen van de partner zijn niet echt voor jou bedoeld. Probeer je in te leven en erachter te komen wat eraan scheelt.

In het gezin leven man, vrouw en kinderen heel dicht bij elkaar. Wat is het dan moeilijk om steeds de goeie dingen van de ander te onderkennen. Kleine onhebbelijkheden irriteren ons dan makkelijk.

Als Marc 's avonds tv kijkt, legt hij zijn ene been over het andere en zijn voet gaat aan het trillen. Dan mompelt Lisa: 'Maar vent toch... hou je voet stil. Je irriteert me!'
Aan de ontbijttafel trommelt Lisa wat nerveus met haar vingers op tafel. Marc bromt: 'Wil je je handen stilhouden... je zenuwachtige gedoe jaagt me op!'
's Morgens duwt Marc de tube tandpasta vanuit het midden uit. Lisa komt de badkamer binnen en zeurt: 'Waarop lijkt dat nu? Wanneer duw je eens een tube uit zoals het hoort? Je moet onderaan beginnen.'
Marc drinkt zijn kop koffie altijd helemaal uit. Lisa laat er steeds een restje in. Voor Marc de koppen naar de vaatmachine brengt, moet hij eerst Lisa's kopje uitgieten. Hij zegt: 'Wanneer drink jij je kop nu eens helemaal leeg? Ik heb daar altijd extra werk mee.'

Als de liefde dun wordt, maakt men zich makkelijk dik. Kijk weer mild naar elkaar en zie vooral de vele goeie dingen. Dan wordt het heel goed leven met je partner. Trillende voeten, trommelende vingers, verkreukelde tubes tandpasta, halfvolle koffiekopjes... storen je dan niet langer.

I 19. De wonderpil in de menselijke omgang

Om de menselijke omgang te verbeteren werken we reeds een zestal jaren met een formule. Ze bevat vier elementen: *V*riendelijke bejegening. *O*prechte belangstelling. *K*ans geven tot uiten. *A*ctief luisteren. Dus: VOKA.
Ik sta verbaasd over de resultaten die cursisten bij het toepassen van VOKA halen. Wat een wonderbaar middel om de kwaliteit van je relaties te verbeteren! Ik wist niet dat het zo krachtig werkte. Heb je met MON je menselijke contacten wat verzuurd, blaas er dan met de wonderpil VOKA nieuw leven in.

1. ***Vriendelijke bejegening***. Toon bij elke ontmoeting belangstelling en waardering. Nu is vriendelijkheid een natuurlijke, gemakkelijke en doeltreffende manier om waardering voor iemand te tonen. Je 'voelt' vriendelijke bejegening ook steeds als een blijk van waardering. Als iemand je vriendelijk benadert, dan ervaar je: hij respecteert en eerbiedigt mij.

Je kunt altijd en overal vriendelijk zijn en het is belangrijk 'elke' mens vriendelijk te bejegenen. Natuurlijk bedoel ik niet zomaar 'vriendelijk doen' terwijl je geest van boze en vijandige gedachten vervuld is. Nee, er moet tussen denken, voelen en handelen harmonie zijn.

Vijftig jaar geleden kreeg een vrouw die woedend was op haar man, nog de raad die woedegevoelens in te slikken en hem toch maar in naam van de liefde, met een glimlach, een kopje koffie in te schenken. In haar hart had zij liever de hele koffiepot over zijn hoofd uitgestort.
In zo'n geval is de eerste opdracht: hoe denk ik weer positief over de ander?

Angela vond een elegante oplossing voor dit probleem. Jacques kwam drie kwartier later dan afgesproken thuis en Angela was boos. Hoe zou die ontmoeting aflopen? Zij hoorde hem de poort openen... hij kon elk ogenblik binnenkomen. In een flits realiseerde zij zich: ik ben kwaad... ik scheld hem uit... hij schreeuwt terug. Dat wordt een hevige ruzie vlak voor het slapengaan. Nee, ik moet er iets op vinden.

Haar man opende de deur...
'Momentje, Jacques, ik ben zo terug.' Ze liep even naar het toilet en bedacht zich snel: wat ben ik aan het doen? Ik fixeer mijn man op zijn zwakste plek. Dat is niet correct van mij. Hij heeft zoveel goeie kwaliteiten. Laat mij toch mild worden en weer het goede zien.

Zij kwam bij hem terug en keek met heel andere ogen. Zij grapte zelfs: 'Wat een geluk dat jij niet een paar minuten vroeger binnenkwam. Ik was woedend op jou.' Maar nu keek zij hem liefdevol aan.
Hij vertelde de reden van zijn te laat komen en Angela dacht: gelukkig, net op tijd schakelde ik over van negatief naar positief. Goddank, ik heb Jacques vriendelijk kunnen bejegenen. Ik mag er niet aan denken hoe het anders zou zijn afgelopen!

2. ***Oprechte belangstelling.*** Eerlijke interesse in de mens, in zijn idealen en in al wat hij belangrijk vindt, leidt tot dieper contact en grotere verbondenheid. Maar om een mens echt te ontmoeten mag je niet gejaagd zijn en moet je tijd hebben. De ander voelt dan dat je er helemaal voor hem bent.
Echt naar de ander luisteren veronderstelt dat je innerlijk vrij bent en niet de behoefte hebt onmiddellijk je eigen problemen of ervaringen in te brengen. In de ogenschijnlijk oppervlakkige woorden van de ander proef je de diepte die hij zo graag ter sprake wil brengen.

Oprechte belangstelling heeft niets met commercieel gerichte belangstelling te maken. Deze richt zich immers enkel op een koper of klant die men wil winnen of behouden.
Echte interesse komt uit het hart. Ze ontspringt uit de genegenheid voor de mens. Spontaan groeit de belangstelling voor nieuwe gebieden waar men zich aanvankelijk niet echt voor interesseerde.

Voor Willy bestond de schilderkunst eigenlijk niet. Nu zijn vrouw, Magda, mooie tableaus schildert en er helemaal in opgaat, groeit zijn interesse voor haar hobby. Hij wil er meer over weten en steunt Magda ten volle in haar initiatieven.

Jenny interesseerde zich helemaal niet voor voetbal, maar Ferdi des te meer. Zij probeerde zich in zijn hobby in te leven. Langzaam aan kon zij erover meepraten, misschien niet met dezelfde bezieling, maar toch zó dat Ferdi zich over voetbal bij haar kon ontladen.

3. ***Kans geven tot uiten***. Het is belangrijk dat je uitdrukking kunt geven aan wat er in je omgaat, vooral als er sterke emoties in het geding zijn. Weinig mensen zouden overspannen of depressief geraken, indien zij geregeld bij een open en ontvankelijk mens een klankbord vonden.

Harry was al thuis toen Susan terugkwam van haar wekelijkse hobbyclub. Hij was niet alleen vriendelijk en oprecht geïnteresseerd, hij gaf haar ook gelegenheid om voluit expressie aan haar indrukken te geven. Hij remde haar niet af toen zij allerlei details vertelde, omdat hij wist dat die voor Susan zo belangrijk zijn. Hij toonde Susan dat hij actief beschikbaar was en gaf haar alle ruimte en tijd die zij nodig had.

4. ***Actief luisteren***. Dit is veel meer dan gewoon horen en begrijpen wat de ander zegt. Het is niet enkel een activiteit van de oren, maar van de hele mens. Het lichaam keert zich naar de ander, de ogen richten zich op zijn gezicht en volgen de wisselende mimiek. Je kijkt als het ware de woorden uit zijn mond.
Af en toe reflecteer je enkele woorden of je moedigt met korte tussenvoegsels de ander aan om verder te vertellen: 'Hoe ging het verder...? Wat zei je dan...? Was je niet bang...? Je schrok nogal zeker...? Is dat echt...? Je moet maar durven...! Ongelooflijk...! Wat deed je toen...? Hoe kon je het opbrengen...? Was Johan daar ook...? Werd je dan niet moe...?'

Hannes en Leen waren tien jaar gehuwd. Hannes bleef een uurtje langer bij vrienden plakken. Opeens zag hij hoe laat het was en haastte zich – met lichte schuldgevoelens – naar huis.
Leen was zich al een tijdje negatief aan het opladen. Toen herinnerde ze zich de kracht van VOKA en besloot hem toch rustig te ontvangen.

Tot Hannes' verbazing begroette ze hem vriendelijk. Hij genoot van haar oprechte belangstelling en kreeg daarbij alle kans om zich te uiten. Ze luisterde zo actief dat hij opmerkte: 'Schatje, ik weet niet wat er gebeurt, maar ik voel hier vanbinnen zo'n warmte voor jou. Hetzelfde gevoel als toen wij verkering hadden. Je kon toen ook zo honderd procent luisteren en je in mij inleven. Het is gewoon heerlijk! Hoe kom je daartoe?'
'VOKA,' zei Leen met een mysterieuze glimlach, 'maar maak je geen zorgen. Ik vertel je er weleens meer over.'

Ik nodig jullie, lezers van dit boek, uit om een nieuwe hobby te beoefenen: 'Mensen helpen gelukkig te worden.'
Maak er een gewoonte van ieder mens die je ontmoet, met een goed gevoel te laten weggaan. Daarbij stel je je voortdurend de vraag: 'Wat kan ik zeggen of doen zodat de ander zich goed voelt? Waarin is die mens geïnteresseerd? Wat is zijn probleem? Na een tijd voel je zo aan waarmee je een mens content maakt en hoe je hem dat goed gevoel geeft. Als je dan zijn ogen ziet glanzen, ervaar je dat dit ook jezelf gelukkig maakt.
Bevestiging is een wederkerig proces. Ik wens je van harte geluk met je nieuwe hobby.

Wie ook maar eenmaal de glans van geluk heeft zien ontluiken op het gezicht van een wezen dat hij liefheeft, weet dat er voor een mens geen andere roeping kan bestaan dan dit licht telkens weer tevoorschijn te toveren op de gezichten van die hem omgeven (A.Camus).

'Als ik gelukkige mensen zie, ben ik geslaagd,' zegt God, 'dit was het doel van mijn schepping: het geluk van de mensen. En gelukkige mensen heb ik nodig om anderen gelukkig te maken.'

> *Heer,*
> *leg mij woorden in de mond*
> *die niet kwetsen maar troosten,*
> *die niet afkeuren maar aanmoedigen,*
> *positieve woorden... lieve woorden...*

Positieve suggesties

Ik houd van de mensen en ik wil dit uitdrukken. Ik wil hun vreugde delen en hun pijn helpen dragen. Ik wil leren hen te zien zoals ze zouden kunnen zijn, in een klimaat van bevestiging.

Ik gebruik elke gelegenheid om positieve energie naar de mensen uit te stralen. Met mijn hele lichaam wil ik tederheid, meevoelen en genegenheid overbrengen. Ik voel me daarbij los en geheel ontspannen.

Ik sta open voor de Liefde en maak mijn hart vrij van haat. Ik wil vergeven aan wie mij misdeden, telkens opnieuw. Ik loop niet langer met schuldgevoelens, maar geloof in de kracht van vergiffenis, in de hand die vergeeft.

En speciaal jou, mijn levensgezel, wil ik aanvaarden, zonder daarom van je afhankelijk te worden. Ik beoordeel je niet en op je gedrag van vandaag schroef ik je niet vast. Als jij een andere mening eropna houdt, voel ik me niet vernietigd. Ik maak geen misbruik van mijn macht om je je ruimte af te nemen. Ik hou van je, in goede en kwade dagen.

Mijn dierbare, je mag zijn wie je bent en zoals je bent, met je fouten en gebreken, opdat je zou kunnen worden wat je in aanleg bent, maar zoals je je nog niet kunt vertonen. En je mag het worden op jouw wijze en in jouw uur. Ik reken het tot mijn verantwoordelijkheid daarvoor het goede klimaat te scheppen en je de nodige ruimte te geven.

EVEN OPFRISSEN I

- Luister ik vriendelijk geïnteresseerd?
- Zorg ik dat de mensen met een gelukkiger gevoel van mij weggaan?
- Niet kritiseren en veroordelen, maar aanmoedigen en door de bril van de ander kijken.
- Naarmate ik bereid ben anderen te geven wat zij graag willen, geven ze mij wat ik graag wil.
- Ben ik diplomatiek en kwets ik niemand in zijn eigenwaarde?
- Erkennen veronderstelt: mijzelf loslaten, luisteren, reflecteren en toetsen.
- Reageer ik op positieve wijze op de mislukkingen van mijn huisgenoten?
- Houd ik echt van de mensen en laat ik vertrouwen in hen blijken?
- De macht van de uitdaging, het beroep op de strijdlust en de prikkel van de nieuwsgierigheid.
- Van elkaar houden betekent: elkaar voortdurend op een fijnzinnige manier bevestigen.
- De 'liefdesverklaring' van Anna Terruwe is een geweldige opdracht met fantastische mogelijkheden.
- Positieve feed-back is de woordelijke uitdrukking van mijn bevestiging.
- Ontkenning doet iemand in zijn schelp kruipen – bevestiging maakt een mens open.
- Laten we zacht zijn voor elkaar en met kleine attenties de liefde levend houden.
- Gevoelens verwoorden en wederzijds luisteren zijn de sleutels van onze relatie.
- Kan ik de ander aanvaarden en liefhebben zoals die is en mijn bemoeizucht bedwingen?
- Een machtsstrijd in een relatie maakt twee mensen overspannen en ongelukkig.
- Hoe voelen anderen zich als ik bij hen ben en hoe voel ik mij onder hen?
- Doe een ander niet wat jij niet wilt dat jou geschiedt.
- Menselijke ontmoeting gebeurt vooral door oog-, hand- en woordcontact.
- Weggaan en thuiskomen zijn belangrijke ontmoetingsmomenten.
- Misleidende signalen, onjuiste gissingen en negatieve interpretaties doen relaties mislukken.
- Vriendelijke bejegening, oprechte belangstelling, kans geven tot uiten en actief luisteren helen relaties.

Slotbeschouwingen

Veel mensen wachten gewoon af wat hun in het leven vanzelf toevalt. Wellicht is daar al eens iets goeds bij, maar ook veel teleurstelling en verdriet. Anderen spannen zich wel tot het uiterste in, maar staren zich blind op geld en bezit. Daardoor verliezen ze veelal de beste en mooiste gaven van het leven uit het oog.

In een sprookje liet een fee een arm echtpaar drie wensen toe. Dit liep op niets uit. De man en de vrouw waren daarna precies even ver. Hun enige winst was de ervaring dat je goed moet nadenken eer je een wens uitspreekt.
Maar het leven is nog guller dan de fee uit het sprookje, het staat je veel meer dan drie wensen toe.

Als je wensen in overeenstemming met je persoonlijkheid zijn en als je alles doet wat je kunt om die wensen te verwezenlijken, willigt het leven jouw wensen in.

Je kunt alles bereiken wat met je aard en aanleg overeenkomt, ook al zijn de omstandigheden nog zo moeilijk:
- een bloeiende zaak, al vertrek je van niets;
- een verantwoordelijke taak, ook al sta je nog nergens;
- een gelukkig gezinsleven, ook al zie je nog niet hoe;
- een geslaagd beroepsleven, ook al moet je vanaf nul beginnen;
- een gezellige vriendenkring, ook al ken je nog niemand.

Je staat voor de schatkamer van het leven en je kunt toetasten: liefde, vriendschap, vreugde, genot, voldoening, geluk, schoonheid, weelde... het ligt allemaal binnen je bereik. Ga het dus niet te ver zoeken.

Wie een onderneming begint, weet wat hij tot stand wil brengen en welke vruchten hij van zijn werk wil plukken. Maar jouw belangrijkste onderneming is je eigen leven. Daarom is het goed jezelf daar vragen over te stellen en je een scherpe voorstelling van het antwoord te maken:

Hoe wil ik leven en hoe moet ik zijn om mij goed en gelukkig te voelen?
Welke levensvoorwaarden heb ik nodig en welke waarden tel ik het hoogst?
Wat moet ik ondernemen om mijn doel te bereiken en welke inzet vraagt dit?
Wat wil ik van het leven ontvangen en wat wil ik daarvoor geven?

Veel geld verdienen en zich allerlei weelde kunnen veroorloven: dit brengt niet automatisch voldoening, vreugde en geluk met zich. Als bij een toneelstuk vormen de uiterlijke dingen slechts de decors. Maar zelfs de prachtigste decors kunnen een mislukt stuk niet redden.

Veel mensen vergissen zich op dat punt. Ze overschatten in hoge mate de invloed van geld en bezit. Niet de materiële weelde maakt je succesrijk, maar juist omgekeerd: de bloeiende zaak, de vele bezittingen, ja zelfs het mooie gezin, zijn er gekomen door de bekwaamheid voor het succes dat je in jezelf draagt.

Vooral teleurgestelde mensen piekeren erover wat zij hadden kunnen bereiken als 'alles anders was gelopen'. Zulke verzuchtingen zijn waardeloos. Ze brengen je er makkelijk toe de omstandigheden aansprakelijk te stellen voor je mislukkingen. Daardoor raak je nog verder af van de weg naar welzijn en geluk.

De mens die de bekwaamheid bezit succes te verwerven, verschuilt zich nooit achter de omstandigheden. Hij zoekt de oorzaak van een mislukking altijd bij zichzelf.

> *Moeilijke omstandigheden houden nooit de vooruitgang tegen die iemand in zijn aard en zijn geest heeft.*

Als je denkt dat de omstandigheden je levensloop bepalen, ondermijn je je durf en levensmoed. Je persoonlijkheid beheerst altijd de omstandigheden. Zijn die nog ongunstig, dan worden ze beter als je je persoonlijkheid ontplooit.
Honderdduizenden komen uit ongunstige omstandigheden omhoog: de een door zijn ijver en volharding, de ander door zijn kennis, de derde door zijn handelsgeest.

In 1485 kwam Agostino Chigi straatarm naar Rome. Dertig jaar later was hij de grootste bankier van zijn tijd. Hij had meer dan honderd filialen in Europa en Turkije en was bovendien een groot reder. Talrijke kooplieden en ruim twintigduizend arbeiders waren in zijn dienst.

Kort voor de Tweede Wereldoorlog reed Raphaël Cheyns met de fiets als verkoper van elektrotechnisch materieel de omstreken van Kortrijk af. Dertig jaar later was hij zelf eigenaar van een grote en bloeiende zaak.

In de jaren vijftig begon Lucien Ranson met een kleine bestelwagen grondstoffen te leveren aan bakkers in de wijde omtrek. In de jaren tachtig gaf hij een enorm en groeiend bedrijf aan zijn kinderen door.

Jozef Cardijn, jonge onderpastoor uit een armoedig gezin, richtte vóór de Eerste Wereldoorlog studiekringen op voor jonge arbeiders. Op het einde van zijn leven – kardinaal geworden – had hij zijn jeugdbeweging uitgebouwd tot een wereldbeweging van jonge arbeiders.

Zo beheerste zowel in de vijftiende als in de twintigste eeuw de persoonlijkheid de omstandigheden. Zo is het altijd geweest en zo is het nog. Nooit weet de mens vooraf of de omstandigheden gunstig of ongunstig zullen zijn. Dat blijkt pas later en dan verklaart hij wellicht dat de moeilijkheden nog het meest tot zijn succes bijdroegen.

Denk nog eens diep erover na wat je echt van het leven verlangt. Staat je dat eenmaal duidelijk en scherp voor ogen, dan ga je moedig en zelfstandig recht op je doel af. Dan vermijd je alles wat je van je bestemming afhoudt, ook al lijkt het nog zo voordelig. En dan doe je alles wat je nader tot je bestemming brengt, ook al lijkt dit tegen je directe belangen in te gaan. Dan ga je, ondanks alle moeilijkheden, je eigen vrij gekozen weg.

Mensen uit de vorige eeuw ontdekten dat van gedachten – gewoon maar gedachten – evenveel energie uitgaat als van de generatoren in de elektriciteitscentrale en dat ze voor een mens even heilzaam zijn als zonlicht, maar ook even slecht als vergif.
Een sombere negatieve gedachte in je geest is net zo gevaarlijk als een roodvonkbacil in je lichaam. Als je met zo'n gedachte rondloopt, ondervind je daar misschien je hele leven de gevolgen van.

Je *gedachten* bepalen of je je in het leven gelukkig of ongelukkig voelt. De gelukkigste mens is hij die de gelukkigste gedachten heeft. Door onze denkpatronen scheppen wij de wereld waarin wij leven. Als we steeds de gedachten cultiveren die ons geluk opleveren, kunnen we blijvend gelukkig zijn.
Wij 'worden' in grote mate als de gedachten die we doorgaans koesteren. Deze gedachten bepalen ook of wij onze persoonlijkheid zo ontwikkelen dat wij er gelukkiger, gezonder en voorspoediger door worden.

In zijn *Aphorismen zur Lebensweisheit* schrijft Schopenhauer: 'De wijzen van alle tijden hebben altijd hetzelfde gezegd... en de dwazen – dit is: de overgrote meerderheid van de mensen – hebben altijd hetzelfde, namelijk precies het tegenovergestelde, gedaan.'

Van de Franse moralist Chamfort komt de wijze verzuchting: 'Geluk is zeer moeilijk in jezelf, maar onmogelijk ergens anders te vinden.'

Geluk is inderdaad moeilijk te verwerven. De warme zon van het geluk zien we slechts zelden aan een blauwe hemel stralen. Meestal verbergt ze zich achter wolken van zorg, verdriet en teleurstelling. De mensen die wij ontmoeten, spreken vaker over hun tegenslagen en moeilijkheden dan over hun geluksbelevingen. Ook hun toekomstverwachtingen zijn veelal donker gekleurd.

Het mag dan moeilijk zijn om gelukkig te worden, toch zijn er duizenden die – tenminste in hun beste momenten – dat warme geluk in zich voelen. Er schuilt een grote geruststelling in het feit dat we het geluk alleen in onszelf kunnen vinden. We hebben het binnen ons bereik, omdat het in ons huist. We kunnen het niet voor grote sommen geld kopen. Het hangt niet af van weelde of overvloed. Het komt niet tot ons als we een bepaalde maatschappelijke positie hebben bereikt. Ieder mens kán het geluk in zichzelf vinden.

Een positief mens laat de Grote, Goede Kracht in hem werken. Diezelfde kracht doet het zaad zwellen en de bomen groeien, de hele natuur is er vol van. De Grote, Goede Kracht doet het kind geboren worden en houdt ook het 'Kind' in de volwassene in leven.
'Als het kind in de mens sterft, sterven alle dromen en wordt de wereld een woestijn.'
Diezelfde kracht laat de mensen met hun hart kijken, want 'alleen met het hart kun je goed zien, het wezenlijke is voor de ogen onzichtbaar' (A. de Saint-Exupéry).

Ik hoop dat dit boek *Geluk ligt in jezelf* je voldoening geeft. Als het je deed nadenken over 'leven en gelukkig zijn' heeft het zijn doel bereikt.
Geniet intussen maar van alles wat nergens toe dient, maar toch boordevol waarden zit: zonnig weer en goede wijn, muziek en poëzie, liefde en genegenheid, spel en sport, rust en vrede...

Nawoord

De eerste jaren na de oorlog hebben tal van invloeden een nieuwe inspiratie aan mijn leven gegeven. Er was de KAJ-levensschool van Cardijn (zien-oordelen-handelen), het opvoedingssysteem van Don Bosco (beter voorkomen dan genezen), de warme wijsheid van de Bond Zonder Naam, de PAO van pater Sixtus en de vormende inzet bij de Gezinsgroepen.
Daarnaast hebben de boeken van Dale Carnegie, van Norman Peale en van andere auteurs uit die periode de grondslagen van mijn evolutie gelegd.

Omdat de 'geluksboodschap' – zoals ik ze nu op cursussen en conferenties her en der mag brengen – blijft aanspreken, wilde ik het geheel in boekvorm laten verschijnen. Met monnikengeduld heeft mijn zus Nelly de geluidsbanden zorgvuldig uitgetikt, waarvoor mijn hartelijke dank.
Om aan de levendigheid niet tekort te doen heb ik gepoogd mijn schrijven dicht bij de spreektaal te houden. Veruit de meeste anekdotes en verhalen gaan over bestaande mensen en zijn uit het leven gegrepen. De meeste namen en sommige details wijzigde ik om herkenbaarheid te vermijden.

Ik had het geluk dat vele vrienden en kennissen bereid waren het manuscript geheel of gedeeltelijk door te nemen en hun opmerkingen te formuleren. Ik dank hen hiervoor, vooral Marc en Jef voor hun taalkundig advies.
Ik ben verheugd dat ik ook mijn kinderen mag danken voor hun medewerking, speciaal Jan voor de taalverjonging en Hans en Tine voor de inhoudelijke opmerkingen.
Dank eveneens aan de uitgever die welwillend met mijn wensen rekening hield.
Ten slotte dank ik mijn vrouw, Cécile. Zij maakte het mij mogelijk zoveel uren aan het boek te besteden.

Mijn laatste woord, geachte lezer, is voor jou. Ik durf geloven dat er een zekere verbondenheid tussen ons groeide naarmate je verder las. Maar wellicht ben je wat overstelpt door de veelheid aan stellingen en tips en voel je je wat moedeloos aangezien het in het praktische leven niet altijd zo makkelijk gaat als in het boek. Misschien heb je in een relatief korte periode zoveel geestelijk voedsel tot je genomen dat je last hebt van een 'geestelijke indigestie'. De spijzen voor een hele week worden toch ook niet in één maaltijd verorberd?
Leg het boek niet te ver weg, dan kun je die prachtige principes geregeld 'herkauwen'. Ook 'gelukkiger worden' blijft een kwestie van volhouden en steeds opnieuw beginnen. Goeie moed!

Kortrijk, 15 januari 1994

Joris Vandromme
Beeklaan 8
8500 Kortrijk

Bronvermelding

Dit boek *Geluk ligt in jezelf* werd in meerdere of mindere mate beïnvloed door onder andere de hierna volgende boeken.

Auclair, M., *De kunst gelukkig te zijn* (Lannoo, Tielt – Amsterdam 1966).
Banks, M., *De kunst met jezelf te leven* (Prisma, Utrecht – Antwerpen 1989).
Bennet, H., *Uw lichaam, uw lijfarts* (Elmar, Rijswijk 1982).
Boswijk, H., *Revolutie binnen het huwelijk* (De Toorts, Haarlem 1993).
Cardoen, E., *Ervaring en betrokkenheid* (Lannoo, Tielt 1990).
Carnegie, D., *Zo maakt u vrienden en goede relaties* (Omega Boek, Amsterdam 1984).
Carnegie, D., *Zo leeft u gelukkig en zonder zorgen* (Omega Boek, Amsterdam 1985).
Conklin, R., *Zeg maar ja* (Strengholt's Boeken, Naarden 1986).
De Haes, P., *Volstaat het een goed mens te zijn* (Davidsfonds, Leuven 1983).
De Wever, S., *Positief denken in de praktijk* (De Eenhoorn, Wielsbeke 1992).
Dyer, W., *Eerst geloven, dan zien* (Bruna, Utrecht 1989).
Gordon, T., *Luisteren naar kinderen* (Elsevier, Amsterdam – Brussel 1976).
Hay, L., *Je kunt je leven helen* (Altamira, Heemstede 1986).
Hoger Katechetisch Instituut, *De Nieuwe Katechismus* (Paul Brand, Hilversum – Antw. 1966).
Ingram, K., *De mensen voor u winnen* (Succes, Den Haag 1960).
Jampolsky, G., *Liefde is angst laten varen* (Mirananda, Wassenaar 1982).
Jeffers, S., *Niet durven, toch doen* (Helmond, Helmond 1987).
Kushner, H., *Als 't kwaad goede mensen treft* (Ten Have, Baarn 1986).
Laird, C., *Persoonlijke efficiëntie* (Succes, Den Haag 1960).
Lauster, P., *Zelfvertrouwen kun je leren* (Meulenhoff, Amsterdam 1976).
Maltz, M., *Denken als krachtbron* (Gottmer, Haarlem 1970).
Morgan, M., *Volkomen geluk* (Novapres, Laren 1976).
Mounier, P., *Praktische psychologie* (N.B.C., Den Haag 1960).
Murphy, J., *De kracht in jezelf* (Gottmer, Haarlem 1982).
Nys, P., *De eenzame samenspelers* (De Nederl. Boekhandel, Antwerpen – 1977).
O'Neill, N., *Het echte huwelijk* (Meulenhoff, Amsterdam 1978).
Peale, N., *De kracht van positief denken* (Omega Boek, Amsterdam 1991).
Peale, N., *Je kunt als je denkt dat je kunt* (Omega Boek, Amsterdam 1974).
Pietsch, W., *Menselijk wezen* (Bosch en Keuning, Baarn 1975).
Ploem, M., *Geef me wat warmte* (Lannoo, Tielt – Amsterdam 1979).
Qubein, N., *Maak het beste van jezelf* (Omega Boek, Amsterdam 1987).
Roose, V., *Het geheim van het geluk* (Kluwer, Antwerpen 1985).
Schwartz, D., *Succes door groot denken* (Succes, Den Haag – Antwerpen 1989).
Siegel, B., *Liefde, harmonie, genezing* (Bosch en Keuning, Baarn 1990).
Sixtus, P., *Zo leeft een Paonist* (PAO-uitgaven, Gent 1976).
Tepperwein, K., *Gids voor een gezonde geest* (Meulenhoff, Baarn 1975).
Terruwe, A., *Geef mij je hand* (De Tijdstroom, Lochem 1972).
Verbraeck, A., *Zelforganisatie* (Succes-cursus, Den Haag 1965).
Vandromme, J., *Bouwstenen voor je geluk* (Lannoo, Tielt 1991).
Vandromme, J., *Thuis, echt thuis* (Lannoo, Tielt 1983).
Vander Kerken, L., *Mensen willen gelukkig zijn* (De Nederl. Boekhandel, Antw. 1979).
Vansteenwegen, A., *Liefde is een werkwoord* (Lannoo, Tielt 1988).
Viscott, D., *Leven met iemand anders* (Wetenschapp. Uitgeverij, Amsterdam 1975).
Warndorf, B., *Leef enthousiast* (Succes, Den Haag – Antwerpen 1965).
Wheeler, E., *Zo krijgt u alles van anderen gedaan* (Succes, Den Haag 1947).
Wijnberg, K., *Wat je denkt, dat ben je zelf* (Gamma Publikaties, Baexem 1980).

Gezet, gedrukt en gebonden bij
Drukkerij Lannoo nv, Tielt - 1994
Printed in Belgium